KB041278

헤겔의 『법철학』 입문

헤겔의 『법철학』 입문

D. 로즈 지음 | 이종철 옮김

서광사

이 책은 David Rose의 *Hegel's 'Philosophy of Right'* (Bloomsbury Publishing Plc., 2007)를 완역한 것이다.

헤겔의 『법철학』 입문

D. 로즈 지음
이종철 옮김

펴낸이 | 이숙
펴낸곳 | 도서출판 서광사
출판등록일 | 1977. 6. 30.
출판등록번호 | 제406-2006-000010호

(10881) 경기도 파주시 회동길 77-12
Tel: (031) 955-4331 | Fax: (031) 955-4336
E-mail: phil6161@chol.com
http://www.seokwangsa.co.kr | http://www.seokwangsa.kr

제1판 제1쇄 펴낸날 · 2015년 12월 10일
제1판 제2쇄 펴낸날 · 2022년 1월 30일

ISBN 978-89-306-2210-3   93160

옮긴이의 말

리더스 가이드 시리즈는 책 표지에서도 밝히고 있듯이, 철학 고전들에 대한 명쾌하고 간결하며 접근이 용이한 안내서이다. 각 책은 널리 알려진 철학 고전 텍스트들을 철저히 이해하도록 안내하면서 주요 주제들, 역사적 맥락과 철학적 맥락, 주요 철학책의 핵심 구절들을 통해 철학 고전들에 관심 있는 초보자들의 독서를 돕는 것을 목적으로 하고 있다. 이 책은 그 가운데 D. 로즈의 『헤겔의 『법철학』 입문』을 완역한 것이다.

『법철학』의 원제는 『법철학 강요 혹은 자연법과 국가학 개요』이다. 이 책은 분과 학문인 법철학과 관련한 다른 책들에 비해 두 가지 측면에서 주목할 만하다. 첫 번째는 헤겔이 말하는 'Rechts'라는 말과 관련한 것이고, 두 번째는 헤겔 『법철학』의 부제인 '자연법과 국가학 개요'라는 표현과 관련한 것이다. 첫째, Law(Gesetz)는 좁은 의미의 분과 학문인 법학에서 다루는 법이나 의회에서 제정되고 성문화된 법률을 의미한다. 반면 Right(Rechts)는 법률보다 훨씬 넓은 의미에서 관습적 행동, 사회적 습속, 도덕과 경제도 포괄한다. 『법철학』에서 헤겔이 말하는 철학적 법학의 대상은 법의 이념이고, 헤겔이 말하는 법의 이념은 자유이다. "법의 토대는 일반적으로 정신적인 것이며, 그것의 더욱 정확한 장소와 출발점은 의지이다. 이것은 자유로운 의지이다. 따라서 자

유가 법의 실체적 규정을 이룬다."(§4) 이런 의미에서 『법철학』은 '자
유로운 의지'의 표현의 단계에 따라 직접적으로 존재하는 의지의 단계
로서의 추상법, 반성과 매개로서 존재하는 의지로서의 도덕, 마지막으
로 추상법의 객관적 의지와 도덕의 주관적 의지가 종합적으로 통일된
것으로서의 인륜의 순서로 발전한다.

둘째, '자연법과 국가학 개요'라는 표현에 주목할 필요가 있다. 이것
은 아리스토텔레스가 이론적 학문(Theoria)과 실천적 학문(Praxis)을
구분하고, 후자에 윤리학과 정치학을 포함시킨 오랜 전통을 배경으로
한다. 헤겔이 여기서 국가학을 부제로 단 것은 그의 법철학이 단순히
법에 관한 이론이 아니라 윤리와 정치를 포함하는 것을 염두에 두었기
때문이다. 더욱이 근대의 자연법론은 홉스와 로크, 그리고 루소에 이르
는 근대의 계약론에서 보듯이 개인의 생명 및 소유에 관한 이론이자 국
가의 성립에 관한 이론으로서 그 자체가 근대를 여는 새로운 정치철학
이라 할 수 있다. 그러므로 헤겔은 『법철학』에서 고대의 실천철학의 전
통과 근대의 자연법론의 한계와 비판적으로 대결하면서 그것을 넘어서
는 새로운 근대국가의 이론을 정립하려는 것이다. 법철학의 구조를 이
루는 추상법과 도덕, 그리고 인륜의 배치는 이러한 헤겔의 의도를 정확
히 반영하고 있다.

헤겔의 『법철학』이 근대 실천철학과 정치사상에서 차지하는 의미와
위상은 확고하다. 헤겔 사후 바로 마르크스는 『헤겔 법철학 비판』이란
책을 통해 헤겔의 국가론을 통렬히 비판하기도 했다. 우리 시대는 공산
주의가 자본주의와의 경쟁에서 패퇴하고 신자유주의가 질주하면서 자
본주의의 불평등과 부정의, 그리고 물신화 등에 대한 사회 비판이 더욱
요구되는 때이다. 헤겔이 시민 사회의 문제점을 지적하면서 제안한

'사회적 국가'(sozial Staat)의 개념이나 실천철학의 전통 속에서 이루어진 개인주의와 공동체 주의의 논쟁 속에서 헤겔의 『법철학』은 공동체 주의의 확고한 지지 기반의 역할을 하고 있다. 6-70년대 독일 학계에서 이루어진 헤겔의 '실재철학'에 관한 관심에서도 『법철학』은 중요한 탐구 대상이었다. 국내에서도 헤겔의 『법철학』과 관련해 적지 않은 논문이 양산되었고, 그 가운데서도 나종석 교수의 『차이와 연대』는 『법철학』의 세부 항목들을 따라 분석한 훌륭한 연구서라 할 수 있다. 그 밖에 일본에서 출간된 해설서 형태의 책들이 두 권 정도 나와 있지만, 영미권의 연구서는 아직 소개된 적이 없는 편이다. 이런 사정을 감안한다면 D. 로즈의 『헤겔의 『법철학』 입문』은 시기상으로도 적절할뿐더러 『법철학』에 대한 비교적 어렵지 않은 입문서 역할을 하기에 충분하다.

　아마존에 소개된 이 책에 관한 간단한 내용을 인용하고자 한다. "헤겔의 『법철학』은 서구 정치사상에서 확고한 자리를 차지하고 있는 고전 텍스트이자 정치철학을 연구하는 많은 진지한 연구자들이 관심 갖고 있는 텍스트이다. 이 책이 매우 중요하고 고무적인 철학책인 반면, 헤겔의 사상과 스타일은 이해하기 어려운 것으로 악명 높고, 그 내용은 특별한 도전을 요구하고 있다. 『헤겔의 『법철학』 입문』에서 D. 로즈는 이 책이 쓰인 철학적·정치적 배경을 설명하고 있으며, 이 책의 각 장을 분석하면서 독자가 텍스트 전체에 대해 분명히 이해할 수 있도록 안내하고 있다. 이 책은 가장 영향력 있고 도전적인 텍스트에 대한 안내를 제공하면서 연구의 이상적 동반자 역할을 하고 있다." 이 소개글에서 보듯, 헤겔의 텍스트들을 바로 읽기란 쉽지가 않다. 헤겔의 글은 내용에서도 그렇지만 서술과 관련한 독특한 문체에서도 그렇다. 『법철학』은 그나마 문체와 관련해서는 접근이 용이한 텍스트 중의 하나로 알려져 있지만 이 안에 담긴 내용은 그렇지 않을 것이다. 로즈는 이런 여러 가지 복잡한 문제들을 넘어서 헤겔의 『법철학』을 소개하는 데 성공한 편이다. 그의 서술은 간결하고, 필요할 때마다 적절한 예를 통해 복잡한 문제들을 잘 설명하고 있다. 예를 들어 '도덕'(Morality)과 달리 헤겔의 '인륜'(Ethical Virtue)을 현대의 독자들이 이해하기가 쉽지 않은데, 로즈는 이것을 왜 자기가 지역 축구단인 애쉬톤 빌라를 좋아하는지에 관한 경험을 통해 설명한다.

요즘 유럽의 학계나 영미권의 학자들을 보면 헤겔 르네상스라고 할 만큼 헤겔에 대한 관심이 높은 편이다. 『법철학』에 대한 연구도 그 가운데 하나이다. 이 책이 그런 관심을 키우는 데 일조한다면 옮긴이로서도 보람이 크다. 더욱이 이 책이 리더스 시리즈의 일환으로 한국의 철학 전문 출판사 서광사에서 출간될 수 있다는 사실에 대해 큰 기쁨으로 생각한다. 흔쾌히 출판을 결정해 준 서광사의 부사장님과 출판하는 과정에서 원고를 꼼꼼하게 살펴 준 한소영 씨에게 깊은 감사를 드린다. 번역을 하는 과정에서 적지 않은 노력을 기울였지만 표현상의 어색한 점이나 혹시 있을지 모를 오역에 대해서는 전적으로 옮긴이의 책임이며, 읽는 이들의 질정과 편달을 바란다.

2015년 가을에
꽃 우물(花井)에서

사랑하는 로라와 니콜라스에게

차례

감사의 글

결과들보다 사람들에게 감사하는 것은 통상 있는 일이다. 하지만 이 책은 아들이 태어나면서 제도가 바뀌고 새로운 집을 단장하고 냉전으로 야기된 철도회사 Transpennine의 객차들뿐 아니라 GNER과 Virgin이 새로 도입한 박진감 있는 기차로 출퇴근하는 등에 의해 상당한 영향을 받았다. 충심으로 내가 읽었던 책들과 논문들의 저자들, 여러 해에 걸쳐 듣고 참고 문헌에서 언급했던 논문들의 저자들에게 감사드린다. 또한 내가 처음으로 헤겔을 적절하게 읽고 그 주제를 이해하기까지의 힘든 과정 동안 나를 이끌어 주었던 더들리 놀즈(Dudley Knowles)에 대한 감사를 언급하지 않을 수 없다. 또한 컨티뉴엄 출판사(Continuum Books)의 사라 더글라스(Sarah Douglas)와 아담 그린(Adam Green)은 수시로 늦어지던 원고에도 기꺼이 출판 일자를 조정해 주었다.

나의 부모님 버트(Bert)와 아일린(Eileen)에게 커다란 감사를 표하고자 하는데, 부모님은 오랜 학업과정을 통해 나를 지원해 주셨으며, 이제 그 대가로 내가 무언가 만져볼 수 있는 것을 보실 수 있게 되었다.

마지막으로 가장 중요한 것은 로라(Laura)에게 아낌없이 사랑을 바친다는 것이다. 그녀는 언제나 나와 함께 하면서 내가 지금 이 자리에 서기까지 필요할 때마다 나를 자극하고 독려했다. 우고(Ugo)에게도 고마움을 표하는데, 그가 없었다면 이 책은 전혀 달라졌을지도 모를 것이다.

약어

인용은 쪽수나 문단 번호 (§)을 사용했다. 'R'은 표기, 'A'는 부기(附記)를 가리킨다. 생략 기호를 사용하지 않는 한, 그것들은 (*Elements of the Philosophy of Right*, trans. Nisbet, H. ed. Wood, A., Cambridge: Cambridge University Press, 1991.)을 가리킨다. 헤겔 원전의 다른 인용들은 다음의 생략표를 참조하라.

EL   *The Encyclopaedia Logic: Part 1 of the Encyclopaedia of Philosophical Sciences with the Zusätze*

EG   *Philosophy of Mind: Part 3 of the Encyclopaedia of Philosophical Sciences with the Zusätze*

FPR   *Lectures on Natural Right and Political Science: The First Philosophy of Right*

JR1   *System of Ethical Life and First Philosophy of Spirit*(『인륜성의 체계』, 김준수 역, 울력, 2007).

NL   *On the Scientific Ways of Treating Natural Law, on its Place in Moral Philosophy, and its Relation to the Positive Sciences of Right*(『자연법』, 김준수 역, 한길사, 2004.)

PhG   *The Phenomenology of Spirit*(『정신현상학』, 임석진 역, 한길사, 2005)

SL   *The Science of Logic*(『대논리학』, 임석진 역, 지학사,)

SS   *System of Ethical Life and First Philosophy of Spirit*

VPG   *Philosophy of History*(『역사철학강의』, 권기철 역, 동서출판
      사, 2008.)

배경: 두 가지 혁명 이야기

헤겔은 흥미로운 시기에 살았다. 축복이었는지 저주였는지에 관계없이 그것이 인간과 사상 모두의 형성에 있어 중요했다는 점은 분명하다. 문화적으로 그리고 정치적으로, 유럽은 두 개의 거대한 혁명, 즉 프랑스에서 발단한 정치혁명과 영국이 낳은 산업혁명이 교차하면서 일깨운 전대미문의 파도 속으로 휩쓸려 들어가고 있었다. 이러한 운동들이 전쟁을 야기하고 제국화의 추세를 낳으며 사람들의 이주와 도시화를 이끌게 되면서 그것들은 유럽의 낡은 사회질서를 전복하고 변혁하기 시작했다. 흥미롭게도 헤겔은 그러한 시대를 살았다. 그는 철학적 탐구의 최전선으로 성장한 독일에 거주했다. 전설적인 이야기가 됐지만, 그는 나폴레옹 군대가 (당시 그에게 훨씬 도움이 됐지만) 예나에 입성했을 때 그의 첫 주저(『정신현상학』-옮긴이)를 탈고해서 출판사로 막 보낸 상태였다. 그는 살면서 프랑스혁명과 그 다음에 이어진 공포정치를 경험했다. 그 진보적인 프러시아인은 취약해진 정치적 현 상태(status quo)를 개혁하고 마침내는 복원시켰다. 그의 철학은, 인간 그 자신과 마찬가지로, 나폴레옹 이후의 사회적 풍경에 대한 보수적이면서도 비판적인 승인으로 발전하기에 앞서, 정치적이고 종교적인 질서의 개혁 가능성에 대한 낙관적인 희망으로 시작했다.

　G.W.F. 헤겔(Hegel)은 1770년 8월 슈투트가르트에 있는 한 중산층 가정에서 태어났는데, 그의 아버지는 지방 법원의 공무원이었다. 그는

철학을 김나지움(중고등 교육과정)에서 접했지만, 그의 지적 자극은 1788년부터 1793년에 정점에 달했다. 이때는 그가 튀빙겐의 루터 신학원의 세미나에 참석하던 시기였는데, 그는 시인 휠덜린(Hölderlin), 철학도 셸링(Schelling)과 한 방을 썼다. 나중에 그의 철학에서 반복된 주제들 중의 많은 것들, 이를테면 아테네의 황금기나 사회적 민족적 통일 및 종교개혁의 이상에 대한 찬미라는 주제들이 이 세 명의 지식인들 사이에서 격렬하게 진행된 토론의 성과물이었다는 점은 의심할 여지가 없다. 이런 주제들 중에는 또한 1789년의 사건들(프랑스혁명−옮긴이)에 대한 초창기 열광도 있었다. 청년들은 유럽에 새로운 활기를 불어넣을 것으로 기대했던 혁명 정신을 찬미했던 것이다.

프랑스혁명은 당시의 지배적인 이론의 정치적 현실을 만들었다. 사회계약론적 사상가들 간의 차이들이 적지 않음에도, 그들은 사회가 개인들의 이익을 위한 개인들의 결사였다는 주장으로 통일되었다. 이러한 운동에 함축된 사실은 사회가 인간 유형들 간의 질적 차이에 의해 정당화된 자연적 질서 혹은 신적 질서였다는 앙상 레짐(ancient regime)의 주장을 부정한 것이었다. 그 대신 인간 평등에 관한 선언이 첫 번째로 종교개혁 속에 천명되었고, 사제와 평신도 간의 질적 이중성이 부정되었으며, 정치적으로는 프랑스혁명의 평등주의와 개인주의적 가치를 위한 파괴적 충동으로 정점을 이루기에 앞서 영국의 시민전쟁과 17세기의 명예혁명 속에서 천명되었다. 대단히 근대적인 이 같은 개념의 발전은 — 당시 헤겔과 그의 친구들에게는 그렇게 보였을 것인데 — 낡은 사회제도들을 정치적으로 합리화할 가능성을 약속했다.

물론 그런 초창기의 희망은 혁명의 원심력이 공포정치 속에서 개인적인 의지와 추상적인 이상의 힘을 자의적이고 무의미하게 주장함에 따라 실망으로 바뀌었다. 긍정적 측면과 부정적 측면을 아우르는 근대적 주관성에 대한 헤겔의 생각은 많은 경우 종교개혁으로부터 산업화에 이르는 작은 역사적 서사(序詞)에 대한 표현이며, 그의 윤리적이고 정치적인 사상은 표현에 대한 주관적 욕구와 통일에 대한 사회적 욕구의 균형을 맞추는 일과 직접적으로 관련되어 있다. 혁명이 빚은 악과 똑같은 정도로 유럽의 산업화가 빚은 악은 근대사회의 원자화 속에서 그리고 객관적인 가치 기준에 반대하는 개인적인 표현의 적법성의 발흥 속에서 보여질 수 있다. 서사 자체는 그의 첫 번째 완벽한 독백인 『정신현상학』의 핵심을 형성하는 것이었다.

대학에서의 헤겔의 경력은 늦게 시작되었다. 헤겔은 그보다 어리면서도 이미 교수직을 확보할 정도로 성공한 친구 셸링을 따라 예나로 오기 전에 스위스와 프랑크푸르트에서 강의를 시작했다. 그는 별도 월급이 없는 **사강사**(Privatdozent) 자리를 벌충하고, 그의 첫 번째 주요 작품인 『피히테 철학과 셸링 철학의 체계 차이』(1801)와 『자연법 서술의 학문적 방식』(1802)을 출간하는 데 상속받은 유산을 활용했다. 뒤의 작품은 윤리사상과 정치사상에 대한 원자론적 접근을 비판적으로 독해하고 칸트의 도덕철학에 대한 비판도 담고 있다. 1807년에 이르러 보다 중요한 것은 그가 『정신현상학』에서 개체와 종(種)의 철학적 발전에 대해 일관성은 떨어지지만 놀랄 만한 설명을 제시했다는 점이다. 이 작품의 중심에는 인간 정신과 자연 (그 광의의 의미에서) 사이의 화해의 필요에 대한 인정이 놓여 있다. 이러한 인정은 — 그의 초기의 작품에서 — 종교와 철학을 통해 얻어질 것이지만, 나중에 『법철학』에서 윤리적이고 정치적인 해결로 초점이 이동하게 될 것이다.

예나에서 프러시아가 나폴레옹 군대에 패배함으로써 야기된 파국으로 인해 헤겔은 1807년에 이사를 하고, 1809년 김나지움 교장으로 취임하기 전까지는 신문사 편집장을 역임했다. 헤겔의 역할은 그의 사변적인 철학 방법으로 급진적인 교육개혁을 단행하는 것에 그 핵심이 있었다. 그는 또한 『논리의 학』(초판은 1812년이고 재판은 1816년이다)을 집필할 수 있었다. 만일 그의 학생들이 고무되어 이 책들을 읽을 수 있었다면, 교육의 기준이 떨어진다는 주장을 논박할 수 있을 것이다.

헤겔이 대학에서 첫 유급직을 얻게 된 것은 1816년 하이델베르크 대학에 임명되었을 때였다. 이 시기부터 헤겔은 강의 노트인 『철학적 학문들의 엔치클로페디』를 출판하기 시작했다. 이 책은 학생들에게 그의 강도 높은 강의를 전달하기 위한 보조로 활용되었는데, 나중에 논리, 자연 그리고 정신의 세 권으로 수정·보완되었다. 그는 또한 처음으로 법과 정치철학 강의를 했다. 그가 베를린 대학의 공석으로 있던 철학 교수 자리 — 나중에 이 자리는 피히테가 차지했다 — 로 초빙되었을 때, 그의 학문적 명성은 정점에 이르렀다.

베를린에서, 헤겔은 정치철학에 관한 강의 노트의 출간을 준비했지만, 역사적 사건들이 정치권력의 성격에 다시 영향을 줌에 따라 지체되었다. 1806년의 패배 이후 프러시아 정치의 진보적 성격은 서서히 약화되어 반동적인 귀족정치로 복귀했다. 1815년 나폴레옹이 최종적으로 패배한 이후로 개혁은 중단되었고, 인민들 사이에 무정부 상태와 혁명적 정신이 비등(沸騰)한 것에 의해, 즉 학생 K. 잔트가 반동적 극작가 코쩨부(Kotzebue)를 암살함으로써 시발된 소요에 의해 체제 불안이 가열되었다. 대학들은 급진 사상과 전복 행위의 환경을 조장하는 것으로 간주되었으며, 헤겔의 친구들과 대학에서의 경쟁자들 중 많은 사람들이 대학의 직위를 박탈당했다. 교수들은 헤겔이 그의 『법철학』 서문에서 혁명적 태도를 고무한 것으로 부당하게 공격했던 프리스(Fries)가 그랬던 것처럼 해고될 수밖에 없었다.

『법철학』 강의 노트 최종판이 1821년에 발간된 것은 이런 맥락 속에서였다. 헤겔(자신)은 1829년 대학의 총장으로 선출되었으며 1831년 11월 14일에 사망했다.

헤겔은 계몽사상이 정점을 통과할 때 살았는데, 그의 전임자 칸트와 달리 아마도 계몽의 한계와 위험을 간취했을 것이다. 앞으로 보게 되겠지만, 그는 근대적 주관성을 인간 역사의 정점으로 떠받들고는 있어도 그것이 사회에 미치는 해체론적 위험과 진리에 미치는 주관주의적 위험을 예민하게 인식하고 있다. 계몽이 모든 인간에게 스스로 생각하도록 하고, 권위와 사회 그리고 다른 모든 것들의 명령을 자유롭고 공공적인 이성 사용을 통해 정당화하도록 고무하는데 반해, 헤겔은 한결같이 그러한 주관성이 일면적이라고 믿었다. 개인은 스스로에 대해 무엇이 참이고 무엇이 옳은지 결정할 수 없다. 개인은 그의 주장을 정당화할 수 있는 정당성의 기준을 가지고 있어야만 한다. 대단히 반계몽적인 헤겔의 기준은 보편적이고 자유로운 이성에서가 아니라 인간 상호 간의 주관성이라는 사회 세계에서 화해를 모색하는 것이었다. 헤겔을 계몽주의의 인간으로 묘사하는 것이 정확한지의 여부는 논란의 여지가 있다. 그는 이성의 주권을 생각했지만, 그것을 주어진 것이 아니라 하나의 역사 발전으로 보았다. 그는 국가가 이성적이기를 바랬지만, 정치권력에 대한 사회계약론적 통찰을 비판적으로 거부했다. 그는 자유를 최고선으로 생각했지만, 완벽한 사회 세계를 해방으로 간주했다.

2 장

개관: 헤겔의 『법철학』

입문서의 야심

이 책은 특별히 더 설명할 것 없는 그대로이다. 헤겔의 『법철학』에 대한 입문서일 뿐, 그 이상이 될 것을 바라지 않는다. 앞으로 이어지는 글에서, 나는 헤겔의 사상을 그가 『법철학』 부문에서 발전시킨 대로, 또한 그의 사상 전체와 그가 집필하던 당시의 맥락 모두와 관련해서 제시하고자 노력할 것이다. 만일 철학책을 읽는 것이 등산하는 것과 많이 비슷하다고 한다면, 헤겔은 아마도 K2[1] 봉에 해당할 것이다. 안내서는 쇠갈고리처럼 작동해야 할 것이다. 그래서 처음으로 1차 저작에 접근하려는 독자가 땅에 떨어지거나 혹은 — 훨씬 흔하지만 — 절벽을 찍어 나중에 오를 수 있도록 보호해 주는 필수 소품처럼 작동해야 할 것이다. 하지만, 우리에게는 베이스캠프도 필요한데, 이것이 현재의 작품을 위해 내가 전망할 수 있는 최상의 역할이다. 훨씬 포괄적인 해석들이 존재한다. 하지만 그것들은 헤겔(자신)의 작품만큼이나 접근하기가 어렵다. 나의 목표는 독자가 텍스트에 스스로 접근하도록 확신을 심어주고, 그리하여 다른 입문서들로 계속 나아갈 수 있도록 도와주는 것이다. 그렇지만 이처럼 겸손을 고백하는 일은 보다 심각한 학문적 잘못들

---

1 옮긴이주 – 에베레스트 산에 이어 세계에서 두 번째로 높은 산(8,613m)으로, 헤겔의 철학서가 그만큼 읽기가 힘들다는 의미일 것이다.

을 앞으로 고백하는 일로 진정되어야 할 것이다.

이 책의 의도는 이 책의 야심을 제한하는 것뿐만 아니라 그 규모도 제한하는 것이다. 헤겔 자신의 압축적인 강의를 보다 다루기 쉽고 접근 가능한 산문으로 줄인 것, 그것을 확대하는 데 들였던 지난 170년의 세월을 감안한다면, 아무리 좋게 보아도 상식에 어긋나 보인다. 하지만 이 책의 길이는 역설적이게도 이 책의 강점이기도 하지만 약점이기도 하다. 헤겔의 철학적 사유가 모호하다는 것은 주지의 사실이며, 많은 이들은 『법철학』의 풍부한 내용을 단 200페이지도 안 되는 책 안에 요약한다는 것이 불가능하다고 생각할 것이다. 하지만 이러한 제한으로 인해 나는 해석적이고 포괄적인 독서를 제공하는 대신, 산에 이르는 (배타적인 것이 아니라) 실행 가능한 길을 담은 지도를 기획하는 것처럼 이 입문서 집필에 접근했다. 이는 하나의 강점이다. 왜냐하면 독자가 확신이 섰을 때 나중에 (암벽에 박아 놓은-옮긴이) 쇠갈고리처럼 사용될 수 있는 강력한 철학적 훈련을 요구하는 재료가 이미 존재하기 때문이다.

하지만 200페이지를 넘지 말라는 제한은 하나의 약점이기도 한데, 몇 가지 논쟁적인 편집상의 결정을 내리게끔 부추기고 있기 때문이다. 간단히 말해서, 어떤 주제들과 쟁점들은 그냥 넘어가거나 간단하게만 다루어져야 한다. 이것은 국가의 현실적인 헌정과 사회 장치들에 관심 갖는 헤겔 작품의 세 번째 부분을 논의하는 데서 극명하게 드러나는 경우이다. 나는 헤겔의 국가를 정당화하는 기초 작업 — 이론 — 에 집중하기로 선택했다. 따라서 나는 처음 두 부분(법과 도덕-옮긴이)과 인륜의 개념에 좀 더 많은 신경을 쓰기로 했다. 좋은 뜻에서 그렇게 했다. 왜냐하면 독자가 필요한 이해를 적절히 하고 있다고 믿기 때문이다. 가족과 시민사회, 그리고 국가에 대한 논의는 우리 모두가 매일매일의 삶에 관여된 주제들에 관심 갖는 것만큼이나 이해 가능하고 익숙할 것이다.

　보다 중요한 것은, 사람들은 자신의 눈에 하나의 이미지로서 고정된 독자에 대한 이상을 가지고 글을 쓴다는 점이다. 나의 이상은 연계된 집중 학습 혹은 야간 수업을 받으면서, 헤겔을 유럽의 정치사상 혹은 철학사상의 맥락에서 이해하고 싶어 하는 성인 학생이 될 것이다. 만일 『법철학』이 그/그녀가 읽었던 철학이나 정치학에서의 첫 번째 작품이었다면 아마도 나는 놀랄 것이다. 비록 절대적으로 필요한 것은 아닐지라도, 나는 당연히 나의 독자가 (홉스와 로크, 루소와 칸트의) 근대 윤리사상에 대한 기본적인 지식을 가지고 이 책에 접근하리라고 생각한다. 이런 이유에서, 나는 그런 사상들을 적절히 언급하고 있지만(필요하다고 내가 믿는 곳에서 설명도 한다), 그러나 나는 형이상학의 역할은 논의에서 가볍게 다루고 있다. 형이상학은 부담스러운 학설이며, 어떤 논의를 시작하기 전에 철저한 기초 작업이 필요한 이론이다. 헤겔의 형이상학이 모호하고 혼란스럽다는 것은 널리 알려져 있다. 비록 헤겔의 『법철학』을 충분히 이해하기 위해서는 헤겔 철학 전체의 체계에서 특정 부분에 몰두할 필요가 있을지는 몰라도, 헤겔 강의의 많은 부분은 그것을 요구하지 않는다는 것이 나의 강력한 견해이다. 헤겔은 왜 인간이 다른 인간과 더불어 살고 있으며, 이것이 개인과 국가 모두에게 어떤 의미가 있는지를 논의하고 있다. 그는 자유, 행위, 옳음과 그름, 가족, 사유재산과 헌정 체제를 이야기하고 있다. 우리 모두는 이러한 주제들에 대해 무언가 이야기할 수 있다. 헤겔이 말하고 있는 것은 종종 분명하고 그럴 듯하다. 헤겔 정치철학의 근본 주장들에 따르면, 우리는 기존 사회를 급진적으로 비판할 수 없다거나 북유럽은 인간 정신 발전의 필연적 종착지이다. 이러한 근본 주장들을 왜 우리가 받아들여야 하는가를 충분히 정당화하는 일은 그것들을 맥락화히는 형이상학 체계에 대한 이해를 요구한다. 하지만 이해를 위한 여행의 첫 걸음으로, 우리는 텍스트 자체의 한계를 넘어서 옆길로 새지 않고 그러한 정당화가 어떤 형태를 취할지에 대해서 만이라도 추측해 볼 수 있다. 나는 잘 알 수 없는 말을 중얼거리는 투로 유명한 헤겔(자신)의 강의를 무시하는 동시에, 헤겔이 지속적인 분별력을 갖고 활용하는 신조어와 예술 용어들의 사용을 설명하는 일에 여러 페이지를 할애하고 싶은 강한 유혹도 피하고 있다. 그 대신 나는 우리 시대에 더 전달력이 있는 언어를 선택한다. 나는 윤리학과 정치학의 영역에서 헤겔의 사상들은 '전문가' 혹은 '기술적' 언어를 조회하지 않고서도 설명될 수 있다고 믿는다. 이것은 헤겔(자신)의 언급과 그의 강의록에 부친 주(아래를 보라)에 의해 보강되는 믿음인데, 여기서 그의 스타일은 요점을 보강하는 강의자와, 좀 더 분명하게 예시하기 위해 현대적 쟁점들과 사례들을 활용하는 선생으로 변형되는 것이다.

더 나아가, 『법철학』은 사실상 근거가 있는 헤겔(자신)의 입장과 관련해 여전히 논쟁의 수렁 속에 잡혀 있다. 개혁에 관한 시각으로 볼 때 그는 보수적인가? 그의 정치적 국가의 모델은 권위주의적인가? 대부분의 2차 문헌은 이러한 입장들 중의 하나이지만 다른 것을 지지하는 일에 관심을 갖고 있다. 나는 텍스트를 소박하고 순진하게 읽을 수 있도록 제시함으로써 나의 접근에서 중립을 유지하고자 한다. 앞서 이야기한 논쟁들은 독자가 일정 수준의 이해에 도달한 후에는 반드시 끼어들지 않을 수 없을 것들이다. 하지만 그런 이해에 도달하기 위해서는 편견을 갖지 않는 것이 최상이라는 것이 나의 생각이다. 나의 접근 방식으로는 이러한 관심사에 침묵을 지키는 것이 정직해 보이지 않을 수도 있지만 만일 어떠한 과학자도 가치중립일 수 없다면, 나 자신의 개인적인 헤겔 독해 방식이 이어지는 페이지들 속에 드러나지 않는다고 가정하는 것은 지극히 어리석을 것이다. 우리 모두는 편견과 시각을 가지고 있다. 그래서 정직해지고 투명해지기 위해서, 나는 인정하지 않을 수 없다. 말하자면 나는 헤겔을 필요한 경우 개혁을 옹호하는 합리적 보수주의자로 읽고 있지만, 순수이성 혹은 보편적인 도덕적 실재론의 규정들과 요구들에 따라 국가를 이성적으로 재구성하려는 어떤 시도도 무의미하고 위험한 일로 보고 있다. 이러한 독해는 헤겔을 명백히 두 진영 사이에 놓고 있다. 즉 헤겔을 누가 되든 권력자의 환심을 사는 일에 관심 갖는 반동가로 읽는 부류와 헤겔의 모호한 형이상학적 접근에서 동시대의 사회 세계에 대한 보다 급진적이고 광범위한 비판을 읽는 부류[2]가 그것이다.

그럼에도 이 모든 우려에 하나의 단서를 붙이자면, 독자는 이 책을 여행의 출발점으로만 보아야 한다는 것이다. 정보와 지식이 직접적이어야 한다는 것은 근대인의 오해이다. 우리는 책을 거의 한 차례 이상 보지 않거나 혹은 그 책을 낳은 맥락이나 배경을 천착하지 않는다. 오히려 우리는 페이지상에 있는 글자 자체가 — 정확한 속도로 읽는다면 — 그 모든 진리를 드러내 줄 것이라고 가정한다. 유감스럽게도 이것은 진실이 아니다. 무엇보다 철학에서는 특히 그렇다. 반복하고 보강해서 읽을수록 이해가 더 풍부해지고 확고해진다. 내가 취하기로 결정한 접근의 단점은 '더 읽어야 할 책들'에 제시된 것들로 얼마간은 상쇄될 것이다.

---

2 Stern(2006)을 보라. 전자의 입장에 대한 최고이자 가장 설득력이 있는 설명은 Tugendhat(1986, 13–14장)이다. 다소 현학적이면서 좀 더 유명한 해석은 물론 Popper(1957, 11–12장)이다. 후자의 입장에 대해서는 Hardimon(1994), Neuhouser(2000), Patten(2000), Pippin(1997)의 마지막장, 또한 Pippin(2000)과 Willams(1997)를 보라. 정치학과 윤리학에서 벌어진 현대적 논쟁에 헤겔이 기여한 바에 많은 관심이 존재하기도 한다. Knowles(2002)와 Wood(1990)를 보라.

일난 충분히 확신한 독자라면 적절히 등신올 시작해 보이도 좋다.

책을 어떻게 읽을 것인가

앞서 이야기했던 점과 샴푸의 겉면에서 제품 사용 방법에 관한 지시 내용을 발견할 수 있다는 점을 감안한다면, 나는 독자들이 이 책을 어떻게 읽으면 좋을지 내가 생각하는 바를 약간 언급해야 할지도 모르겠다. 첫째로, 『법철학』 한 권은 곁에 두고 있는 것이 중요하다. 이상적으로 본다면, 나는 독자에게 헤겔 『법철학』의 관련 부분(예를 들어, 서문)을 읽게 하고 싶고, 다음으로 헤겔을 다시 읽기에 앞서 이것과 관련(된) 장(제 3장)을 읽게 하고 싶다. 이런 방식으로, 독자는 텍스트에 대한 그 자신의 이해를 도모하며, 내가 믿고 있는 바를 소개받고, 그가 나의 독해에 동의하는지 여부를 확인하기 위해 텍스트로 돌아가게 될 것이다.

　나는 또한 내가 사용한 스타일에 관해 약간 언급하고자 한다. 이따금씩 내가 잘못 짚는 경우가 있고, 때로는 철학적 탐구에서 요구되는 바의 표현에서 신중하지 못한 경우도 있다. 나 역시 나 자신의 예들을 헤겔의 예들과 섞기도 하지만, 원전에 주목할 경우 독자가 나의 것을 헤겔의 것과 구분하기에 충분할 것이다. 이런 선택들을 하는 이유는 분명하다. 나는 이 안내서가 쉽게 접근해서 헤겔이 학생들에게 제시한 일련의 정치사상 강의들에 버금가기를 바란다. 헤겔 자신의 말들뿐 아니라 내가 말한 바를 가지고 독자들을 당혹하게 하는 것은 의미가 없을 것이다. 따라서 비형식적 스타일은 헤겔(자신)에 대해 관심 갖는 핵심적이고 난해한 사상들에 접근하려는 하나의 시도이다. 나의 목적은 나 자신을 감추는 것이다.

주제들의 개관

헤겔의 『법철학』은 헤겔 사상을 처음 접하는 사람이라면 누구나 관심 갖지 않을 수 없는 완벽한 텍스트이다. 이 책은 서구 정치이론의 고전들 중의 하나이자 헤겔의 작품들 중 가장 접근하기 쉬운 책 중의 하나인 것만이 아니다. 그것은 또한 헤겔의 철학 체계가 가장 합리적이고 분명하게 표현되었으면서도, 명백히 그의 초기 사상의 낭만적인 측면들로부터 유래하는 것으로 보이는 여러 가지 요소들이 성숙해지는 과정을 표현하고 있다. 이 텍스트는 첫 번째로 가장 중요한 규범적 정치이론서이다. 이 책은 국가가 이성적이기 위해서 그 국가의 제도와 법이 어떻게 구조화되고 정비되어야 하는가를 정당화하고자 한다. 헤겔에게, 이성적인 국가란 인간이 자유를 충분히 향유할 수 있는 국가이다. 헤겔은 저서의 이 핵심적 개념을 끌어들이면서, 자유 개념에 대한 상식적인 이해로부터 정치 국가의 이론을 추론하는 방법을 설명하고 있다.

이 책의 내용 대부분은 헤겔 자신의 구조를 따르고 있으며, 각 장들의 제목들은 그가 분류해 놓은 항목을 직접 지시하고 있다. 하지만 전체 구조에 대한 간략한 개관이 어울리지 않는 것은 아니다. (『법철학』의–옮긴이) 서문(Vorrede)은 일관성을 결여하고 있고 문제들도 없지 않다. 이 서문은 정치철학을 어떻게 떠맡아야 하는지와 (혹은 보다 정확하게는 떠맡지 말아야 하는지) 관련되어 있다. 그것은 간단히 말해서 헤겔 연속 강의의 목적을 끌어들이면서 동시에 그가 탐구를 어떻게 수행할 것인지에 대한 맛보기를 제공하고 있다. 서론(Einleitung)은 실제 텍스트가 헤겔 이론의 주요 규범적 요소들(자유와 합리성)을 제시하는 바대로 시작하며, 그것들이 다음에 이어지는 페이지들 속에서 어떻게 발전되는지를 준비하고 있다. 그의 저서 다음 부분들은 서문에 담

긴 기본 토대들의 발진이며, 그것의 의의는 결코 과소평가되어서는 안
된다. 추상법에 관한 첫 번째 부분은 자유로운 인격에 대한 설명을 발
전시키면서 개인적 권리에 대한 근대적 관심을 흥미롭게 설명하고 있
다. 두 번째 부분은 도덕성과 근대 윤리의 패러다임이라 할 주관적 기
준의 한계에 대해 다루고 있다. 말하자면 그것은 주체가 무엇이 좋은
것이고 옳은 것인가를 판단할 수 있는 객관적 틀을 왜 필요로 하는가를
입증하고 있다. 세 번째 부분은 그러한 객관적 틀이 자신의 전통(인륜
성)면에서 볼 때, 그리고 선한 것과 옳은 것의 위계와 각각의 힘을 규
정하는 제도(가족, 시민사회, 본래적 의미의 정치적 국가)면에서 볼 때
적절한지에 대한 이해를 제공하고 있다. 앞서 내가 암시했던 것처럼,
인륜이라는 제도를 헤겔의 생각대로 개괄하는 것은 대단히 일반적 수
준에서 다루는 것이다. 왜냐하면 『법철학』 첫 번째 부분의 의미와 이론
을 파악한다면, 세 번째 부분에 담긴 정치학의 '핵심'을 쉽게 이해할
수 있다는 것이 나의 믿음이기 때문이다. 그 부분은 우리 모두가 익숙
해 있는 주제를 다루고 있다.

   그렇다면 이 모든 경고를 제자리에 놓고 시작해 보자. 하지만 걸음걸
음을 조심하라. 그 길은 협소하고 지적 장애물들로 위험이 가득하다.

텍스트에 대한 부기(附記)

『법철학』을 펼쳐 본다면, 거의 모든 장들(서문 다음에 이어지는)은 세
부분으로 나뉘어져 있다. 즉 강의의 주된 요점(정상적 텍스트)과 들쑥
날쑥한 언급, 그리고 '부기' (附記)로 소개된 작은 글자 속의 구절이 그
것이다. 본래, 『법철학』의 텍스트는 헤겔 자신의 일련의 강의들을 따라

오도록 그의 학생들에게 제공되었으며, 여기에는 헤겔이 요점을 분명히 하기 위해 덧붙인 주요 구절과 언급들만 담겨 있었다. 부기들은 나중에 헤겔의 제자 E. 간스(Gans)에 의해 덧붙여졌다. 간스는 다른 시기에 헤겔의 연속 강의들에 참석했던 두 학생 호토(Hotho)와 그리즈하임(Griesheim)의 노트들을 취합했다. 텍스트 취합은 권위와 관련된 문제를 제기했다. 규정상, 주요 본문과 언급이 부기보다 더 신뢰를 받았는데, 헤겔이 이 부분의 발행에 대해서는 전혀 손을 쓰지 않았기 때문이다. 하지만 이 책에서 나는 헤겔 자신의 텍스트와 부기(附記)들 사이에 아무런 질적 차이를 두지 않았다. 이 책이 갖는 입문적 성격과 이러한 부기들이 주된 텍스트 자체(1840년에 처음 등장한다)에 가지고 있던 오랜 연관성으로 인해 변호될 수 있다고 생각한다.

3장

서문: 철학의 과제

시작점

정확히 어디에서 『법철학』을 관통하는 우리의 여행을 시작할지를 묻는 것이 다소 특별하게 생각될지도 모르겠다. 특별하다는 것은 당연히 처음이라는 답변으로 예상될 것이기 때문이다. 이것은 결국 이 텍스트를 읽기 위한 하나의 안내서이다. 하지만 나는 서문(Vorrede)을 이 책의 앞부분에서 논의할 것인지 아니면 뒤에 가서 논의할 것인지를 결정하지 않았다. 이러한 미결정은 헤겔의 서문이 때때로 아이러니컬하고 위험천만하다는 사실에서 기인한다. 관대하게 볼 경우, 그것은 프러시아 국가 검열관의 헛발질을 유도할 목적이었다고 말할 수 있다. 인색하게 볼 경우, 그것이 헤겔 자신의 영전을 위해 존재한 권력의 환심을 사기 위해 쓰여졌다고 말할 수 있다. 그리고 헤겔은 대학 경쟁자의 개인적이고 날카로운 공격에 저항할 수 없었다(핑카드, 2000, 10장). 게다가 서문은 완결된 미발간 노트의 마지막 부분이었고, 텍스트 자체에서 이어지는 논의와 입장을 암시할 뿐만 아니라 지나칠 정도로 독자가 그것에 대해 알고 있다고 가정하고 있다. 보다 의미 있는 것은, 대부분의 정상적인 독자는 처음에는 책의 서문을 무시했다가 책이 그것을 요구하거나 그 장점을 인정할 경우에만 다시 그 서문으로 돌아간다는 점이다.

결국 내가 이 책의 앞 부분에서 서문을 논의하려는 확신이 든 것은 최종적인 고려였다. 왜냐하면 모든 지역주의 정치와 당대의 필요들 가운데 실질적으로 중요한 것을 독자가 무시하기란 대단히 쉽기 때문이다. 그런데 서문이 왜 철학적 관심을 끄는가? 내용과 관련해서 볼 때, 헤겔이 그 자신의 방법을 분명하게 논의하지 않고, 어떻게 하면 법철학에 관여하지 **않거나** 혹은 오늘날 무엇이 정치철학으로 명명될 수 있는가에 대해 텍스트상으로 적절히 초점을 맞추고 있다는 점에서, 서문은 방법에 대한 이상한 논의이다.[1] 서문을 다룰 현실적인 위치에 관해 내가 최초에 가졌던 우려를 다소 인정한다면, 우리는 서문에 대한 독해를, 서론(Einleitung)의 처음 네 구절에 대한 간략하면서도 복합적인 고려를 가지고 늘려 나갈 것이며, 또한 나중의 논의를 분명히 하기 위해서 헤겔 철학 전체에 대한 배경적 측면들로 끌어들일 것이다.

정치철학을 하지 않는 방법

다음과 같은 질문으로 시작하자. 『법철학』은 규범적인 정치철학인가? 규범적 정치철학은 통상 현실적으로 존재하는 국가의 핵심 가치들과 제도들 그리고 실제들이 무엇인가를 (정치학이나 사회학이 그러하듯) 기술할 뿐만 아니라, 그것들이 어떠해야 하는가를 규정하기도 한다. 그러한 규범적 방침으로 인해 우리는 다음과 같은 판단을 내린다. 즉 "노예제를 실행하는 사회는 불법적이다. 왜냐하면 그런 사회는 평등의 가치를 표현하지 않거나 공개적으로 위반하기 때문이다." 혹은 공공장소

---

1   헤겔이 그 자신의 방법에 대해 기술한 것으로 SL(논리의 학) 서문을 볼 필요가 있다.

에서의 흡연 금지는 자유에 대한 부당한 제한이다. 또 정의와 분류, 그
리고 추리에 관한 정상적인 도구를 활용해서 그것들을 **이성적으로** 논
의할 수 있는 것. 그래서 정치철학은 이러저러한 사회가 좋은 사회인지
혹은 이러저러한 제도와 정책, 그리고 법이 타당하거나 합법적인지 판
단할 수 있으며, 합의된 핵심 가치(우리의 예에서 **자유**와 **평등**이라는
가치)를 변호하는 도덕적 근거가 마련되는 한, 이러한 논의들을 이성
적으로 해결할 것이다.

헤겔이 정치학보다는 정치철학에 관심을 가졌다고 공공연하게 말하
는 것은 이론(異論)의 여지가 있다. 왜냐하면 그에게는 두 학문 간의 분
명한 경계가 없기 때문이다. 정치철학의 규범적 성격은 이 책 전체를
통해 밝혀지게 될 매우 다양한 이유 때문에 헤겔에게는 문제의 소지가
있다. 하지만 그 자신의 '사변적 방법'을 다른 인식 형태들로부터 고립
시키고, 동시에 그가 '이해'라고 부르는 것을 '파악'[2]과 대비시킴에 있
어, 헤겔이 때때로 철학의 비판적 힘에 대해 소박할 정도로 낙관적인
견해를 취하고 있다는 것도 분명하다.

존재하는 것이 무엇인지를 파악하는 것이 철학의 과제이다. 왜냐하면 **존재
하는 것**이 이성이기 때문이다. 개인에 관한 한, 각 개인은 어떻든 **그 시대
의 아들**이라는 것. 따라서 철학 역시 **사상 속에 파악된 그 시대**이다. 어떤
개인이 그 시대를 뛰어넘을 수 있다고 생각하는 것은 어떤 철학이 동시대
의 세계를 뛰어넘을 수 있다고 상상하는 것만큼이나 어리석다. 여기가 로

2   옮긴이주 – 헤겔은 '이해'(understand/verstehen)와 '파악'(comprehension/beg-
reifen)을 구분하고 있다. 전자는 오성의 범주적이고 형식적이고 객관적인 인식인데
반해, 후자는 이성의 개념적이고 변증법적이며 통일적인 인식을 의미한다. 하지만 이
맥락에서는 이해를 기술적이고 설명적인 의미로, 파악은 가치와 관련된 평가적 의미
로 사용하고 있다.

두스(Rhodes) 섬이다. 이 심을 뛰어넘어 보라.(21-22)

피상적으로 볼 때, 위의 인용문은 철학이 그 시대의 개념들과 믿음들, 그리고 가치들을 벗어날 수 없으며, 어떤 객관적이고 초월적이며 비역사적인 옳음과 좋음의 기준에 호소할 수 없음을 시사한다. 그렇다면 헤겔은 정치학에 관심을 갖고 있는가 혹은 정치철학에 관심을 갖고 있는가, 말하자면 그의 강의들은 19세기 프러시아 국가의 제도와 관례 그리고 법에 대한 단순한 기술일 뿐인가 혹은 그 강의들은 이러한 제도와 관례 그리고 법을 평가하기 위한 하나의 시도인가?

나는 후자의 경우라고 확고하게 믿고 있지만 우리가 오늘날 통상적으로 이해하고 있는 방식에서는 아니다. 우리에게, 규범적 비판의 실천적 결론은 정의와 공정성의 주장 속에 구현된 항거 혹은 저항이다. 헤겔의 규범적 입장은 외부적 관점, 즉 국가 안에서의 정의와 공정성이라는 실제 규정과 독립해 있고 분리되어 있는 어떤 형태의 정의나 공정성이 있다는 생각을 거부한다. '이해'(Understanding)는 문제의 **상태**(what)와 **방법**(how)만을 제공하기 때문에 적절하지 못하다. 이해는 국가 안의 사법 체계에 대한 정의를 제공할 수 있고, 또한 그러한 사법 체계가 어떻게 기능하고 판단을 수행하는지에 대한 기술을 제공할 수 있다. 하지만 인식의 한 방식으로서의 이해는 우리의 실제 관행에 영향을 줄 수 있는 정의(正義)에 대한 어떤 외부적 기준(혹은 정의)은 말할 것도 없고, 사법 체계의 개념을 충분히 설명할 수도 없다. 철학은 진리의 발견도 아니고 정확한 개념들의 분류학도 아니다. 그러한 지적 추구는 헤겔에게 피상적이고 기술적일 뿐이다.

법과 윤리 그리고 국가에 관한 **진리**는 어쨌든 공적인 법과 공적인 도덕 및

종교에서 스스로를 **드러내고 널리 퍼뜨리는** 것만큼이나 **오래되었다**. 사유하는 정신이 진리를 근사치로 소유하는 데 만족하지 않는 한, 진리가 더 요구하는 바는 무엇인가? 그것이 요구하는 것은 **개념적으로 파악**되어야 한다는 것이다. 그래서 이미 그 자체로 이성적인 내용 역시 이성적인 형식을 획득할 것이며, 그리하여 자유로운 사유에 정당한 것으로 나타날 것이다. 그러한 사유는, **소여**(所與)**된** 것이 국가 혹은 인간들 사이의 상호 합의라는 외부적이고 실정적인 권위에 의해, 혹은 내적 감정과 마음의 권위에 의해, 또 이것과 직접적으로 발생하지만, 자신으로부터 시작하고, 그리하여 가장 내밀한 상태에서 진리와 자신이 통일되어 있음을 인식하는 정신의 증거에 의해 지지되는지 여부를 묻는 것처럼, 이 소여된 것에 멈추지 않는다(11).

따라서 법의 진리는 사실상 정부와 종교 그리고 관습적 도덕의 명령에 의해 주어진 것이다. 오성의 한 가지 실수는 한 나라의 사례를 즉자 대자적으로 이성적인 것과 뒤섞는 데 있다. 왜냐하면 오성의 진리는 다만 근접성일 뿐이기 때문이다. 우리는, 특정 국가의 법 코드나 특정 종교의 명령에 호소함으로써 혹은 그것이 옳다는 직관적인 파악이나 감정을 통해, 그것을 직관적으로 인식하거나 정당화한다. 노예제가 부당하다고 주장할 때, 우리는 평등의 가치에 호소한다. 평등이 기독교의 구성원들에게 정당화되어 있기는 하지만, 이 평등은 여전히 인간들 사이에 모종의 형이상학적 불평등을 고수하는 힌두(Hindu)교 전통의 구성원들에게는 정당화되지 않을 것이다. 그리고 가치에 그 직접적인 호소력을 부여하는 것은 어떤 강력한 도덕적 실재론보다는 특수한 전통에의 소속감이라는 가치이다. 이러한 정당화의 방법 어떤 것도 그것의 참된 근거가 명확히 드러나기 전까지는, 다시 말해 (헤겔은 칸트와 계몽수의의 정신이 '오성'을 찬미했다는 이유로 끊임없이 그 양자를 폄하했을지언정 그들을 염두에 두고 있다) 법과 제도의 합리화를 추구하기 전까지는, 특수한 법을 파악할 수가 없다. 우리는 평등이 특정한 역사 혹은 전통에서 유래했기 때문이 아니라 모든 사회-역사적 과정들로부터 필연적으로 유래할 것이기 때문에 그 평등이 정당화된다고 입증할 필요가 있다.

칸트에게 이성적 정당화란, 하나의 법은 그것이 영향을 미치는 각인과 만인에게 정당화될 수 있다는 요구이며, 이러한 정당화는 규범적 의미에서 도덕적인 정당화이다. 왜 도둑질을 하면 처벌받아야 하는가? 근본적으로 도둑질은 물건을 도둑질 당한 사람을 어떤 목적을 위한 수단으로 취급하는 행위이고, 그리하여 그의 자율성을 침해하는 것으로 인정되기 때문이다. 자율과 그것의 시금석인 정언명법은 법과 제도의 합법성을 평가하는 보편적이고 객관적인 기준이다. 그렇지만 헤겔은 ― 칸트와 대다수의 계몽주의 인간과 달리 ― 이성적 정당화가 독립적일 수 없으며, 주어진 사회와 그 제도들 속에 내재하는 기준과 요구로부터 분리될 수 있다고 생각하지 않았다. 정언명법의 요구와 같은 초월적이고 보편적인 법과 정의는 존재하지 않는다. 오성이 지닌 문제는 그것이 기술에만 적합하다는 데만 있는 것이 아니다. 그것은 평가를 위해서는 부적절하며 위험하기도 하다. 만일 사회적 맥락과 무관한 외적 기준들에 따라 법을 정당화해야 한다면, 그러한 조건들은 어디서 오는가? 헤겔은 오성에서 비판의 잣대가 되는 것은 주관적 의견의 헛짓거리라고 믿는다. 그 자체로 볼 때, 정당화는 단순한 선호의 표현에 지나지 않는 것이다. 즉 나는 이 법을 좋아한다. 나는 저 법을 싫어한다는 식으로, "진리의 개념과 도덕의 법칙이 단순한 의견과 주관적 신념으로 축소될 뿐이다."(19) 하지만 이런 신념들은 충돌하지 않을 수 없을 것이다. 당신은 x를 말하고, 나는 비-x를 말한다. 누가 옳은가? 우리는 결정할 수 있는 객관적 방식을 필요로 한다. 헤겔이 '이성적 형식'[3]의 '소득'으로 지칭하는 바는 이러한 의미에서의 객관성이다.

  그렇다면 (오성적) 이해와 (이성적) 파악 사이의 정확한 차이가 무엇인가? 그리고 이성적 파악을 통해 이성적 정당화에 대한 표준적이고 객관적 설명과 다르면서도 그것에 버금하는 평가적 판단을 내릴 수 있을까? 이 점을 하나의 예로 설명해 보자. 항성에 대한 과학적 설명은 **무엇**(항성을 구성하는 것에 대한 정의)과 **어떻게**(그것들의 운동을 규정하는 법칙)를 포함할 것이며, 대상과 그 운동을 기술할 경우, 이러한 설명이 완벽하게 부합한다. 소설을 볼 때, 우리는 똑같은 접근 방식을 취할 수 있다. 즉 무엇(소설은 논픽션이나 시(詩)작품과 구별되어야 한다)과 어떻게(장르와 그 장르의 법칙 그리고 구조적 요구들). 그럼에도 — 비평가들의 온갖 이의에도 — 소설에 대한 충분한 설명은 그 소설을 만들게 되었던 의지(의도)를 조회할 때만이 분명하게 제시될 것이다. 왜 소설이 쓰여졌는가? 저자가 표현하려고 했던 것은 무엇인가? 그 당시 배후에 놓인 믿음과 가치 그리고 개념들이 작품을 상상적으로 생산하는 데 어떤 영향을 주었는가? 소설이란 저자의 의지에 대한 객관적 표현이라고 말할 수 있다.

  헤겔에게 의지의 객관화는 사회의 수준에 따른 법과 제도 및 구조에서 일어날 것이다. 만일 법이라는 것이 어떤 사람을 어떤 식으로 행동하도록 의지 혹은 의도를 부과하는 것이라면, 우리는 다음과 같이 질문할 필요가 있다. 즉 왜 누군가가 나로 하여금 이렇게 행동하기를 원하

---

3 칸트와의 그리고 계몽의 핵심적 흐름과의 차이는 헤겔 철학에서는 거의 상투어이다. 우리는 거듭해서 그 점으로 돌아갈 것이며, 이 책 후반부인 도덕적 자유에 관한 논의해서 가장 두드러지게 나타난다.

는가? 그들이 나로 하여금 이렇게 행동하게 하도록 하는 것이 내 생각에 옳거나 정당한지 여부와 관계없이 말이다. 법은 나에게 좌석 벨트를 착용하라고 말하는데, 만일 내가 착용하지 않을 경우 나는 처벌을 받을 것이다. 하지만 왜 내가 그래야만 하는가? 헤겔에게 법과 제도는 의지의 외면화되고 공고화된 표현이다. 따라서 충분히 설명하기 위해서는 **누구의 의지이고 왜 이런 행동을 하는가**라는 문제에 답변해야만 한다. 충분한 설명을 제공하기 위해서 우리는 무엇과 어떻게라는 — 이해의 문제 — 과학적 문제를 그처럼 파악하는 자가 누구이고 왜 그러는가는 그 이상의 문제 — 파악의 문제 — 로 보충해야만 한다. 차를 운전할 때의 규약을 이해하는 것과 그것들을 파악하는 것 사이의 차이는 그런 규칙들을 승인하는 것과 반대되는 규칙들(우측으로 운전하고, 차선 변경할 때는 지시등을 켜라 등)에 대한 인식이다. 이러한 규칙들과 규약들이 어떻게 만들어지고, 왜 그것들은 그런 식으로 있어야만 하는가에 대해 이야기할 거리가 있다. 이런 이야기 가운데 몇 가지는 사소하고 (영국에서는 좌측으로 운전하는데, 영국은 나폴레옹 법전에 예속되어 있지 않기 때문이다), 어떤 것들은 중요하다(질서가 개인들에게 혜택을 주기 때문에 교통법규들을 명문화하는 것이 합리적이다). 특정 법규들과 규칙들의 무반성적이고 주어진 성격을 이성적으로 정당화하고 거부하는 것이 자유로운 사고이다. 나는 그것들이 주어져 있기 때문에 그것들을 준수하는 것이 아니다. 나는 그것들 속에서 편안하기 때문에 그것들을 준수한다. 나는 그것들이 합리적이라 보고 또한 그것들은 내가 살고 있는 사회에서 합리적이라고 하는 것의 일부이다. 그리고 이것은 헤겔이 어떻게 표준적인 계몽주의적 사유와 다른가 하는 점이다. 이러한 법과 규범은 **주어진** 것이지, 개인들의 의지에 의해 이론적으로 구축되거나 강요된 것이 아니다. 오성은 자유와 평등의 가치에 대한 형이

상학적 설명을 제공해 줄 수 있다. 그리하여 이 사회가 이상에 부합하
는지 않는지를 물을 수 있다. 하지만 헤겔은 역사적 발전 때문에 발생
한 것은 이성을 위해 발생했으며, 구성된 유토피아의 관념을 강요하는
것은 위험하고 완고하다고 믿는다.

　　우리는 이 점에 주의를 기울여야 하지만 과장해서는 안 된다. 오성은
하나의 근본적인 비판을 제공하기 때문에 우리에게 '당위'를 부여한
다. '사람들은 이렇게 행동한다. 하지만 그들은 실제로는 저렇게 행동
해서는 안 **된다**.' 혹은 '정치사회는 이렇게 정리된다. 하지만 그것은
저렇게 정리되어서는 안 **된다**.' 또 매우 정교한 이론 체계를 통해 그러
한 판단들을 정당화한다. 이성적 파악은 이 일을 도저히 할 수 없는 것
처럼 보이는데, 법의 유일한 기준은 특정 역사와 문화 속에서만 발견되
기 때문이다.

긍정적이고 규범적인 방법: 법의 이념(§§1~3)

§2에 대한 주석에서, 헤겔은 법철학을 논구하는 두 가지 잘못된 방식
을 개괄적으로 묘사하고 있다. 첫 번째는 **형식적인 논구로서**, 법을 단어
의 의미와 정의들의 논리적 관계들로부터 추론하려는 시도이다. 두 번
째는 '**의식의 사실들**' 혹은 오늘날 우리가 직관이라고 부르는 것, 말하
자면 '나는 그것이 x에 나쁘다는 강한 직관/감정을 갖고 있다'는 의미
이다. 양자 모두 일면적이다. 전자는 공중에 성채를 짓는 것과 같다. 만
일 정치 체계를 근거 지우는 전제들과 공리들이 참이라고 한다면 우리
는 완벽하게 일관된 체계들을 연역할 수 있다. 하지만 그것들의 타당성
은 이러한 공리들, 즉 그 체계들이 실제 존재하는 제도들로 나타나기

진까지는 인식될 수 없는 어떤 것들의 진리에 의존한다. 후자 역시 우
연성에 많이 의존한다. 인간의 희생이라는 경우를 상상해 보자. 나는
내 책의 독자들 대부분이 이런 아이디어에 오싹할 것이라고 생각한다.
하지만 유명한 정복자에 관한 다음의 인용을 보자. 만일 옳고 그름에
관련해서우리의 감각에 호소하고자 한다면, 우리는 우리 자신의 기호
나 문화적 가치를 주장하는 이상을 할 수가 없다.

> 온갖 보고서들에 따르면, 목테즈마(Moctezuma)[4]를 개종시키려고 처음 시
> 도했던 사람은 아마도 그 자신의 행동을 정당화하려는 잠재적 충동에 빠
> 졌을지 모르는 코르테즈(Cortes) 자신이었을 것이다. 황제는 정중하게 그
> 스페인 사람의 장광설에 귀를 기울였다. 위대한 정복자가 불쾌하게도 가
> 톨릭 대중의 순수하고 단순한 의식을 인간을 제물로 삼는 아즈텍(Aztec)
> 의 끔찍한 제식과 비교했을 때, 목테즈마가 한마디로 말했다. 신 자신의 피
> 와 살을 먹는 것보다는 인간을 희생시키는 것이 훨씬 덜 혐오스럽다. 우리
> 는 코르테즈가 이러한 대화법에 잘 대응했는지 알지 못한다(Ceram, 2001,
> 337-338).

간단하게 말하면, 직관은 우리의 개별적이고 사회적이고 역사적인 성
격의 표현이지 보편적인 것이 아니며, 그 자체 자의적이거나 혹은 행운
에 의해서만 참이다. '우리 자신의 마음과 열정'을 정치제도와 도덕적
가치 그리고 법의 합리성을 위한 기준으로 만드는 방법은 실패할 수밖
에 없다.
  서문이 무엇보다 정치철학에 관여하지 않다는 것을 보여주려는 데

---

4 옮긴이주 - 스페인 정복자 코르테즈에 의해 파괴된 아즈텍(Aztec) 제국의 마지막
황제.

초점을 맞추고 있다면, 서론의 첫 번째 네 구절은 사변적 방법에 대한 지극히 간명한 표현이다. 헤겔은 독자를 그의 체계 전체와 연결하고 있다. 하지만 절대 필요하지 않는 한, 나는 체계 전체에 대한 지식을 상정하거나 그쪽으로 빠지지 않을 것이다. 우리는 법철학 강의의 주제가 법의 이념이라는 것을 이 책을 처음 시작하면서 곧바로 들었다. "**철학적 법학**은 **법의 이념**과 법의 개념 및 그것의 실현을 대상으로 한다."(§1) 헤겔은 '이념'이라는 용어를 개념(Begriff)과 분리시키면서 강의를 시작하는데, 그렇게 함에 있어 은근히 그의 절대적 관념론의 입장을 표명하고 있다. 즉 이념이 개념의 실현 혹은 실체화라는 것이다. 비교적 그의 강의 초기 버전에서, 헤겔은 그가 여기서 의미하는 바에 대해 다소 분명한 태도를 보인다. "자연법은 법의 이성적 규정들을 그 대상으로 삼으며, 이 대상의 실현이 법의 이념이다."(FPR, §1) 그에게 개념이란, '푸름'이란 개념이 푸른 대상들의 집합에서 추상된 것과 같은 특수자들로부터 추상된 것이다. 푸른 대상이란 어떤 것에 대한 정신의 파악이다. 하지만 그러한 사물은 그것이 표현되어 실존과 일치할 때 이념이다. 전자는 오성의 이론적 활용이지만, 후자는 이론적인 고려가 실제의 경우와 합치된 것이다. 이념은 '대상 속의 이성' 혹은 이성적으로 존재해야만 하는 추상된 개념(§2)이다.

이제 우리는 헤겔이 이념으로 의미하는 바를 약간은 더 분명히 할 수 있다. 아마도 우리는 법의 특수한 이념이 무엇인지를 물을 수 있겠다. 법의 이념은 법의 개념에 대한 기술인 동시에 이러한 법칙들의 실현이기도 하다. 법(right)의 개념은 헤겔에게 법칙(law)의 관념보다 폭이 넓다. 그것은 사회 속의 개인들의 행동을 규제하는 그러한 원칙들, 규칙들, 가치들, 질서들, 습관과 관례들, 습속과 제도들을 포괄하는 하나의 목록이다. 그것은 행동을 규제하는 사회의 현실적 규범에 의해 구성

된다. 그것은 누군가 했던 일을 하는 것이 옳은 건지 아닌지를 탐구함
으로써 답변할 수 있는 모든 경우들을 포괄하고 있다. 그리고 다양한
형태의 법, 즉 법적·도덕적 및 관습적인 법이 존재한다. 도둑질을 하는
것은 나쁘며, 약속을 깨는 것도 나쁘다. 또 열차 안의 승객이 탑승하기
전에 하차를 허용하지 않는 것은 나쁘다.

그런데 법의 이념은, 그것이 주어진 공동체 안의 개인들의 행동을 규
제하고 규정하는, 현실적으로 존재하는 사회 규범들의 집산(集散)이라
는 점에서 긍정적인 의미를 가지고 있다. 실증 법학은 무엇이 옳고 무
엇이 법적인가, 다시 말해 특정 공동체 안에서 법의 특수한 규정을 진
술하는 데 관심을 갖지만, 그러한 작업은 사회학이나 역사학에 해당할
것이다. "(법에 대한) 정의의 올바름은 그것이 기존 관념들과 일치하느
냐에 달려 있다."(§2R) 그러한 과제가 법의 의미를 소진시키는 것은
아니다. 만일 그것이 법의 의미에 해당하는 전부라고 한다면, 우리는
불편한 실증주의를 떠안게 될 것이기 때문이다. 이러저러한 법은 옳다.
왜냐하면 그것은 상응하는 권위에 의해 집행이 되고, 특정 사회의 가치
들과 공존하기 때문이다. 법의 **철학**은 다만 특정 법의 존재를 **설명해서**
만은 안 되고, 그것들을 **정당화**해야만 한다. 다시 말해, 특정한 법과 관
습이 그것들의 특수하고 역사적인 탄생과 무관하게 필연성을 갖고 있
음을 입증해야 한다는 것이다. "**실정법**은 일반적으로 특정 국가에서 타
당성을 갖고 있는 법이며, 그리하여 강제나 두려움 혹은 확신과 신념에
의해 유지되지만, 이성적인 통찰에 의해 견지될 수도 있는 권위로 존중
되어야만 한다."(FPR, §1R) 우리는 목테즈마가 그의 문화의 테두리 안
에서 규범과 가치를 호소할 때 일관성을 갖고 제의적인 인간 희생의 이
면에 놓인 이유를 설명했던 것을 알고 있다. 하지만, 정당성은 거기서
멈춰서는 안 된다. 헤겔은 그의 접근 방식에 유령처럼 따라 다니는 상

대주의의 망령에 대해 잘 알고 있으며, 그것을 이성에 대해 호소함으로 써 모면하고 있다. 즉 법은 존재하는 것인 동시에 존재해야만 하는 것이다. 헤겔은 규범적인 정치철학에 관여하고 있다. 헤겔이 법은 이성적일 필요가 있다거나 우리는 '사물의 필연성'에 관심을 갖고 있다고 말할 때, 그가 의미하는 바는 이러저러한 관습이 **이성** 국가의 사회적·도덕적 구조에 구현되어야만 한다는 것과 이러저러한 사회적 관례는 **이성** 국가의 일부분을 형성해서는 결코 안 된다는 것이다(§2R). 따라서, 법의 영역 — 말하자면 규칙과 제도, 특정 문화의 습속과 관습 — 은 역사적인 발전이지만, 법의 어떤 특정한 경우는 **이성** 국가를 향한 발전이거나 충족이라는 견지에서만 정당화될 수 있다. 법의 개념은 수학에서 무리수의 개념과 같은 추상 속에서 존재할 수는 없다. 그것은 존재 속에서 적절한 표현을 발견해야 하며, 세월의 단련을 견뎌야만 한다. 또 그것은 공동체 구성원들 개개인의 행동 속에서 역할을 해야만 한다.

그러므로 법철학 역시 이러한 형태의 법의 실현에 대한 기술, 어떤 의미에서는 법의 현존재를 정당화하는 법의 생성 혹은 역사적 창출이다. 세계를 이해하는 인간의 양태, 무엇을 해야만 하고 말해야만 하는가를 규정하기 위해 인간이 사용하는 그런 가치들은 언제나 — 헤겔에게는 — 역사적으로 구속되어 있다. 보편적인 이성이란 없다. 목가적 공동체의 인간, 중세의 인간 그리고 계몽주의의 인간을 표현하는 이성만이 있다. 원시인이 이것은 내 것이니 너는 만지지 말라고 말하거나, 범죄에 대해 강력한 응징을 할 때, 그는 이미 미성숙한 형태나 어설픈 형식으로 법을 표현하고 있는 것이다. 헤겔이 상대주의의 비난을 피할 수 있는 것은 진보에 대한 그의 신념 때문이다. 하지만 내가 특정한 법이 어떻게 발생하는지에 관해 이야기를 할 수 있더라도, 그런 이야기가 그 법을 정당화하는 것은 아니다. 영국의 어떤 도회지에서(만일 그것이 사실상 참이라면) 땅거미가 진 후에 긴 활을 지고 가는 웨일즈 사람을 쏠 수 있다는 자치 조례를 예로 들어 보자. 이 법에 대한 역사적 설명이 있다(영국과 웨일즈는 한 때 전쟁을 겪었다). 하지만 그런 이야기는 그 법의 계속적 존립을 정당화할 수 없다. 어떤 것이 어떻게 발생했는지를 이야기하는 것은 왜 그것이 존재하는지에 대한 정당화가 결코 될 수 없는 것이다.

> 역사적 정당화가 외부적 요인에서의 기원을 개념에서의 기원과 혼동한다면, 그것은 무의식적으로 그것이 의도하는 바의 정반대를 얻게 된다. 제도의 기원이 그 시대의 특수한 상황하에서 전적으로 편리하고 필요하다는 것이 밝혀진다면, 역사적 관점의 요구가 충족될 것이다. 하지만 이것이 사물 자체의 일반적 정당화에 해당하는 것으로 간주된다면, 그 결과는 엄밀히 말해서 정반대이다. 왜냐하면 원초적 상황이 더 이상 존재하지 않기 때문에, 이로써 제도는 그 의미와 권리를 상실한다(30).

그렇지만 예를 들어 헤겔이 사적 소유 체계가 공동 소유 체계보다 더 나은 재화의 합리적 분배임을 보여 줄 수 있고, 또한 사적 소유의 체계가 존재하기 위해서, 먼저 한 사회가 공동 소유의 역사적 단계를 통과해야 한다면, 그는 제도에 대한 정당화를 제공할 수 있을 것이다. 이러한 정당화는 진보의 관념에 달려 있다. 하지만 진보하고 있다는 것을 우리는 어떻게 아는가? 우리는 어떤 사회가 역사의 최전선에 있다는 것과 어떤 사회가 뒤쳐져 있다는 것을 어떻게 아는가? 헤겔은 그가 이러한 물음들에 대한 답변을 가지고 있다고 믿고 있다. 역사의 종말이라는 테제는 헤겔의 규범적 주장을 충분히 정당화하는 데 중요한 역할을 한다. 만일 그가 역사의 종말에 서 있다고 한다면, 그것이 아직은 현실적이지 않아서 무엇이 이성적인지를 정확히 파악할 수 없기 때문이다. 그 테제 자체는 자기의식이 그 자신의 한계에 도달함으로써 진보하며, 이러한 진보는 자기의식이 모든 것을 인식할 때 종말에 있다고 주장한다. 헤겔은 법의 관념 역시 종말에 있으며, 당대 프러시아 국가에서 충분히 이성적이게 되었다고 믿고 있다. 법이 충분히 현실화된, 다시 말해 그 합리적 형태에서 발달되고 표현되었기 때문에, 우리는 현실적으로 존재하는 것이 존재해야만 하고, 다른 사회와 지나간 시대는 그런 종말에 이르기 위한 단계라고 말할 수 있다. 물론 그런 테제는 이론의 여지가 있다. 하지만 우리는 강의가 충분히 설명되고 정당화되기 위해서 그 연속 강의가 종말에 이를 때까지 기다리지 않으면 안 된다.

비교적 쉬운 차원에서 답변한다면, 법은 형식적으로나 그 내용상으로나 타당하다. 형식적으로 볼 때 법은 그것이 해당 기관에 의해 실행이 되고, 그것을 준수하는 사람들에 의해 그렇게 인정될 경우 타당하다. 따라서 신정국가에서 법은 그것이 신의 의지의 적절한 표현이라면 (그리고 그것이 해당 신학적 권위에 의해 실행된다면) 타당하다. 민주주의에서는 그것이 합법적인 정부 기관에 의해 실행된다고 하면, 타당하다. 하지만 법률이나 법의 형식적 타당성은 그것의 합리성에 대해, 다시 말해 그것의 내용이 타당하고, 앞서 설명한 바의 법에 대해 단지 실증주의적 설명만 제공하는지에 대해 아무것도 말해주지 못한다. 헤겔은 실정법의 내용은 세 가지 조건에 의해 제약된다고 먼저 말한다. (§3). 첫 번째, 그것은 분명한 역사적 발전의 일부, 다시 말해 그것은 검증되거나 전개된 것으로 보이며, 인간 의지의 힘에 의해 세계에 강제된 것으로 보이지 않는다. 법률은 인간 욕구와 지리학적 요인들, 역사적 영향, 그리고 특정 인민의 성격을 고려할 필요가 있다. 그것들은 순수이성의 선험적 구성물이 될 수가 없다. 두 번째, 그리고 첫 번째에 이어지는 것. 법률은, 그것이 사회 체계의 기능 장애를 일으킴이 없이 특정 문화에서 특정한 경우에 적용될 수 있으면 타당하다. 예를 들어 오이디푸스가 그의 아버지의 행위에 책임지게 된, 그리스 세계에 내재하는 책임이라는 관념이 이론적 의미를 가질 수는 있겠지만, 이성적 견지에서 볼 때 그것은 충분할 수가 없다. 그러한 책임의 관념은 의무와 처벌(아이들은 부모 때문에 징역형을 감수해야 할지도 모른다)의 실체적 설명 속에 구현될 수 없다. 그것은 작동하지 않을 것이다. 따라서 — 헤겔이 관찰하고 있듯 — 그런 책임의 관념들은 로마법하의 개인적 책임이 등장하면서 변경되고, 그리하여 자기 자신의 행위에 대해 책임이 있는 개별적 인간에 관한 근대적 설명으로 발전한다. 세 번째, 법률은, 그것이 국가의 개별 구성원들의 의사 결정 과정에서 확고할 때 타당하다. 흡연을 금지했지만, 무시되거나 시행되지 않고 개인들의 의식 속에서 중요한 역할을 하지 않는 법은 당연히 법이 아니다. 이 세 가지 측면은 합리적 통찰을 통해 법을 지탱하는 정당화를 법의 내용에 부여한다. 사회 세계는 자유가 현실화된 세계이다. 가장 적절하게 합리적 행동을 표현하는 제도들은 합리적 인간의 의지의 실현들이다.

근본적 비판의 불가능성

하지만 합법성의 문제가 남는다. 법은 다음의 경우에 '합리적'이다. 1) 그것이 역사적으로 연속적인 전통 안에서 그리고 그 일부일 때 의미가 있다면 2) 그것이 사회적으로 유효하다면 3) 그것이 국가의 시민들의 실천적 이성 속에서 역할을 한다면. 얼핏 볼 때 이러한 조건들 속에는 상대성을 배제하는 것은 아무것도 없다. 합법성에 대한 칸트의 설명은 매력적이다. 왜냐하면 거기에는 역사적으로 우연적이거나 문화적으로 교차된 요인들에 의존하지 않는 외부적이고 객관적인 합리성의 기준, 다시 말해 정언명법이 존재하기 때문이다. 자유주의는 언제나 개인의 이성이나 욕망을 법의 합법성의 척도로 간주했다. 이런 전통은 홉스의 이성적 자연주의와 강력한 욕망의 관념으로부터, 칸트의 정언명법과 공공성의 요구들, 상호성과 보편성을 거쳐 원초적 입장에 관한 롤스의 계획에 이르기까지 일관되어 있다. 개인이 접근 가능한 합리성에 관한 이상적 입장이 합법성의 초점으로 간주되었다. (홉스, 1982, 칸트, 1997, 롤스, 1972) 이러한 맥락에서 헤겔은 전혀 다른 전통에 속한다. 즉 합리성의 기준은 사회에 내부적이지 외부적이지 않다는 것이다.[5] 헤겔은 개별적인 실천이성이 합법성의 조정자가 될 수 없다는 점을 완강하게 고수하고 있다. 이 점은 '왜'라는 그 이유가 그렇듯, 그가 일련의 강의를 지속함에 따라 점점 더 분명해진다.

　하지만 헤겔은 이성을 그의 보수주의(현실적인 정치 사태에 대한 기술이고 그 사태가 현재의 구조로 발전한 데는 충분한 이유가 있다는 가정)의 품 안으로 통합하고자 하는데, 현실의 사태는 이성의 요구에 부합해야 한다는 요구에서 그렇다. '오성'이 이런 일을 할 수는 없다는 것은 분명하다. 철학자의 과제는 우리가 어떻게 행동해야 하는가를 말해주는 것이 아니며, 이상하게도 우리는 이미 그것을 알고 있다. 하지만 철학자는 우리가 행동하는 방식(우리의 행동을 규정하는 그런 제도들과 규칙들, 관행들)이 어떻게 '이성적'인지를 보여 주어야 한다. 이러한 관행들이 사실상 합리적이라는 가정은 보수적인 가정이다. 하지만 만일 그것들이 그렇지 못하다고 한다면, 우리는 그것을 어떻게 알

5　종종 공동체주의자로 불리는 현대의 상속자. 개괄을 위해서는 Mulhall과 Swift (1996)를 보라.

수 있는가?

이것은 헤겔이 국가의 명령과 관련해 개인이 어떤 평가적인 판단들을 내릴 수 없다는 것을 의미하는가? 나는 내가 비도덕적이라고 알고 있는 어떤 것을 국가가 할 때 저항하거나 항거할 수 있는가? 합리적인 질문은 헤겔이 존재한다고 생각하지 않는 외부적인 합리성의 기준에 호소하려는 시도이다. 헤겔은 핵심을 잡고 있다. 보편적인 욕망에 호소하려는 시도 — 모든 사람은 행복을 원한다 — 는 공허하기 때문에 무익하다. 나는 행복을 원하며, 너도 행복을 원한다. 하지만 나에게 행복은 기니(Guinea)산 돼지를 기르는 일이고, 너에게는 그 돼지들을 괴롭히는 일이다. 그렇다면 헤겔은 보수주의나 상대주의의 혐의가 있는가? 정확히 문제가 무엇인가? 유아 희생 의식을 실행하는 사회를 상상해보자. 우리는 그 사회가 **나쁜** 사회라고 말하고 싶지 않은가? 하지만, 사회구조 속에 이성적 가치가 뿌리를 내리고 있지 않다면, 어떻게 우리는 우리와 다른 사회를 비판할 수 있는가?

한 가지 가능한 방어는 헤겔이 불성실하다는 것이다. 그는 검열관이 그의 언급들이 프로이센 국가의 영광에 적용된다고 생각하기를 원하고 있다. 헤겔의 입장을 나타내는 텍스트와 근거의 대부분이 헤겔에게 보수주의를 취하게 한다는 것은 지나치게 안이하고 지나치게 아첨하는 답변이다. 우리는 헤겔의 접근이 스스로 규범적일 수 있음을 입증하기 위해서 기술적인 사회과학과 어떻게 다른가를 질문할 필요가 있다. 첫째로, 그렇기 때문에 우리는 철학적 전통에서 헤겔이 차지하는 입장에 대해 간략히 논구하게 될 것이다.

헤겔의 사회적 관념론과 진보

『법철학』 독자가 알아야 하는 헤겔 철학의 일반적인 특성 세 가지가 있다. 하나는 그의 철학적 관념론이고, 둘은 그의 역사철학 속에 함축되어 있는 진보의 가정이며, 셋은 그의 절대적 관념론과 칸트의 선험적 관념론 간의 차이이다.

칸트의 선험적 관념론은 경험주의와 합리주의의 문제성 있는 가정에 대한 반발에서 발생했다. 경험주의는 인식에 대해 매우 단순한 설명을 가지고 있다. 즉 세계는 주체의 인식능력에 대해 인과적 영향을 행사하며 주체는 자신에 대한 이러한 영향을 하나의 표상으로 재현한다. 그러므로 인식의 확실성은 지각능력이 적확하고 적절하게 세계를 재현한다는 가정에 의존하지만, 이러한 주장을 의심할 이유들도 있다. 개는 흑백으로 보며, 인간은 색채로 본다. 실재는 그 **자체가** 색채인가 혹은 단색인가? 한 가지 답변은 인간이나 개를 이상적인 지각자로 인정하는 것인데, 이러한 지각자의 능력은 지각되는 것과 보다 잘 일치하는 표상들을 전달하는 것이다. 하지만, 인식능력의 하나가 다른 하나보다 우위에 있다고 말할 때는 어떤 다른 이야기에, 즉 신의 섭리나 진화 등에 호소할 때 만이다. 그런데 이것들 중 어느 것도 경험주의라는 용어 자체에 의해 정당화될 수 없다. 경험주의에 관한 좀 더 세련된 설명은 그러한 반론에 대한 답변일 것이다. 하지만 문제는 모든 유형의 경험주의는 지각이 적확하게 실재를 재현한다고 가정해야 한다는 점에 있다. 그리고 이것은 가정으로 남거나 혹은 형이상학적 이론들에 의해 정당화된다. 어떤 경우든, 이론은 경험주의의 단순한 검증 과정을 넘어선 근거에 의존해 있다. 간단히 말해서, 경험주의는 이성이 그 과제에 적확하고 적절하다고 가정하지 않고서는 주-객 관계를 설득력 있게 설명할 수 없다는 것이다.

똑같은 문제가 합리주의에도 해당한다. 예를 들어 데카르트는 감각보다는 이성이 세계의 실제 존재 방식을 잘 드러낸다고 주장한다. 하지만 이것은 이성이 신뢰할 만하다는 주장, 데카르트 자신이 유명한 그의 과장된 회의주의를 가지고 스스로 문제시했던 주장에 의존해 있다. 물론, 데카르트에게 이 점은 자비로운 신의 존재에 대한 합리적 증명을 통해 해결되었다. 하지만 그 체계는 우리가 실제로 신 존재를 위한 두 가지 논거를 수용하지 않는 한, 이성이 보장할 수 없는 근거에 기초해 있다(데카르트, 1966). 다시금 우리는 실재 문제에 부딪친다. 인식을 하기 위해, 우리는 우리의 이성이 적확하게 실재를 재현한다고 가정해야만 한다. 하지만 우리의 인식 주장을 검증하는 방법이 주어진다 하더라도 우리는 이러한 가정을 확신할 수 없다.

칸트는 어느 정도 실재의 문제를 무시함으로써 이러한 딜레마를 극복하고 있다. 직관이 정신에게 주어지고 이성은 이러한 직관들을 구조화해서 인식의 대상이 존재할 수 있게끔 한다. 사유하는 정신의 적극적인 관여가 없다고 한다면 인식이 가능하지 않을 것이며, 따라서 주체가 능동적으로 객체를 구성하기 때문에 객체는 **주체에 대해** 존재한다. 인식의 객체는 더는 실재의 표상(재현)으로 간주되지 않는다. 왜냐하면 그것은 주체의 이성에 의해 구성되었기 때문이다. 만일 인식이 외부 세계와의 일치로 이해된다고 한다면, 이러한 표상들은 인식이 아니다. 하지만 인식이 이성적 존재가 어떻게 객체를 지각하느냐로 (그것이 어떻게 **우리에게** 현상하느냐로) 규정된다고 하면, 우리는 진리의 관념을 놓지 않을 수 있다. 그러므로 하나의 객체는, 이성적 주체가 객체를 구성하는 방식으로 존재한다고 한다면 경험적으로 실재하는 것이다. 만일 세계가 이러 저러하다면 진리는 참이 아니다. 오히려 이성적 존재가 그

것이 이러저러하다고 판단할 경우에만 진리가 참이다. 칸트에게 이성
은 보편적 ― 시간과 장소를 불문하고 모든 사람에게 동일하다 ― 이
기 때문에, 만일 우리가 당파적이거나 비이성적이 아니라면 우리 모두
는 동일한 판단을 내릴 것이다. 진리의 추구는 더 이상 실재 **그 자체**의
드러냄이 아니라 우리의 판단들을 구조 짓는 범주들의 드러냄이다. 헤
겔이 나=나라는 도식을 사용할 때, 그는 판단을 내릴 때 우리 자신의
이성이 세계 속에 반영되는 것을 지시하고 있다. 우리 인식이 갖는 의
문은 실재 자체에 관한 사실들보다는 우리 자신에 관한 사실들과 우리
의 인식 방식을 드러낼 것이다. 인식의 주장은 우리가 무엇을 아느냐보
다는 어떻게 아느냐에 더 관심을 갖는다.

　칸트에서 헤겔에 이르는 운동은 근본적으로 진리의 기준에 관한 것
이다. 칸트의 생각에 따르면, 자기 자신에 기초하고, 외부의 영향으로
부터 자유로운 주체는 참되고 적합한 판단을 내릴 수 있을 것이다. 하
지만 헤겔은 거부한다. 확실성은 나의 판단이 옳다고 타인들이 내린 인
정을 통해서만 획득될 수 있다. 헤겔에게 진리는 당연히 인간 상호 간
의 문제이다. 따라서 우리는 나=나라는 도식을 독립적인 다른 자기의
식들의 통일인 '절대적 실체'로 대체한다. 이러한 자기의식들은 그것
들의 대립 속에서도 완벽한 자유와 독립을 구가하고 있다. 즉 "나"인
"우리"이고, "우리"인 "나"(PhG, 177)[6]. 인식의 주장이 참이기 위한 필
연적 관계가 중간의 다리이다. 그것은 더 이상 우리가 불편부당하고 이
성적으로 추리할 경우 올바르다는 의미가 아니다. 당신의 판단을 타당
하다고 인정하기 위해서는 자유롭고 독립적인 타인들이 요구된다는 것
이기도 하다. 정신(Geist) 혹은 마음은 헤겔에게 주체의 모든 표상에

6　우리는 4장 pp. 88−91에서 이런 논의로 돌아간다.

수반하는 '나는 생각 한다' 라는 보편적 성격이 아니라, 공유되고 또 공유된 것으로 인식된 의미들과 범주들 그리고 가치들의 상호 주관적 기층(基層)이다(Hyppolite 1974, 324). 다시 말해, 인식은 다른 이성적 존재와 문화를 공유하는 것에 달려 있다. 하지만 이처럼 공유된 의미와 범주들이 실재와 일치하라는 명령에 의해 제약을 받는 것이 아니라면, 그것들은 다른 문화와 다른 사회들에서는 다를 수밖에 없을 것이다. 따라서 나의 모든 동료들이 중세물리학에 동의한다면, 근대물리학이 중세물리학보다 낫다는 말을 어떻게 할 수 있겠는가? 문화의 일치 너머에 그리고 위에서 이러한 의미들과 범주들의 적합성을 판단할 수 있는 외부적 기준이 존재할 수 있는가?

　인식론적 문제는 무시하고 윤리적인 문제에 집중을 해 보자. 아마도 이 문제가 우리에게는 더 설득력이 있을 것이기 때문이다. 관념론의 핵심 교리를 보자. 예를 들어 우리는 "모든 인간은 평등하다"거나 "모든 사람은 자유롭다"고 말을 할 때, 우리는 어떤 사태를 지시하거나 어떤 도덕적 실재를 지시하는 것이 아니다. 도덕적 범주들과 개념들, 평등이나 자유와 같은 공리적 가치들은 주체가 도덕적 판단을 형성하도록 해 주고 주체가 도덕적 경험을 갖는 데 필요한 범주들이다. 비록 하나의 문화는 자유와 평등을 존중하지만, 다른 문화는 질서와 안전을 존중할지 모른다. 그들 각각의 도덕적 판단들은 이러한 공리적 차이 때문에 서로 불화할 것이다. 만일 이러한 범주들이 정당화를 넘어서 있다면, 판단이 일관성이 있고 동료들에 의해 존중되는 한, 하나의 문화를 다른 문화보다 이성적으로 선호하는 것은 불가능하다. 더 나아가, 헤겔은 추상적 개념들로서의 도덕적 범주들이 실질적인 의무를 명령하기에는 지나치게 형식적이라는 점과, 그러한 구체적 의무들은 무엇이 선한가를 묵시적으로 기술하고 있는 특정한 생활 방식의 내용(관심과 복지, 존경)으로부터만 발원할 수 있다는 점을 자각하고 있다. 형식적으로 우리는 만인 평등을 진술하고 많은 합의를 모을 수 있을 것이다. 하지만 실질적으로 평등이 무엇(기회와 존경 혹은 자원)을 담고 있으며, 그것은 누구에게 확대될 수 있는가(나와 같은 계급, 민족, 인간, 이성적 존재의 구성원들)를 말할 수밖에 없는데, 여기서 불일치가 발생할 것이다. 헤겔이 말하는 요점은 실질적인 측면은 실천이성이나 순수이성의 기능이 아니라 나의 사회적 맥락이나 도덕적 구조에 의해 제공되거나 산물일 것이라는 데 있다. 모름지기 이 점에서 그의 입장이 상대주의의 혐의를 받게 되는 것처럼 보인다. 우리는 평등 혹은 존경의 원리에 일치하지만, 평등이 어떻게 인정되며, 평등의 수혜를 받는 인간 집단에 누가 속하는가에 관해서는 문화적인 이유로 일치하지 못한다.

   이런 이유로 칸트의 선험적 관념론을 헤겔이 재구성하는 것이다. 헤겔은 자신의 동료들의 인정이 판단의 정당화의 요소가 된다면, 진실을 말하는 개인이 그릇된 다수의 동료들에 의해 침묵하게 되거나 혹은 판단이 문화적 신념의 표현이거나 강한 의미에서 진실 혹은 거짓을 넘어선 표현일 수도 있는 위험이 존재할 것이라는 점을 자각하고 있다. 헤겔은 역사에 호소함으로써 그처럼 매력적이지 않은 입장들을 피하고 있다. 즉 도덕적 책무를 제공하는 문화적 틀은 새로운 도덕적 문제들이 기존의 도덕적 경험 구조에 의해 적절히 표현되거나 파악되지 않을 때는 일관성을 상실하게 될지 모른다는 것이다. 헤겔의 가장 유명한 예는 아마도 소포클레스의 안티고네일 것이다. 안티고네가 가족과의 유대에 의해 야기된 그녀의 책무를 수행하려고 했을 때, 국가의 법이 바로 이러한 의무와 충돌했다(PhG, 470). 도덕적 범주들과 삶의 방식의 실질적 내용들 간의 불일치가 사람들이 동일한 도덕적 경험의 구조를 공유하거나 혹은 외부적으로 경험을 구조 짓는 가치들 자체가 근본적으로 다를 때(분화의 충돌: 앞서 인용한 아스텍과 코르테즈) 내부적으로 발생할 수 있다. 하지만 헤겔에 따르면, 이러한 갈등들로 인해 **진보**가 이루어지는 것이다.

철학의 과제는 이 같은 변화의 과정을 선동하는 것이 아니라 그것을 자각하는 것이다. 다시 말해 개념들의 역사적 발전 과정에 의해 형식적 개념들의 내용과 이해를 재구성하는 과정이다.[7] 순수한 유토피아(이상적으로 존재해야 하는 것)는 제약되어 있지 않으며, 따라서 정신의 자의적 구성물이다. 그것은 경험이 전혀 없지만 응용수학의 법칙을 이해하는 것으로만 지침을 삼아 집을 건축하는 것과 비슷하다. 그러한 수학자가 행운을 얻을 수도 있다. 하지만 그는 실제로 건축물들이 과거에 어떻게 건축이 되었는지를 알아야만 하며, 그가 성공하려면 매우 유능한 건축가를 충원해야 할 것이다. 이성적인 것은 형식(철학의 개념적 인식)과 내용(실질적 본질로서의 이성)을 지니고 있으며, 이러한 내용은 그것의 역사적 발전과 존재를 통해 정당화된다.

세계가 어떠해야 하는가에 대한 **가르침**과 관련하여 한마디 한다면, 철학은 어쨌든 이러한 기능을 수행하기에는 언제나 너무 늦게 온다는 것이다. 세계의 **사상**으로서 철학은 현실이 그 형성 과정을 완성하여 완전한 상태에 도달한 다음에야 등장한다는 것이다…철학이 자신의 회색에 다시 덧칠을 할 때면, 생의 모습은 늙어 버린다. 회색에 다시 덧칠을 한다 해도 생의 모습은 젊어지는 것이 아니라 다만 인식될 뿐이다. 미네르바의 부엉이는

---

7   많은 경우, 헤겔 좌파들(아래의 8장을 보라)은 이처럼 가정된 보수주의를 헤겔과 그들이 결별하는 지점으로 받아들인다. Marx가 다음과 같이 유명하게 표현한 바 있다: "철학자들은 세상을 여러 가지 방식으로 해석만 해 왔다. 문제는 그것을 변화시키는 것이다."(Marx, 1977a, 158)

황혼이 깃들 무렵에야 날기 시작한다(23).

철학은 우리가 어떻게 판단을 내려야 하는가를 지시하기보다는 왜 우리가 판단을 내리는지를 설명하는 역할을 하는 것 같다.

헤겔의 진보의 이념은 그의 절대적 형식의 관념론을 칸트의 선험적 관념론으로부터 구별하고, 개인의 판단이 특정 문화와 관련해 참일 수도 있고 거짓일 수도 있다는 상대주의의 혐의를 피하는 데 중요하다. 그러한 자세를 이해하는 길은 어느 정도는 선험적 관념론과 절대적 관념론의 차이를 구현하고 있는 신비적 경구를 통해서이다. "이성적인 것은 현실적이고, 현실적인 것은 이성적이다."(20) 전통적으로 이 경구는 두 가지 방식으로, 즉 보수적이거나 진보적으로 이해되었다.[8] 전자는, 철학은 존재하는 것만을 기술할 수 있을 뿐 존재해야만 하는 것을 지시할 수 없다는 앞서의 주장과 일치한다. 이에 반해 후자의 입장은 **현실적인 것**으로 고려되기 위해서 존재하는 것은 이성적이어야 한다고 주장한다. 선험적 관념론의 주장에 따르면, 제도들이 경험의 내용이지만, 경험은 주체에 의해 구성된다. 이는 경구의 두 번째 부분에 해당한다. 현실적인 것은 경험되기 위해서 이성적이어야 하지만, 헤겔의 절대적 관념론은 경험의 내용이 이성적 구조를 지녀야 할 뿐만 아니라, 정신의 이성적 구조가 실재의 현실적 구조와 일치해야만 한다는 점에서 다르다. 이성적인 것은 현실적이어야 하기 때문에 내가 경험을 구조화하는 방식은 세계에 대한 나의 동료의 평가에 순응해야 한다. 헤겔은 이성적 범주들의 보편적 본성보다는 역사적 본성을 승인하는 것 같기 때문에, 주체가 정당하게 경험을 구조화하는 방식이 곧 이성적임을 포

[8] Stern(2006)을 보라. Stern 자신은 좀 더 '중립적인 독서'를 제공한다. 충분한 논의와 자세한 참고 문헌들을 원한다면, Stewart(1996)의 1부와 2부를 보라.

함하는 것 같다.

헤겔은 분명히 문화적 상대주의자가 아니며, 내가 판단하기에 일차
원적인 보수주의자도 아니다. 주체의 경험을 구조 짓는 오성의 범주들
은 세계 안에서 노동하는 자에게 적합할 것이며, 상호적으로 세계는 우
리의 범주들에 — 특히 도덕적 범주들에 — 부합해야만 한다. 헤겔의
관념론은 절대적 관념론으로 기술된다. 언젠가 주체 인식의 범주들이
세계에 적확하게 부합할 것이고, 세계는 그러한 범주들에 대응하기 위
해서 노동에 의해 이성적으로 만들어질 것이다. 모름지기 이 점이 진보
의 개념을 구현하고 있는 헤겔의 역사철학에 의해 보증된 것이다. 간단
히 말해서 이것이 역사 테제의 목표이다. 인간의 행동은 사회제도와 관
행들을 창출하고 세련화함으로써 세계를 도덕적 수요의 요구에 적합하
게 주조하고, 개인들은 이러한 제도들의 합리성을 세계의 요구에 부합
하도록 주조하는 것이다.

우리에게 익숙하기는 하지만 헤겔에게는 알려지지 않았던 예를 사용
한다면, 20세기의 도덕적 진보는 평등 선언, 다시 말해 이성이 이룩한
요구를 통해 보장되었다. 그러한 이성적 요구는 헌법의 조항으로 만들
어질 수 있고, 이것이 사회 세계의 성격을 변화시킨다(과거에 배제된
집단들에게 권리를 확장하는 것, 통치의 성격). 하지만 평등의 원리를
자의적으로 배제된 모든 사람들, 즉 여성, 다른 인종 구성원 등에까지
학대하려는 시민권 운동의 압력을 통해 조항 자체가 수정되었다. 현실
세계의 성격이 이성적인 법 조항의 성격을 바꾼 것이다. 그럼에도 존재
하는 것은 부분적 현실이고 부분적 현상이다. 헤겔은 백조가 새라는 것
과 흰색이라는 것 같은 필연적 구별과 우연적 구별을 염두에 두고 있
다. 평등은 현실적이지만 공정한 기회라는 정책은 현상이다. 다시 말해
기회는 평등의 요구가 객관화되는 한 가지 방식(평등의 요구를 해석하

고 실체화하는 한 가지 방식)이다. 현존과 현실성 사이의 구별은 비판의 여지를 열어 놓는다. 왜냐하면 헤겔이 말하고 있듯, "현실성은...철저히 이성적이다. 이성적이지 않은 것은 바로 그런 이유로 현실적이 아닌 것으로 간주되어야 한다."(EL, §142A). 재능 있는 사람들에게 열려 있는 경력자의 원리와 공정한 기회라는 평등의 원리 모두 동일한 이성적 토대, 다시 말해 평등에 대한 이론적 요구를 공유하고 있다. 하지만 — 아마도 — 어떤 것이 현실적인 것은 다른 것이 없을 때이다.

내재적 비판의 가능성

헤겔은 보수주의와 상대주의의 혐의를 어떻게 비껴가고 있는가? 답변은 그가 현재의 사회구조에 대한 급진적인 비판과 대립된 내재적 비판의 공간을 열었다는 데 있다. 현존하는 사태, 말하자면 당대의 실제 사회구조, 그것의 관행과 제도, 관례와 법이 여전히 현실적이 되는 데는 실패할 수 있다. 그것들은 현존하지만 충분히 이성적이지는 않다. 사회적 실재는 그것이 단순한 현상이고 국가에 본질적인 것과 모순되기 때문에 현실적이 되는 데는 실패할 수가 있다. 보바르(Beauvoir)에게서 인용한 다음의 훌륭한 예에서 이 점이 잘 드러나 있다.

프랑스 법에 의하면, 복종은 더 이상 여성들의 의무에 포함되지 않으며, 개개의 여성 시민은 투표할 권리를 가지고 있다. 하지만 이러한 시민적 자유들(liberties)은 경제적 자유(freedom)를 수반하지 않는 한 이론적 자유에 머물러 있다. 여성이 투표할 수 있는 권리가 있다 해서 남성의 부양을 받는 여성이 — 부인 혹은 정부(情婦) — 남성으로부터 해방된 것은 아니다. 설령 관습이 여성에게 그 이전보다 덜 구속을 부과한다 할지라도, (투표권이라는-옮긴이) 소극적 자유의 함축이 여성의 상황을 크게 변화시킨 것은 아니다. 여성은 예속의 조건 속에 묶여 있다. 여성을 남성으로부터 분리시켰던 거리의 대부분을 뛰어넘은 것은 소득이 있는 직업을 통해서였다. (그 밖에-옮긴이) 여성의 실제의 자유를 보증할 수 있는 것은 아무것도 없다(보봐르, 『제 2의 성』, 1997, 689).

여성도 투표를 할 수 있는 권리를 가지고 있을 것이다. 하지만 가족 구조가 변하고 그들에게 경제적 자유를 줄 수 있는 제도와 정책이 도입되기 전까지, 법 자체는 자유에의 의지를 표현하지 못한다. 진보는 (이런 의미에서 개념적으로-옮긴이) 파악되어야 한다는 요구에 의해 가능해진다. 여성에게 투표권을 부여하는 법의 합리성이란 무엇인가? 그것은 자율로 간주된 자유의 원리를 표명하는 것이다. 하지만 사회구조들이 변하지 않는 상태에서, 그 법은 그것이 해야 할 바를 달성하지 못하기 때문에 속 빈 강정일 수 있다. 그리고 이 점이 사회 비판의 형태로서 저평가되어서는 안 된다. 우리가 보게 되겠지만, 헤겔은 그 자신의 국가가 이성적인 것을 현실적인 것으로 만들 필요가 있는 지점을, 다시 말해 사법적 심판의 정의에 대한 요구와 정치체제에서 모든 시민들을 대표할 필요성을 가리키고 있다. 이러한 성격의 사회 비판은 헤겔의 철학이 일종의 일차원적 보수주의라는 주장(국가를 어설프게 다루지 않는 것이 최선이며, 그렇지 않을 경우 사태는 더 나빠질 것이라는 주장)의 기반을 약화시킨다. 그럼에도 헤겔이 상대주의의 혐의에 반응할 수 있으려면 여전히 해야 할 일들이 있다.

다음 단계(§4)

서문과 처음 네 절로부터 우리가 배운 것은 무엇인가? 법철학은 주어진 것으로부터, 다시 말해 법의 영역을 구성하고 우연적인 것으로부터 필연적인 것(즉 이성적인 산물로부터 단순한 역사적 산물인 규약들)을 가려내는 그런 제도들과 도덕적 코드들, 관습과 습속들로부터 시작해야만 한다. 이성적인 산물이란 그것들을 탄생시킨 특수한 과정들과 무관하게 지속적으로 존속하는 것들이라고 말할 수 있다. 『법철학』은 일종의 기술적인 정치과학인가 혹은 규범적인 정치철학인가? 나의 답변은 후자이다. 하지만 나는 이 점이 그렇다는 것을 대부분의 직관적이고 자유주의적인 비판의 설명보다 훨씬 미묘하게 보여 주었기를 바란다.

우리가 주목해야 할 마지막 문제는 법철학이라는 개념이 의지(사회 규범들이 우리에게 무엇을 해야 하고 무엇을 하지 말아야 하는가를 말하기 때문에 활동하는 의지)이며, 법철학의 내용은 사회의 객관적 제도들과 습속들 등에 실현된 바로서의 이러한 의지이다.

> 법의 지반은 **정신적인 것** 일반이며, 그것의 엄밀한 위치와 출발점은 **의지**이다. 의지는, 자유가 법의 실체와 규정을 이루는 한에서 자유이다. 법체계는 실현된 자유의 영역이며, 정신 자체로부터 산출될 제 2의 자연으로서의 정신의 세계이다(§4).

개념이란 행동을 규제하는 규범의 관념이며, 이러한 개념의 내용은 개인들의 행위를 규제하고 조정하는, 실제로 존재하는 그런 법칙들과 규칙들 그리고 규약들이다. 법의 이념은 이성적 의지(자유롭게 행동하는 의지)와 이성적 제도들(역사적으로 우연적일 뿐인 것이 아니라 필연적인 세도들) 사이의 일치이다. 의지란 사유에게 실존을 부여하려는 충동으로서 그것을 행동으로 번역하는 것이다. 법이란 기존 세대들의 객체화된 의지이다. 그것은 합리적 대리인의 법률이 스스로에게 표명한, 역사적으로 굳어진 규범적 구조이다. 하지만 자유는 '운명'이자 미래를 지향해서 일할 지점이다. 법의 영역이 충분히 이성적이고 실존할 때, 다시 말해 현실적일 때에 비로소 우리는 참으로 자유로워질 것이다. 헤겔에게 법칙이란 자연적 필연성에 대립된다. 원인은 인간이 어떻게 행동하는가를 말해 준다. 이에 반해 이성은 인간이 어떻게 행동해야 할지를 말해 준다. 사회계약론의 사상가들과는 반대된다. 즉 국가는 갈등들을 매개하고 개인들 사이의 협력을 보증하는 인공적 구조가 아니다. 국가는 인간의 자유에 **필수적**이다(FPR, §2). 여기서 핵심은 스스로 입법화하려는 자유로운 의지의 이념이다. 하지만 이 자유의지는 주어진 것으로 간주될 수 없다. 헤겔은 그가 이 자유의지의 관념으로 정확히 무엇을 의미하고 그것이 무엇을 담고 있는가를 분명히 해야만 한다.『법철학』은 무엇보다 인간 자유에 관한 책이고, 우리는 서문 속의 자유의지라는 최초의 직관을 면밀히 검토함으로써 시작하게 될 것이다.

연구를 위한 물음들

1. 왜 오성의 능력은 정치철학에 관여하기에는 적절하지 못한가?
2. 기술과학과 규범과학 사이의 차이는 무엇인가? 헤겔이 규범과학에 관여했던 서문의 내용에 기초해서 말할 수 있는가?

서론: 형이상학적 자유

들어가기

만일 『법철학』이 정치철학에 관한 규범적 저서라면, 우리는 그것이 실천철학의 몇 가지 익숙한 문제들에 답변할 것을 기대하지 않을 수 없다. 정치철학의 전통적인 문제들은 어떤 사람들이 타인들의 행동을 규제할 수 있는 권위를 갖고 있다는 사실에 기반을 둔다. 어떤 사람은 내 머리에 권총을 대고서 나의 행동을 지시할 수 있지만 그러한 상황은 처벌을 위협하는 법률에 의해 나의 행동을 규제하는 것과는 전혀 다르다. 첫 번째 경우에서, 설령 권총이 있다 하더라도, 내가 반드시 그의 말을 따라 선택하는 것은 아니다. 반면 두 번째 경우에서 나는 처벌의 위협이 없다 할지라도 나의 행동들을 법과 국가의 명령에 따라 규제할 것이라고 말할 것이다. 권총을 든 사람이 힘이 있는 반면, 우리는 국가가 나의 행동을 규제할 수 있는 권리(단지 역량이 아닌)로 간주되는 권위를 갖고 있다고 말할 것이다.

그러므로 정치철학의 관심사 한복판에 자유의지의 관념이 있는 것이다. 정부와 국가의 공무원들은 나의 행동을 합법적으로 규제할 수 있는 반면, 노상강도나 납치범들은 불법적으로만 나의 행동을 규제할 수 있다. 논쟁의 여지가 있기는 하지만 헤겔은 내가 달리 행동할 수도 있으며, 국가 혹은 노상강도의 의지는 다른 것 대신 어떤 것을 하고 싶어 하는 마음만을 바꿀 수 있다고 주장한다. 하지만 나는 — 헤겔에 따르면 — 국가의 명령에 따라 행위함에 있어 이성적이다. 국가의 규칙들과 규제들 그리고 규범들이 나의 욕망을 '순화'한다. 내가 달리 행동할 수도 있었다는 가정은 규범적인 실천철학을 근거지우는 대리인의 자유라는 가정이다. 만일 타인들이 나로 하여금 일정하게 행동하도록 만드는 의도로 법을 이해한다면, 우리는 먼저 자유롭게 행동하는 것이 무엇인지를 논의해야 할 것이다.

의지의 자유(§§5-28)

정치철학이 실천철학이라고 한다면, 그것은 의지에 관심을 가질 것이다. 어떤 사람의 행동이 이러저러하게 규제되어야 한다고 말하는 것은 그들이 이러저러한 방식으로 행동해야 한다고 말하는 것이다. 의지에 대한 헤겔의 정의는 자유에 해당한다. "…의지는 자유롭다. 따라서 자유는 의지의 실체이자 규정(운명-저자)이다."(§4) 우리는 이 인용문에서 두 가지 함축적인 가정들을 주목해야 한다. 하나, 헤겔에게 의지는 자유로워야 한다. 그렇지 않다면 그것은 의지가 아니다. 따라서 자유가 의지의 '실체'를 구성한다. 둘, 자유는 주어진 속성이 아니라 획득하려는 의지에게 하나의 규정(운명)이다. 직관적으로 우리는 어떻게 자유가 하나의 성취가 될 것인가를 이해할 수 있다. 우리는 성인 인간을 그들의 행위를 통제하는 자, 그들의 행위를 의욕하는 자로 대우하는 반면, 아이들은 기껏해야 부분적으로만 자유롭다고 본다. 헤겔의 서론은 이 두 가지 가정들의 이론적 증명에 관심을 갖고 있다.

헤겔은 자유에 대한 두 가지 설명을 확인하고 있다. 이 모두 철학적 전통 속에 존재하지만, 부적절하거나 적절하게 계발되지 않은 것이다.

i) 의지는 그것이 그 내용을 선택할 수 있다는 점에서 자유롭다. 여기서 자유롭다는 것은 원인이 없다는 의미다. 이전의 사건에 의해 인과지어지는 것은 자유가 아니다. 따라서 어떤 사람이 다른 사람을 **때린** 반면, 바위는 사람과 **충돌**한다(§5).

ii) 의지는 그것이 그 주어진 내용을 충족시킬 수 있다는 점에서 자유롭다. 여기서 자유롭다는 것은 방해받지 않는다는 의미다. 죄수는 감옥이 열릴 때 자유롭다(§6).

이 점을 뒤집어서 논의해 보자. 『법철학』에서 헤겔의 최초의 목표는 자유에 관한 두 개의 모순적인 관념들을 드러내는 것이다. 헤겔은 두 관념 모두 충분하지 않다고 보며, 각각의 경우 부분적으로 참인 것들에 기초해서 참다운 형태를 제시하고 있다. "그것은 자유에 속한다. 하지만 그것이 자유 전체에 속하는 것은 아니다."(§6A) 달리 말해서 그릇된 것을 파기하고, 각각의 기술에서 참된 것을 드러냄으로써 그것들 각각을 넘어서고자 한다. 바로 이러한 자유에 대한 참된 규정만이 헤겔이 그의 책에서 따르게 될 행위와 윤리, 그리고 정치에 대한 기술의 형이상학적 토대 역할을 할 수 있다. 그리하여 독자는 처음에 두 가지 연관된 질문들에 직면하게 된다. 각각의 개념은 어떤 식으로 존재하는가? 첫째는 부분적으로 참이고, 둘째는 불충분한가?

의지의 내용을 포기할 수 있는 능력

우리는 통상 세계를 자유로운 것들과 자유롭지 않은 것들로 나눈다. 사람들은 자유롭지만, 대부분의 다른 사물들은 자유롭지 않다. 바위가 어떤 사람의 머리 위에 떨어질 때, 우리는 — 그 순간의 분노로 맹목적이 되지 않는다면 — 그 대상을 비난하지 않는다. 하지만 어떤 사람이 나의 뺨을 때릴 때, 나는 그 사람이 달리 행동할 수도 있었다고 가정하기 때문에 그를 비난한다. 달리 행동한다는 이러한 생각은 그가 했던 일을 하고자 **의욕했으며**, 그처럼 행동하도록 **인과지어지지** 않았다는 주장 속에 구현되어 있다. 의지란 무엇인가? 그리고 보다 중요한 것은, 언제 우리는 의지가 자유롭지 않다는 것과 반대로 자유롭다고 말할 수 있는가? 직관적 답변은 다음을 포함한다. 즉 의지가 자극을 받거나 강제되거나 뇌물을 받을 때 등등. 이 모든 것들은 원인들의 종류이며, 행동의 변명거리를 — 정도는 달라도 — 구성한다. 따라서 의지는 원인을 갖지 않을 때 자유롭다. 헤겔은 의지에 대한 그러한 특성화는 부분적으로는 옳지만 궁극적으로는 부적합하다고 생각한다.

헤겔이 의미하는 부적합성이란 무엇인가? 위에서 제시된 의지의 특성화는 어떤 의미에서는 옳다. 하지만 "의지의 오직 **한 측면만**"(§5R)이 옳다. 의지를 전적으로 그것과 동일시하는 사상가는 누구든 오류에 빠진다. 왜냐하면 그것이 의지의 본성을 소진시키는 것이 아니다. 의지의 첫 번째 특성화는 원인지어지지 않은 의지, 어떤 내용도 초월할 수 있는 의지의 역량으로서의 자유의지의 관념을 강조한다.

의지는 α) **순수한 무규정성**의 요소, 혹은 자아의 순수한 자기 내적 반성이라는 요소를 포함할 것이다. 여기서는 자연적 성질에 의해 직접적으로 현존하는 것이건, 필요와 욕구 그리고 충동 혹은 어떤 방식으로 주어지고 결정된 것이건, 모든 제한과 모든 내용이 해체된다. 모름지기 이것이 **절대 추상 혹은 보편성**의 무제한적 무한성, 자기 자신의 순수한 사유이다(§5).

의지는 그 욕망 혹은 충동 속에 내용을 갖는다. 이 내용들이 '제한'과 제약을 이룬다. 하지만 그것들은 **주어진** 것이지 **선택된** 것이 아니다. 의지의 내용이 다만 욕망뿐이라고 가정해서는 안 된다. 헤겔이 말하고 있는 것처럼, 의지는 "자연적 성질에 의해 직접적으로 현존하는 것이건, 필요와 욕구 그리고 충동 혹은 어떤 방식으로 주어지고 결정된 것이건, 모든 제한과 모든 내용..."을 부정할 수 있을 것이기 때문이다. 의지는 욕구와는 다른 방식으로 제한될 수 있다. 의지의 내용은 사회적이거나 외부적인 이해에 의해 주어지거나 결정될 수 있다. 18세기 영국에서 광부 가정의 아이는 광부가 되는 것 이외에 다른 선택을 가질 수 없었을 것이다. 이것은 그 아이가 처한 곤경의 진실이다. 아이의 의지의 내용은 '정신의 개념에 의해 생성'된 것이다(§6). 하지만 이러한 진실, 이러한 제약을 부정할 가능성은 자신의 욕망을 부정하는 것만큼이나 실제적이다. 만일 주체가 자유롭다고 한다면, 그는 절대적으로 그의 상황과 그의 탄생의 우연성에 구속될 수는 없다. 어떤 사람이 책임이 있다고 하는 것은 그가 달리 행동할 수도 있었다는 것을 믿는 것이다. 이 점이 바로 우리가 고의적으로 자신의(자기) 아내를 치는 남편과 브레이크가 작동하지 않은 탓에 우연한 사고로 아내를 치는 남편을 구별할 수 있는 이유이다. 전자는 그의 부인을 살해하기로 결심하고 그것을 행하려 한 것이고, 반면 후자는 그렇게 하려는 의지가 없지만 불가피한 상황 때문에 그렇게 원인지어진 것이다. 그러므로 자유롭다는 것은 자기 자신의 의지의 내용을 선택하는 것이며, 이런 식으로 의지의 내용이 스스로 자기의식의 요소를 떠맡는 것이다. 주체는 '자아'의 무규정성 속으로 떨어지면서 욕망을 부정하는 동시에 욕망으로부터 추상된다. 헤겔은 선택하기 전의 자기의식을 다음과 같이 특징짓고 있다. 즉 "의지가 무엇을 선택하기로 결정했던지 간에, 마찬가지로 의지는 포기할 수 있다."(§16) 그리하여 의지의 자유는 자기의 해방, 다시 말해 의지의 내용이 **내가 아니다**라고 정립될 때의 순간이다. 내용과 관계해서 내용을 전유할 때에만 나는 내용을 다시 **내 것**으로 만들 수 있다.

　헤겔의 주장에 따르면 내용을 포기할 수 있는 능력이 인간의 자유를 설명하는 데 필수적인 요소이다. 우리는 강제되고 최면 걸린 사람을 자유롭다고 말하지는 않는다. 이들은 외부로부터 그들에게 주어진 그들의 의지의 내용을 포기할 수 없기 때문이다. 하지만, 의지에 관한 첫 번째 견해를 헤겔이 주저하는 까닭은 이렇다. 만일 그것을 인간의 자유에 대한 완벽한 묘사로 인정한다면, 그것은 위험한 실수가 될 것이다. 모든 내용으로부터 자기의 해방, 자기 내 반성되고 공허한 보편성으로 해소된 자기의 해방; '자기 자신에 대한 순수한 사유'가 인간 자유의 패러다임이 되고, 의지는 사유하는 것, 자신의 사유 이전에 그리고 사유로부터 독립된 것으로 간주된다. 어떤 사람의 사고가 아무런 원인 없이 생산될 때 그는 자유로우며, 사유가 선행하는 사건들에 의해 규정될 때 자유롭지 못하다. 어떤 표상에서든 그런 표상을 가진 주체, 그런 표상과 동일하지 않은 주체, 즉 무한하고 보편적인 '자아'가 존재해야만 한다. 다시 말해서, 스스로 내용으로 받아들이면서 어떤 것도 이해하지 못하는 것은 아무런 내용이 없는 자기의식의 영역이다. 대상이 없는 자기의식이란 공허하기 때문이다. 헤겔에게 의지에 관한 이러한 생각은 그것이 현실화될 때 (실행될 때) 바람직하지 못한 실천적 결과를 갖는다. 왜냐하면 "그런 (부정적-옮긴이) 자유가 의지한다고 믿는 것이 무엇이든, 그 자체는 추상적 표상일 수밖에 없고, 그것의 실현은 파괴의 분노일 수밖에 없다."(§5R) 헤겔은 의지를 자신의 내용을 포기할 수 있는 능력과 동일시함으로써 두 가지 실천적 문제들을 보고 있다. 첫째로, 그것은 **무능**하고, 둘째로는 **위험하다**.

이런 식으로 이해된 자유의지는 "제약으로서의 모든 내용으로부터의 비상(飛上)"(§5R)이다. 이러한 비상은 존재를 무화시키는 힌두 브라만의 종교적 태도에 의해 가장 잘 예시된다. 그것은 또한 이론적 입장이기도 하다. 이러한 입장은 의지의 모든 실천적 내용을 고행으로 격퇴했기 때문에 자신의 삶을 살아가는 데 요구되는 윤리를 구축할 기회가 거의 없다. 헤겔은 이것들을 추상하고 추론하지만 행동하지는 못하는 오성 영역의 징후들로 간주한다. 하지만, 순전히 형식적인 의지는 모순적이다. 왜냐하면 헤겔에게 모든 사고는 활동이며, 활동이 대상을 산출하기 때문이다. '자아'는 의지를 통해 자신의 주관성을 객관성으로 번역하며, 행동하지 않는 의지는 결코 의지가 아니다. 행위, 심지어 사고는 의지를 세계 속에 표현하는 일이다. 브라만이 하듯, 자신을 무화시키고자 하는 것은 불가능한 모순적 기획 속에 말려드는 것이다(§§8-9).

보다 우려스러운 점은, 그러한 태도가 위험하다는 것이다. 만일 부정적 보편성이 세계에 작용하고자 하고, 자신의 실존을 주장하고자 한다면, 그것은 필연적으로 부정적일 수밖에 없다. 왜냐하면 그것은 부정하기 위해서 주어진 것을 거부해야만 하기 때문이다. 헤겔에게 이러한 부정적 보편성은 프랑스혁명 다음 이어진 공포정치에서 역사적으로 표현된 바 있다.

그것(부정적 보편성-옮긴이)이 이론적으로 머문다면, 그것은 종교 영역에서는 순수한 명상이라는 힌두교의 광신주의가 될 것이다. 하지만 그것이 현실화된다면, 그것은 정치와 종교의 영역에서 파괴의 광신주의, 즉 기존의 모든 사회 질서를 분쇄하고, 모든 개인들을 기존 질서의 혐의자로 간주해 제거하며, 새롭게 등장하려는 어떤 조직도 절멸시키는 광신주의가 된다. 무엇인가 파괴시키는 데서만 이 부정적 의지는 자신이 생존해 있나 는 느낌을 갖는 것이다(§5R).

아무런 자극도 받지 않았을 때 내가 자유롭다고 한다면, 자유로워지기 위해서 나는 가능한 모든 원인을 거부하고 부인해야만 하는데, 이는 — 매 순간 — 내 앞에 있는 것을 파괴하는 것을 의미한다. 실존주의와 허 무주의 문헌의 영웅들은 사회 세계의 규범들과 규약들 앞에서는 스스 로 자유롭지 못하다고 느끼기 때문에 그것들을 거부하는 의지로 묘사 되고 있다.[1] 어떤 이유 때문에 일어나는 모든 동기는 진정성이 없다는 하나의 예증이다. 그럼에도 헤겔은 '자아'로의 이러한 후퇴가 진정성 있는 태도를 전혀 제시할 수 없다고 강조할 것이다. 지배 구조들에 저 항하는 이유는 그것들의 내용과 관련한 어떤 것 때문이 아니고 그것들 이 지배하고 있다는 바로 그런 이유 때문이다. 태도는 개념들에 의존해 있고, 추상적인 이해를 요구하고 있다. 그것은 세계가 형식적 이성의 요구에 부합하도록 만들려는 욕망 속에 표현된다.

이 경우에 속하는 예가 프랑스혁명의 공포정치였다. 이 기간 동안 재능이 나 권위의 모든 구별은 폐지되는 것이라고 했다. 그 시대는 모든 특수적인 것을 거세하려는 공포와 전율과 불관용의 시대였다. 광신주의는 추상적인 것만을 원할 뿐, 유기적으로 연관된 것은 원하지 않는다. 그래서 어떤 구 별이 등장할 때마다, 광신주의는 그것들이 자신의 무규정성과 양립할 수 없다고 보아 거부하는 것이다. 프랑스혁명 기간에 민중이 그들 스스로 만 든 제도들을 다시 파괴한 이유가 그것이다. 왜냐하면 어떤 제도를 막론하

---

1 예들로는 Sartre(1965); Camus(2000); Bataille(1989); 그리고 Trocchi(1999)가 포함된다.

고 평등이라는 추상적인 자기의식과 양립이 불가능하기 때문이다(§5A).

아직 준비가 안 된 세계에 이성이 가한 평등에 대한 요구는 순수한 평등을 요구했기 때문에 지도자들에 대한 잇달은 거부를 야기했다. 세계를 부정하고 파괴함으로써 그 세계에 대한 자신의 권력을 보여 주는 것은 **아니오**라는 원심력, 즉 거부하고 부정하기가 쉬운 방법이다. 헤겔은 부정성의 실현은 필연적으로 파괴적이라는 것을 예측하고 있다. 우리는 악으로 선을 파괴한다. 설령 내가 그것이 x에게 옳다는 것을 알지라도, 이러한 인식 자체가 x에게 그렇지 않을 이유가 된다. 옳음이라는 실천적 기획에 적용될 때, 비인격적인 보편성의 영역은 사상누각(砂上樓閣)이다. 절대적 부정성, 즉 의지의 모든 내용을 부정할 자유는 논리적으로 가능하다. 하지만 헤겔에게, 공포정치와 힌두교는 의지의 논리적 자유의 병리학 혹은 증상이다.

이처럼 비난성 지적이 끝난 다음에는, 이 형태의 의지가 지닌 부분적 진리를 일깨우는 것도 의미가 있을 것이다. 의지는 내용을 '포기'할 수 있다. 다시 말해 의지는 했던 것과 다르게 행동할 수 있는 가능성이다. 정치적으로 볼 때, 내용을 포기할 수 있고, 그리하여 자신이 한 일에 대해 책임을 질 수 있는 이러한 능력은 도덕적 자유에서, 또한 의지의 내용이 주관적으로 승인되어야 한다는 요구에서 핵심 역할을 담당하고 있다. 헤겔에게 이것은 계몽의 주관적 의지의 토대이자 권위에 대한 맹목적 복종을 거부하는 근거이다.

경험적 자유

의지에 대한 두 번째 묘사는 의지의 특수성 및 유한성에 관련된다.

(β) 마찬가지로, '자아'는 구별되지 않은 무규정성으로부터 **구별**과 **규정**으로의 이행이며, 규정성을 내용과 대상으로 **정립하는** 것이다. — 나아가 이러한 내용은 본성적으로 주어진 것이거나 정신의 개념에 의해 산출된 것이다. 자기 자신을 **규정된** 어떤 것으로 정립함으로써, '자아'는 실존 일반 — **유한성**의 절대적 계기 혹은 '자아'의 **특수화** — 으로 등장한다(§6).

의지는 욕망을 추구하는 의식적 행위와 동등시될 수 있다. 내가 어떤 대상을 욕망할 때, 의지는 욕망하는 것이다. 의지가 이러한 욕망을 충족시킬 수 있다면, 의지는 자유롭다. 만일 의지가 충족을 방해받는다면 의지는 자유롭지 못하다. 가장 단순한 경우로, 당신이 나를 의자에 묶는다면, 당신은 내가 극장에 가려는 나의 욕망 충족을 방해하는 것이다. 당신이 나를 교도소에 집어 넣는다면, 당신은 나를 구속해서 모든 범위의 대상들에 대한 나의 가능한 충족을 제한할 것이다. 헤겔은 의지의 특수화 — 그 내용을 통한 제한 — 는 자유의 예증 혹은 자유 **그 자체**라고 주장한다. 의지는 단순히 욕망의 대상을 의욕하는 과정이며, 행위자는 이러한 의욕 행위의 재현일 뿐이다. 의지의 자유는 이러한 설명에서는 외적인 문제이다. 그것은 구속으로부터의 자유, 즉 외부의 힘으로부터 방해를 받지 않고 욕망을 충족할 수 있는 능력이다.

충족 능력은 물론 헤겔의 자유 개념의 본질적인 부분이다. 바로 이러한 이유에서 그는 충족 능력을 **즉자적** 자유(자발성은 **대자적** 자유로)라고 규정한다. 말하자면 가장 단순하고 가장 직접적인 형식에서이기는 해도 그러한 기술만이 묵시적으로 자유를 드러내준다는 것과 같다. 의지 속에 직접적으로 만나는 충동과 욕망이 의지의 유한성, 의지의 제한을 이루고 있다. 왜 즉자적 자유에 대한 경험적인 묘사이고 자유로운 대자적 의지에 대한 형이상학적이고 자발적인 설명인가? 헤겔이 말한다. "아직은 즉자적으로만 자유로운 의지는 직접적 혹은 자연적 의지이다." 다시 말해서, 의지는 자신의 자유를 합리적 욕망에서 마주치는데, 이러한 욕망의 합리성은 — 그것의 직접성으로 인해 — 감춰지거나 혹은 "아직은 합리성의 형식을 갖지 못하고 있다." 주체는 이러한 의지를 자기 자신의 것으로 파악한다. 하지만 이러한 추상 속에서 의지의 내용과 주체의 형식 간의 차이를 정립한다. "하지만 이 형식과 저 내용은 여전히 구별된다. 따라서 의지는 자기 자신 속에서 유한한 의지이다."(§11) 의지는 그것의 내용이 주어지고 그 형식이 선(미리) 규정되어 있고, 그리하여 주체가 그 내용을 자신의 것으로 깨닫지 못하고 있기 때문에 유한하다. 욕망은 인간이 자신의 목적을 달성함에 있어 세계에 합리적으로 행동하게 만든다. 인간이 행동을 통해 세계에 실현하는, 다시 말해 현실화하는 목표는 주어진 것이다. 목표는 헤겔에게 이러한 의지의 측면의 필연성을 드러내 준다. 다시 말해 목표는 오로지 즉자적 자유로서의 의지의 한계이지, 자신을 자각한 자유이자 충분한 인간 자유로서의 한계가 아니다. 사람들이 행동하는 이유는 이유 자체로는 합리적일지언정 그 사람에게 합리적인 것은 아니다. 헤겔은 이것이 인간 주관성에 대한 적합한 설명은 아니라고 본다. 그에게, 행위 이론으로서의 욕망의 모델은, 설령 그것이 이러한 측면의 의지가 갖는 필연성을 드러내 준다 할지라도 인간 행동을 충분히 설명할 수는 없다.

그러한 설명은 두 가지 전제에 의존해 있기 때문에 의지의 자유에 대한 충분한 설명이 될 수가 없다. 첫째, 인간 행동은 원인과 결과의 욕망 모델에 기초해야만 한다. 둘째, 이성은 욕망의 원인이 아니라 그 욕망에 대한 반응에 따라 발생하므로, 그것이 행동을 야기할 수는 없다. 물론 이것은 이성을 — 최악의 경우 — 생기가 없고 수동적이고 반성적인 것으로서 이차적 역할로 격하시킨다. 혹은 — 보다 분별 있다면 —

욕망이 지향하는 행동의 진로를 보완하는 깃인데, 유명한 흄의 입장이 여기에 해당한다. "이성이란 정념들의 노예이고, 노예여야 한다. 이성은 정념들에 봉사하고 복종하는 것 외에 다른 역할을 결코 생각할 수 없다."(흄, 1962, 127) 헤겔은 의지에 대한 이러한 설명이 근본적으로 불완전하다고 본다. 만일 욕망하는 주체라는 관념이 주관성에 대한 적절한 설명이 된다고 한다면, 그것은 **어떤** 욕망들을 충족시키고, **어떤 특수한 방식으로** 그것들을 충족시켜야 하는지와 관련해 행위자가 결정하는 방식을 설명해야만 한다. 어떤 때건 수많은 욕망들이 수없이 가능한 만족 대상을 지닌 주체에게 현존한다. "의지 속에 직접적으로 드러나 보이는 이 내용 체계는 수없이 다양한 충동들로서만 존재할 뿐인데, 그것들 각각은 다른 충동과 함께 나의 충동 일반이다..." 이러한 욕망들은 일반적 본성(목마름, 성, 배고픔 등), "...모든 종류의 대상들을 가지고 있고, 모든 종류의 방식에서 충족될 수 있는 보편적이고 직접적인 어떤 것"(§12)이다. 따라서 선택 과정에 의뢰하지 않는다면, 의지에 대한 이러한 설명은 욕망이 어떻게, 어디에서, 언제 충족되는가를 어떻게 설명할 수 있을까? 욕망 자체는 어떤 것이나 어떻게 만은 설명할 수 없기 때문이다. 헤겔의 주장에 따르면, 이러한 형식의 이론은 선택하는 의지의 개념에 의뢰하지 않고서는 결단을 결코 설명할 수 없다. "의지가 이중의 무규정성 속에서 개별성의 형식을 지닌다는 점에서, 그것은 결정하는 의지이며, 이렇게 결정하는 의지로서만 그것은 현실적인 의지이다."(§12)

즉자와 대자에 관한 헤겔 자신의 구분이 어떻게 작성될 수 있고, 자유의지의 관념이 외적 자유의 이념으로 소진된다는 주장을 비판하는 데 어떻게 사용될 수 있는가에 대한 단서가 존재한다.

동물도 충동과 욕망 그리고 경향을 가지고 있지만, 동물은 의지가 없으며, 외부적인 것이 금지하지 않는 한 충동을 따를 뿐이다. 하지만 전적으로 무규정적 존재로서의 인간은 충동들 위에 서 있으며, 충동들을 그 자신의 것으로 규정하며 정립할 수 있다. 충동은 자연적 본성의 일부이다. 하지만 그것을 이 '자아' 속에 정립하는 일은 나의 의지에 달려 있다. 결국 의지는 충동이 자연적 본성에 기초해 있다는 사실에 호소할 수는 없다(§11A).

여하튼 헤겔은 그의 견해에서 인간 행동이 원초적 충동과 그것들의 충돌 그리고 해결에 관한 자연주의적 담론으로 환원될 수 있다는 주장을 하고 있다. 자연적 의지는 그 자체로 자유롭다. 왜냐하면 자연적 의지는 의지와 세계의 관계를 표현하고 있기 때문이다. 그럼에도 그 의지는 아직 인간 자신의 의지가 아니다. 그것은 인간에게 (즉자적으로– 옮긴이) 주어졌다. 그것은 인간이 자신을 반성할 때, 그리고 그것을 승인하거나 다른 충동으로 대체할 때 대자적이 된다. 그때 의지는 대자적으로 자유롭지만 이 자유는 의지의 내용을 포기할 수 있는 능력에 달려 있다. 의지에 관한 어떤 형태의 환원주의적 설명도 의지를 설명할 수는 없고, 다만 그것을 부정할 뿐이다. 결단하는 의지 같은 것은 없으며, 충동들의 심각한 표현만이 존재할 뿐이다. 홉스와 같은 자연주의자는 의지의 자유를 그런 식으로 설명하는 것이 말의 자유를 설명하는 것과 똑같은 언어(Language)의 실수라고 말할지 모른다. 말(Speech)은 자유가 없다. 하지만 말을 하고 싶어 하는 사람은 그렇게 할 자유가 있다. 마찬가지로, 의지는 자유가 없다(언어의 실수). 하지만 행동하고자 하는 사람은 그렇게 할 자유가 있다. 이것이 의지에 해당하는 전부이다.(홉스, 1982. 21장) 의지는 가장 강력한 충동, 말하자면 실행된 충동일 뿐이다. 따라서 우리는 단순한 인과성의 영역에 있다.

왜 자유에 대한 환원주의적 설명이 부적절한가? 결정히는 '지이'는 욕망을 '나의 것'으로 확인하고 그것을 충족시키려고 결정한 '자아'이다. 한 살 먹은 어린애가 앞에 놓인 진열대에서 CD를 선택할 때, 그것이 그 아이에 대해 말하는 것은 아무것도 없다. 그의 행동은 임의적이고 자의적이다. 그는 "지도 원리 없이 행동하고" 있다(§294R). 참된 인간적 행동은 다르다. 우리의 욕망의 대상들은 자신의 선택에 의해 확인된 '자아' 측에서 이루어진 결단의 표현이다. 결단함으로써, 의지는 어떤 특정한 개인의 의지로, 자신을 다른 모든 것과 구별하는 의지로 스스로를 정립한다(§13). 내가 새 차를 사겠다고 욕망하는 경우를 상상해 보자. 나는 전시장으로 가서 특정차를 욕망한다. — 그러나 판매원이 그 차를 제쳐 두고 다른 차로 그것을 대체할 수 있는가? 그렇지 않다. 설령 욕망이, 말하자면 차를 갖겠다는 욕망이 같을지라도, 대상은 대체 가능하지가 않다. 나는 차 일반이 아니라 특정차를 원하는 것이다. '자아'는 결단의 순간을, 행위자 측에서의 결정의 순간을 확인한다. 인간 행동에 관한 환원주의적 설명 대부분은 결정의 순간을 다만 욕망의 표현으로 환원하고자 한다. 가장 강한 설명은 가상의 숙고 속에서 성공한 것처럼 보이는 욕망이지만 그러한 이론은 어떤 것도 설명할 수가 없다. 만일 하나의 선이 욕망의 대상이 되고, 그 선은 이것 이외에 다른 것이 될 수 없으며, 그렇지 않을 경우 이성은 욕망들 간에 순위를 매기게 될 것이라고 한다면, 욕망은 그 자체로는 선하거나 악할 수 없기 때문이다. 이러한 설명에 따르면, 욕망의 순위를 정하고, 그것들을 배척하거나 비교할 수 있는 방법이 있을 수 없다. 어떤 '척도'도 존재하지 않으며, 우리의 행동은 자유로운 것이 아니라, 주어진 자극일 뿐이다.

헤겔은 언제나 '결단하는 의지'가 있기 때문에 우리는 의지를 부정할 수 없다고 답변한다. '자아'는 이 특정한 대상과 그의 욕망을 충족시키는 특정한 방법을 선택한다. 충동에 관한 어떤 일반적 설명도 다른 많은 욕구들 사이에서 하나의 욕구가 선택되는가를, 혹은 그 욕망이 그 특정한 표현을 취하는가를 적절하게 설명할 수 없다. 가장 강력한 욕망은 표현된 욕망이라고 말하는 것은 표현된 욕망이 표현된 욕망이라고 말하는 것만큼이나 공허하다. 의지는 결정의 계기가 되어야 한다. 만일 결정이 합리적 선택의 표현이 아니라면, 그것은 다시금 자의적이 될 것이고 자유롭지 않게 될 것이다. 인간 행동을 한 다발의 공통된 충동들과 그것들 사이의 관계들로 환원하고 싶어 하는 자연주의자들의 희망에 대한 헤겔의 비판은 때로는 헤겔이 문제의 논점을 회피하는 것처럼 들린다. 환원주의의 기획은 당연히 의지의 관념을 인간 행동에 대한 기술로부터 재규정하거나 배제하는 데 관심을 갖는 것 같다. 의지는 헤겔의 정치철학의 출발점이기 때문에, 그는 환원주의의 운동을 진실로 끌어안을 수 없을 것이다. 하지만, 우리가 인간 행동에서 요구되는 책임 개념 때문에 추상법에서 도덕으로 이행하는 과정을 주목할 때, 헤겔의 많은 논점들이 보다 확연해질 것이다. 추상법은 결국 경험적 자유의 관념에 기초한 법체계의 전개인데, 애처롭게도 그것은 적절하지가 못하다. 헤겔에게, 인간 존재를 동물로 환원하는 것은 책임과 자유의 관념을 훼손하는 것이며, 그리하여 환원주의는 어쩔 수없이 인간 존재의 특정한 행동 유형들을 대단히 설득력 없이 설명하게 되는 것이다.[2]

그럼에도 어떤 면에서, 그런 설명이 부분적으로 참인가? 주체(자아)를 객체(욕구)로부터 분리시키는 일은 충족이 통일을 통해 획득되기 때문에 자유의 맹아적 형태이다. 윤리적이고 합리적인 행동을 형성하

---

2   나는 다음 장에서 이 주제들을 발전시키고 있다. 특히 pp. 101-109를 보라.

는 것은 모름지기 이러한 의지의 진리이다. "대상이 순전히 이상적으로 결정되고, 완벽하게 파괴되는 향유는 순전히 감각적인 향유이다. 다시 말해 그것은 개인의 무관심과 공허함이 복원되고, 윤리적이거나 이성적인 것의 미미한 가능성이 복원되는 포만이다."(SS, 105) 그것은 '가능성'인데, 왜냐하면 그것은 이성에 작용을 가함으로써 욕망과 세계에 대한 주체의 위력을 입증하는 것이기 때문이다. 하지만 '미미한' 가능성인데, 왜냐하면 의지의 내용이 자유롭게, 다시 말해 합리적으로 선택되지 않았기 때문이다.

자기결정

자유의지에 관한 두 가지 잘 알려진 설명을 폐기한 다음, 헤겔은 자유를 자기결정으로 설명하기 시작한다. 이러한 설명은 앞서의 두 가지 생각들의 통찰을 구현하면서도, 인간 자유의 의미를 오로지 이러한 생각들 자체의 기술에 맞춤으로써 이 자유의 의미가 소진되는 것을 막고 있다.

(γ) 의지는 이 두 가지 계기들 — **자기 내** 반성된 **특수성**, 이로써 **보편성**으로 복귀한 특수성 — 의 통일이다. 그것은 **개별성**, '자아'의 **자기결정**이다. 그 점에서 그것은 자신을 자기 부정적인 것, 다시 말해 **규정되고 제한된** 것으로 정립하며, 동시에 자기 안에 머무는, 다시 말해 **자신과의 동일성**과 보편성 속에 머무른다. 이러한 규정 속에서, 그것은 자기 자신하고만 결합한다. — '자아'는 그것이 부정성의 자기 관계인 한 자기 자신을 규정한다. **자기 자신과의 관계**로서, 그것은 똑같이 이러한 규정성에 대해 무관심하다. 그것은 이러한 규정성을 자기 자신의 것으로서, **이상적인 것**으로서, 단순한 **가능성**으로서 인식한다. 이 가능성에 의해 의지는 제한된 것이 아니

다. 자아는 자신을 다만 이러한 규정성 속에 정립하기 때문에 그 속에서 자신을 발견한다(§7).

자유에 대한 첫 번째 견해는 정확히 자신의 내용들을 포기할 수 있는 의지의 능력을 기술하고 있다. 하지만 그것이 자유의 전부이자 종착지라면, 그것은 필연성이 없고 자의적인 의지를 제안하는 것이다. 즉 그것은 행위와 의지의 부재(인도의 브라만)이거나 혹은 그 순간 내용이 무엇이든 상관없이 주장하는 단순한 변덕(프랑스혁명의 절대 공포)이 된다. 의지에 대한 두 번째 견해는 보편자와 대립된 '자아' 의 특수성을 올바르게 기술하고 있다. 하지만 만일 그것이 의지의 범위 전체라면, 그것은 한낱 외적인 필연성일 뿐이다. 다시금, 욕망과 충동이 무반성적으로, 그리하여 자의적으로 표현되게끔 하는 의지일 뿐이다. 헤겔은 주체가 외부적이고 합리적인 이유와 관련해서 그의 의지의 내용을 선택할 때, 내적인 필연성에 대해 말하고 있다. 이것이 자유의 정점이다.

> 자기 안에 필연성이 없는 자유, 그리고 자유가 없는 단순한 필연성은 추상적인 규정이고, 따라서 진리가 아니다. 자유는 본질적으로 구체적이고, 자기 안에서 영원히 규정된 것이고, 따라서 동시에 필연적이다. 사람들이 필연성에 대해 이야기할 때, 그것은 처음에는 단순히 외부로부터의 규정으로 이해된다. 예를 들어, 역학(力學)에서, 물체는 다른 물체가 그것과 충돌할 때만, 정확히 말하면 이러한 충돌에 의해 그것에 전달된 방향으로 움직인다. 하지만 이것은 진정으로 내적인 필연성이 아닌, 외적인 필연성일 뿐이다. 왜냐하면 내적인 필연성이 자유이기 때문이다(EL, §35A).

그러므로 자유란 '필연성' 이 없는 것(자발성)이 아니고, '자유' (경험적 자유)가 없는 필연성도 아닌 자기규정이다. 자유는 사립성으로 간주된다. "오직 이러한 자유 속에서 의지는 완전하게 **자신** 곁에 있다. 왜냐하면 의지는 자신 외에는 어떤 것과도 관계를 맺고 있지 않고, 이로써 자기 **외의** 어떤 것에 대한 모든 **의존**관계가 제거된다."(§23)[3] 완전한 인간 자유는 즉자 대자적으로만 자유로울 수 있다. "의지는 자기 자신을 대상으로 삼을 때에만 그 자신이 **즉자적으로** 있는 바를 **대자적으로** 자각한다."(§10). 그러므로 질문은 다음과 같을 것이다. 즉 의지가 자유롭게 행동하고(즉자적), 자유롭게 행동하는 것을 자신의 대상으로 삼는 것(대자적)이 무엇인가?

　자유에 관한 이 새로운 견해와 함축적인 헤겔의 언어를 이해하는 최상의 방법은 다소 혐오스러운 예를 다루는 것이다. 어느 날 밤에 길을 걸어가다가 미약하면서도 고통스러운 고양이 울음소리를 듣는다고 상상해 보자. 눈앞에는 차에 치여 배창자가 드러나 있는 고양이가 누워서 동정을 바라는 눈빛으로 애처롭게 당신을 바라본다. 당신이 고양이를 유능한 외과의에게 때맞춰 데려가서 구조의 손길을 받지 못한다면, 고양이가 살 기회가 없다는 것은 분명하다. 무엇보다 고양이는 참기 어려운 고통 속에 있다. 여기서 당신이 직면한 선택의 압박은 한 가지일 수 있다. 당신은 고통을 줄이기 위해 고양이를 죽이든가 혹은 아무 일도 하지 않고 그 자리를 떠나든가.

　우리가 즉자적 자유, 말하자면 우리의 욕망을 충족시키는 일로부터 방해를 받지 않고 외부적 필연성에 작용을 가하는 것을 고려한다면, 우리의 직접적인 경향은 아침에는 모든 것이 나아질 것이므로 그 자리의 공포를 피하고, 고통스러운 소리를 차단하기 위해 모든 창문을 닫고,

---

3　헤겔은 다른 곳에서 이렇게 진술한다. "나의 실존이 나 자신에게 의존할 때...나는 자유롭다."(VPG, 17)

딜레마적 상황을 잠재우는 것이리라. 이 경우, 당신이 자리를 피하고 울음소리를 외면할 수 있는 정도에 따라, 말하자면 당신이 자신의 욕망을 충족시킬 수 있는 정도에 따라 (즉 명백한 고양이의 고통을 외면하고 피하는 것) 당신은 자유롭다. 하지만 그러한 선택은, 그것이 전적으로 자신의 성격의 도덕적 요행에 의존해 있기 때문에 '자유롭다'고 기술될 수 없다. 첫 번째 행인은 즉각적이고도 단호하게 고양이를 죽일 수 있는 반면, 두 번째 행인은 소심하고 예민해서 그런 행동을 실행에 옮길 수 없을지도 모른다. 따라서 우리가 어떤 성품을 타고 나느냐에 따라 일어나는 일이 좌우된다는 것은 자의적이다. 이것은 자유로운 선택의 문제가 아니다.

만일 우리가 대자적 자유, 말하자면 자신의 의지의 내용을 포기할 수 있는 능력을 고려한다면, 우리는 무한한 '자아' 속으로 퇴각해서 우리의 선택이 문제가 되지 않는다는 생각으로 자위할 수 있을 것이다. 고양이가 죽든지 살든지는 **우리**와 상관없고, 각각의 선택은 똑같이 타당하다고 말할 것이다. 즉 아무 일도 하지 않거나, 고양이를 죽이고 도망가는 것. 하지만 아무 일도 하지 않는 것을 선택하는 것은 고양이가 죽도록 방치하는 일을 선택하는 것이다. 고양이를 죽이는 일을 선택하는 것은 다시 말하면 선호도에 대한 표현일 뿐이고 자의적이다. 어떤 선택도 일어나지 않았기 때문에 자유로운 선택의 문제가 아니며, 자연발생적이다. "의식은 그 내용이 그 자신의 자기결정 행위 자체로부터 도출되지 않는다는 식으로 채워진다."(§15R)

통상 철학적 전통에서 주장되는 자유에 관한 두 가지 견해와 헤겔이 벌이는 실제적인 논쟁은 그것들이 풍부한 인간 자유를 설명할 수 없다는 것, 그것들은 인간 조건에 대한 부정확한 기술이라는 것이다. 이 경우 우리는 헤겔이 아마도 논점을 잡았다고 볼 수 있다. 그런 장면에 직년했을 때, 사람은 대개는 수많은 반응들 때문에 괴로워할 것이다. 이런 반응들로는 동정심, 공포, 연민, 혐오, 의무, 무관심, 호기심, 두려움, 정의감 등이 있는데, 이 모두가 다른 방식의 행동을 제안한다. 이처럼 복수 가능한 동기들을 헤겔은 '충동들의 체계 전체'(system of all drives)로 언급하고 있다. 주체의 정체성은 이러한 충동들 각각이나 모두에게 있는 것이지, 자유에 대한 두 번째 견해로서 어느 하나가 주장되는 것도 아니고, 자유에 대한 첫 번째 견해로서 그것들과 무관하거나 독립적인 어떤 것이 주장되는 것도 아니다.(§17R). 하지만 이러한 반응들은 처음에는 '다른 것'으로서, 외부로부터 우리에게 부과된 것으로서 만나게 된다. 헤겔에게, 자유의지는 충동들의 체계 전체로부터 **'충동의 정화'**를 통한 의지의 규정의 합리적 체계로의 이행이다.(§19)

앞의 예를 확장해 보자. 나는 그 장면, 죽어가는 동물의 피와 상처, 애처로운 신음소리에 물러났다. 나의 즉각적인 반응은 피하고 도망가는 것이다. 아마도 나는 아무것도 할 수 없다는, 그것은 내가 할 수 있다는 것이 아니라는 식의 간단한 변명으로 자신을 회유할지 모른다. 하지만, 동시에, 의무감, 즉 동물을 고통으로부터 벗어나게 해 주어야 한다는 것의 무게를 느낀다. 내가 할 수 있는 전부는 고양이의 머리를 돌로 내리치는 것이다. 나는 그것을 하나의 봉사로 하게 될 것이고, 내가 **해야만 할 일**로 아는 것이다. 앞서 기술된 두 사람 가운데, 나는 단호하고 용감한 사람이 되고 싶지 소심한 겁쟁이가 되고 싶지는 않다. 나는 무신경하거나 냉담한(웃으면서 돌로 내리치는) 사람이 되고 싶지는 않다. 나는 내가 믿기에 선한 사람이 행동하는 바대로 행동하고 싶다. 따라서 '피하고 싶다'와 '고양이를 죽이고 싶다'는 두 가지 욕망 가운데, 내가 선호하는 것은 후자이다. 나는 고양이를 죽일 수 있는 부류의 사람이 되고 싶다. 말하자면 "나는 고양이를 죽이고 싶다는 것을 원한다." 자신을 바꾸고 싶어 하는 욕망은 단순히 어떤 욕망과 욕구를 자기 자신의 것으로 갖고 싶고, 그래서 그것들을 더는 나와 '다른 것'으로 대면하고 싶지 않다는 것이다.[4] 현대의 철학적 언어가 여기서 우리를 도울 것이다. 1차계의 욕망은 "나는 x를 원한다"는 단순한 도식인데 반해, 2차계 욕망은 이러한 욕망을 타당한 것으로 승인하는 것이다. "나는 x를 원한다는 것을 원한다."(프랑크푸르트, 1982; 테일러, 1977, 1982) 그러한 승인은 자유의 첫 번째 견해에 내재하는 초월, 즉 의지의 직접적 내용의 포기를 담고 있다. 따라서 그 다음의 "원하는 것을 원한다"는 두 번째 견해의 규정은 충동의 전 체계를 고려하는 것이고, 한낱 자의적이지 않은, 앞선 다른 것들의 가치에 대한 의지의 주장이다.

하지만, 우리는 두 가지 유형의 선택들을 질적으로 구분하지 않으면 안 된다. 첫 번째 유형은 저녁에 마시는 내 차의 보조 채소로서 브로콜리나 당근을 선택한다고 말하는 것만큼이나 의미가 없다. 그러한 선택은, 다른 것에 대해 어떤 것을 선택할 만한 필연적 이유가 대개는 없을 것이기 때문에 자의적일 수 있다. 이와 같은 경우에 사람은 내가 양말 서랍의 내용물들에 대해서 하듯이, 아무런 평가없이 그/그녀의 욕망을 검색하고 주의깊게 관찰한다. 이와 같은 무심한 선택들은 자신의 전반적인 삶의 양식과 거의 관련이 없다. 그것들은 참으로 2차계의 욕망들이 아니다(Wood, 1990, 1부 3장). 좀 더 흥미로운 것은 두 번째 유형의 선택일 것이다. 즉 욕망이 가치의 견지에서 평가되고 구별되는 것이다. 중대한 선택들이 문제가 되는데, 그것들은 우리 자신을 바꾸기 때문이다. 한 인간으로서, 우리는 자신의 욕망을 평가할 수 — 욕망들 사

---

4   모름지기 이러한 이유로 헤겔은 정치적 의무에 관한 사회계약론적 모델을 받아들일 수 없는 것이다. 이 모델은 근저에서 완벽주의의 관념이 아니라 불변의 인간 본성에 기초해 있다.

이에서 선택하는 것 — 있을 뿐더러, 자신의 존재를 평가하고, 특수한 욕망들을 가지고 있고 다른 것은 없는 특정한 인격을 창조하고자 한다. 다시 말해 자기 자신을 규정하는 것이다.

나는 특정한 욕망들을 선택함으로써 **내가** 된다. 이러한 욕망들이 의지를 채우며, 세계에 대한 행동을 통해 자신을 드러낸다. 그 효과는 그것들을 세상에 구현하는 것이고, 세상에 나 자신을 투영하는 것이다. 그것들은 나의 정체성을 구성한다. 진지한 평가에 함축된 2차계의 욕망은 아마도 죽어가는 고양이의 예로 돌아감으로써 가장 잘 예시될 것이다. 그러한 선택은 분명하다. 고양이를 죽여서 그 고통을 면제시키거나, 그대로 남겨 두고 도망가는 것이다. 내가 생각하기에 대부분의 사람들은 그런 상황에서 그릇된 믿음을 가질지도 모른다고 상정하는 것, 대부분은 고양이를 죽이는 것이 **올바른** 행동임을 인정하지만, 그럼에도 도망칠 것이라고 상정하는 것은 이론의 여지가 있을 것이다. 이 예의 요점은 자신의 즉각적인 욕망에 저항해서 다른 것이 아닌 바로 — 어떤 의미에서 — 자기 자신의 것으로 보는 동기들에 영향을 가하는 것이다. 의미가 있는, 간단히 말해서, 가치 있는 동기들에 영향을 미치기 위해서, 나는 그것이 **선하기** 때문에 고양이의 고통을 종결짓고자 하는 것을 원한다. 선한 사람이 되기 위해서, 나는 그 고양이를 죽여야만 한다. 자유가 도덕과 윤리의 관념을 자극하는 것은 바로 이 지점이다. 왜냐하면 여기서는 우리가 윤리적이라고 칭하는 그런 가치들이, 즉 연민과 자비 **등이** 쟁점이라는 것이 분명하기 때문이다. 만일 그렇게 부를 수 있다면, 고양이를 죽이려는 욕망은 인간이나 더 나은 인격의 편에서 본다면 보다 높은 동기를 반영한다. 이러한 예의 요점은 어린 아이들(그리고 소수의 어른들)이 그런 문제를 설명하지 못해서 그들의 욕망의 직접성을 — 그것과 동시적인 정서적 표현인 공포와 호기심을 —

극복하는 데 도움 되지 못한다는 것이다. 왜냐하면 그들은 충분히 계발된 사람이 아니기 때문이다. 사람의 성격은 사회에 의해 그리고 교육을 통한 발전에 의해 완성될 수 있다. 그것은 탄생이나 본성에 의해 고정된 것이 아니다.

　어떤 욕망들은 설명될 수 있는 성질들을 가지고 있다. 그것들이 설명될 때, 그것들은 객관화될 수 있다. 예를 들어, 고양이의 경우, 대개는 무엇이 혐오스러운 행위인지를 설명하고 정당화하는, 고양이의 고통을 구별하는 연민이 존재한다. 이것은 **중대한** 결정이다. 그것은 내가 누구인지를 결정하는 것이다. 내가 마스바(Mars bar)를 먹거나 스카치 달걀을 먹느냐가 제한된 의미에서 세계 속의 '나'를 규정한다. 그럼에도 그것은 내가 스스로 창조하고 싶어 하는 본질에는 중요하지가 않다. 하지만 고양이의 상황에서 나의 결정은 **의의**와 **가치**가 있다. 물론, 이것은 특정한 사람에게 달려 있다. 하지만, 여기에는 두 가지 수준의 존재, 즉 두 가지 다른 종류의 선택이 문제시되고 있다는 것을 알아채기가 쉽다. '심오한' — 내가 누구이고 다른 사람들이 어떻게 받아들이는가와 관련된 — 선택과 '경박한' 혹은 일상의 선택. 설명이란 이를 통해 이유가 분명해지는 방법이고, 이유는 가치 설정을 통해 드러난다. 그렇다면 가치란 무엇인가? 우리는 아마도 가치란 가질 만한 **의의가 있는** 동기 혹은 욕망이라고 말할 수 있을 것이다(Wolf, 1990, 49). 특정 가치에 의해 동기지어지는 인간 가치들은 그것이 자비 혹은 자선이든, 그렇게 함으로써 이러한 가치들 혹은 행동의 이유가 보편적으로 가질 만한 좋은 것으로 표현되는 것이다. 더 나아가서, 왜 그렇게 행동했는가라고 질문을 받을 때, 반응이 설명되고 설득력을 갖게 될 것이다. 그것은 어깨를 으쓱하거나 투덜거리는 일이 아닐 것이다. 이러한 설명들이 객관화될 때, 그것들은 선한 인간이 갖기에 필수불가결한 것으로 간주된 가치들이 된다. 또 그러한 정당화는 상당 부분 그것들에 가능한 설명과 다른 사람들에 의한 승인에 달려 있다. 그런 만큼, 그것들은 특정 주체와 무관하다는 의미에서 객관적이 되는 것이다.

의지란 경박한 선택과 심오한 선택 사이의 질적 차이 속에서 실증된 이성의 표현이다. 즉 어떤 선택은 쉽다. 왜냐하면 달리 행동하는 것보다는 이렇게 행동할 이유가 존재하기 때문이다. 만일 고양이가 그토록 심각하게 다치지 않았다면, 그리고 내가 도망치려는 욕망을 나의 공포감의 표현으로 평가하지 않았다면, 나는 신속하게 그것을 거부하고, 고양이를 외과 의사에게 데려갔을지 모른다. 만일 내가 조치를 취하지 않고서 동정심 있는 사람이라고 주장했다고 한다면, 사람들은 동의하지 않았을 것이다(설령 그것이 쉽게 결정할 수 있는 것이라 할지라도, 이것은 여전히 심오한 선택이라는 점을 주목하자). 연민은 가질 만한 동기인 반면, 혐오감은 (이 경우) 그렇지 못하다. 따라서 충동이 정화됨으로써 내가 연민을 갖도록 충동과 욕망의 저장고에서 이성이 작동하게 될 것이다. 그러므로 이러한 가치들은, 그것들이 단순한 주관적 의지를 넘어서 있기 때문에 객관적 선들이다.

충동의 정화는 내가 직접적으로 원하는 것과 내가 원해야 하는 것 사이의 균열을 드러내 주기는 한다. 이러한 균열은 우연히 일치하기는 하지만, 대개는 그렇지 못하다. 자아의 중심에 있는 이러한 분열은 다른 어떤 것보다 기껏해야 낯설고 최악의 경우에는 앵글로 색슨 철학으로 의심되는 자유의 전통에 대한 헤겔의 빛을 극명하게 드러내 준다. 영어 사용권에 있는 우리는 의지에 관한 경험적이고 과학적인 설명에 의해 대단히 큰 영향을 받고 있다. 이러한 설명은 홉스의 현학적인 철학적 설명 속에서 처음으로 나타났는데, 자유란 자기 욕망을 충족시키는 자유이다(홉스, 1982, 21장). 물론 이것은 자유에 관한 헤겔의 두 번째 견해이며, 우리는 그가 그것을 거부한 것을 개괄할 필요는 없다. 하지만 상당히 다른 전통이 존재하는데, 그것은 자유에 관한 논의와 관련해 루소에게서 최초의 기원을 발견한다(루소, 1997, 1권과 2권).[5]

루소는 사회가 인간을 타락시켰다는 것, 관습과 법과 문화의 규범 — 헤겔이 인륜(Sittlichkeit)이라 부르는 것 — 이 옳고 그른 것을 규정하고 인간은 그런 동기에 복종하지 않을 수 없다고 느낀다는 것을 믿고 있다. 따라서 자아는 그것이 원하는 것과 그것이 옳다고 생각하는 것 사이로 분열된다. 하지만 대부분의 경우 그것이 원하는 것은 그것이 옳다고 생각하는 것과는 일치하지 않는다. 사회의 가치는 개별적 인간이 아니라 특수한 계급의 가치 속에 있기 때문이다. 루소는 고귀한 야만인(noble savage)[6]을 찬미한다. 왜냐하면 그는 외부의 법이나 가치의 구속을 받지 않으며, 그의 순수한 욕망에, 말하자면 연민에 의해 진정된 이기주의와 같은 욕망에 영향을 미칠 수 있기 때문이다. 이러한 욕망들이 다른 욕망들을 이기며, 고귀한 야만인은 그 자신의 양심에 순종한다. 그는 원하는 대로 자유롭게 행하며, 그가 원했던 것이 옳다. 하지만 사회는 인간이 원하는 것 — 그가 욕망하는 것 — 역시 타락하도록 인간을 주조(鑄造)했다. 루소가 믿기에 인간은 사회가 타락했기 때문에 고귀한 야만인의 순수성으로 결코 되돌아갈 수는 없지만, 달라도 동등한 유형의 자유를 획득할 수는 있다. 인간은 그가 원하는 것이 올바른 것일 때만, 따라서 그는 기꺼이 선을 획득하기 위해 행동할 때만 자유롭다. 죽어가는 고양이 예를 다시 보자. 나의 욕망은 내가 올바른 것을 원하는 부류의 사람이라는 것, 말하자면 고통으로부터 고양이를 면제

---

5 헤겔과 루소의 관계에 대해서는, Neuhouser(2000)를 보라.
6 옮긴이주 - 고귀한 야만인. 문명에 의해 타락하지 않은 이상적 원주민, 혹은 타자. 인간의 본래적 선함을 상징한다.

해 주는 식으로 주조되있을 것이다. 물론, 현대사회에서 무엇이 옳고
그른지는 합리화될 필요가 있다. 왜냐하면 현재의 법은 루소에게 소중
한 자유와 평등의 표현이 아니며, 따라서 사람들은 — 특수한 제도의
강제와 영향을 통해 — 올바른 것을 원하도록 변화될 필요가 있다. 루
소는 자유를 한 사람 안에서 도덕적 자기와 욕망하는 자기의 통합으로
본다. 나는 나 자신이 승인한 법 위에서 행동할 때 자유롭다(옳고 그른
것이 나 자신의 표현이고, 그리하여 내가 욕망한 것일 때). 그러므로
두 자기(self)는 다음과 같다. 특수한 자기(내가 원하는 것)와 사회적/
도덕적 자기(내가 생각한 것이 옳다), 그리고 이 둘의 통합 속에 있는
자유. 내가 무엇이 옳고 그른지를 결정할 때, 말하자면 사회의 법과 가
치를 입법하고, 그것들에 영향을 미칠 때, 바로 이 점이 루소의 성취이
다. 다시 말해, 나는 스스로 입법하는 것이다. 따라서 자유는 내가 원
하는 것(사회적 압력과 강제, 바람직함)을 통해 변화시키거나 혹은 내
가 옳다고/합리적이라고 믿는 것(선이라는 객관적 규정을 통해, 말하
지만 타당한 것으로 간주된 나의 가치들을 통해)을 변화시키는 행동이
다. 그렇지만 옳은 것과 나쁜 것에 대한 규정은 (칸트가 생각했던 것처
럼) 순전히 개별적인 이성의 행위가 아니라, 사회적 행동이다. 나의 공
동체 안의 모든 이에게 옳다고 받아들여진 것은 옳은 것(일반의지)이
다. 따라서 자유란 공동의 사회적 행동이다. 자유는 행위 가능성이 아
니라 특별한 유형의 행위, 즉 자기입법이다. 말하자면 그것은 외부적
인 영향들이나 변수들이 아니라 전적으로 나 자신에 의해 결정되는 행
위이다.

　헤겔에게 자기규정이란 사람들이 그것에 의해 자신의 참된 본질을
실현하는 과정이다. 그 자체로 (즉자적으로) 인간은 자유롭다. 그것이
의지의 본질이다. 그러므로 의지는 대자적인 (자각적인) 자유가 되어

야 한다. 말하자면 의지는 자신의 행위를 통해 세계에 자신의 자유를 표현해야만 한다. 자의적인 의지의 도움으로는 이런 일을 할 수가 없다. 왜냐하면 이것은 인간적 자유가 아니기 때문이다. 그것은 다만 즉자적인 자유일 뿐이다. 대자적인 자유가 되기 위해서, 그 대신 의지는 그가 **되고자** 하는 인간의 이미지를 투사해야만 하며, 그런 가치들을 **그 자신의 것**으로 만들어야만 한다. 이러한 가치들은 그것들이 타자가 아닐 때만이 나의 것이 된다. 말하자면 내가 그것들을 선으로 (개념적으로 - 옮긴이) 파악하고 인정하는 것이다.

　자신의 즉자적인 상태를 실현하기 위해서는 끊임없는 노동과 처음의 자기 모습과 대립된 것들을 자기 존재의 일부로 만들고 극복하려는 것이 필요하다. 모름지기 이 점에서 헤겔과 루소가 갈라진다. 헤겔은 고귀한 야만인을 자유의 실례로 믿지 않기 때문에 루소와 다르다. 이러한 차이로 인해 헤겔은 정치적 정당화에 대한 전면적인 사회계약론적인 접근을 불신한다. 자유란 적절히 이해를 한다면 특수한 자기와 사회 윤리적인 자기의 통일이다. 하지만 이것은 주체가 '편안함을 느끼거나' 혹은 '자기 자신과 더불어 있을 때'만, 혹은 의지가 '자기 자신 속에 머물러' 있거나 **'자신과의 동일성'**을 갖고 있을 때만 가능하다. 즉 "'자아'는 그가 세계를 알 때 세계 속에서 고향에 있는 듯 편안해지며, 그 세계를 파악할 때는 훨씬 더 그렇다."(§4A) 다시금 우리는 파악이라는 말에 호소하는데, 말하자면 충동 혹은 동기의 내적 합리성을 포착할 수 있기 위해서이다. 루소에게, 고귀한 야만인은 그가 원하는 것이 옳은 것이고, 그것은 자연적이고 타락하지 않은 것이기 때문에 자신과 있을 때 편안하다. 하지만 헤겔에게, 여기에는 아무런 객관성이 없다. 고귀한 야만인이란 동물에 지나지 않는다. 즉 그는 스스로에게 외면적인 직접적 욕망에 따라 행동하는 것이다. "정신으로서 인간은 자연적 충동에 의해 규정되도록 자신을 방치해서는 안 되는, 자유로운 존재이다. 그가 직접적이고 문명화되지 않은 상태에서 살아갈 때, 그는 되어서는 안 되는 상황, 그로부터 스스로를 해방시켜야 하는 상황 속에 있는 것이다."(§18A) 인간은 그의 자연적 실존을 이성적이고 사회적인 실존(정신)으로 바꾸어야만 한다. 자유의지는 주체가 원하는 것이 해야만 하는 옳고 합리적인 것일 때 내적인 필연성에 따라 행동한다. 하지만 이것은 물론 무엇이 해야 할 옳은 것임을 안다는 것에 달려 있다. 헤겔은 이것을 한 공동체의 도덕적 구조, 관습과 법, 서로 간에 공유하고 다른 사람들에게 정당화할 수 있는 가치와 덕목들로부터 끌어낼 수 있다고 본다.

그러므로 완전한 인간 자유를 위해서는 사회가 필연적이다. 가치가 객관적으로 참인 그런 사회 속에서만 인간 존재는 그를 다른 사람이 아닌 그 자신과 대면시키는 의무와 충동을 파악할 수 있기 때문이다. 바로 이것이 정신의 운명이다. 왜냐하면

> 인간은 본성상 올바름에 대한 충동을 **가지고 있으며**, **또한** 소유와 도덕에 대한 충동도 가지고 있다. **또 마찬가지로** 성애와 사회성 등등에 대한 충동도 가지고 있다…인간은 자신 안에서, **그의 의식의 사실로서**, 그가 올바름과 소유, 국가 등을 의욕한다는 것을 발견한다. 여기서 충동이란 형태로 나타나는 이 똑같은 내용이 나중에 다른 형태로, 말하자면 **의무의** 형태로 다시 등장할 것이다(§19R).

이성적 충동들이 사회에서는 권리와 의무, 그리고 가치로서, 다시 말해 객관적으로 — 모든 인간에 의해 견지되는 — 바람직한 동기들로 실현된다. 사회제도들이 자유에 필연적이기 때문에 사람들은 그 제도들을

의욕한다. 그러나 사회계약은 자유에 대한 불가피한 타협이자 제약이기 때문에 사회계약적 전통이 주장하는 방식으로는 아니다. 사회와 문화, 그리고 공유된 도덕적 구조가 없다면, 인간도 자유로울 수 없으며, 따라서 그의 행동에 필연성도 있을 수 없기 때문에 인간이 될 수 없다. 그러므로 사회구조는 제 2의 본성이 될 수 있을 것이며, 자연적 의지만큼이나 규정적일 수 있다. 인간은 그의 사회의 명령들과 규제들이 파악이 될 때만 자유롭다. 이러한 파악에서 주체는 그가 생각하기에 옳은 것을 의지하기 때문에 집에 있는 것처럼 편안하게 느낀다. 명령과 법은 더 이상은 외면적이지 않고, 자유롭게 스스로에게 부과된 것이다. 주체는 언제나 다르게 행동할 수 있지만 그렇게 행동하지 않는다. 인간은 법이나 제도를 올바른 것으로 보기 때문이다. 따라서 자유로워지기 위해서 나는 고양이를 죽이기를 원해야만 하며, 이것이 할 수 있는 올바른 것이라고 알고 있다. 나의 바깥에 존재하지만, 내가 편안하게 느끼는 사회구조와 도덕구조는 행동에 필요한 올바름의 확신을 제공해 준다. 물론, 올바름의 기준은 한낱 편안한 느낌일 수는 없다. 왜냐하면 모든 사람들은 그들 자신의 문화에서 편안하게 느낄 것이고, 친숙해 있지만 틀릴 수도 있을 것이기 때문이다. 법과 제도들을 구비한 우리 사회가 이성적임을 우리는 어떻게 아는가? 그 문제에 대한 답변이 이 책의 나머지 부분을 구성하지만, 우리의 서문은 이 물음에 대한 헤겔의 답변을 이해할 수 있는 이론적 틀을 고려하는 것으로 마무리한다.

현실화와 헤겔의 내적 필연성의 개념

자기규정은 인간에게 주어진 하나의 속성이 아니라 현실화의 과정이

다. 우리는 자기 입법가로 탄생하는 것이 아니라 그렇게 되어야만 하는
것이다. 헤겔은 인간에게 역사의 목표는 자신을 실현하는 것이라고 주
장한다. 인간은 잠재적으로 이성적이라고 하지만 현실적으로는 이성적
이지 않다. 인간은 그의 행동을 지배하는 직접적인 욕구와 의미들을 가
지고 삶을 시작한다. 그의 행동의 의미는 주어져 있다. 하지만 반성과
초월을 통해 인간은 그의 행동의 깊은 이유들을 표현할 수 있다. 그는
자신에 대해 숙고하고, 행동의 참된 이유들을 분명히 함으로써 자신의
행동을 합리화한다. "반성이 다양한 충동들에 적용되고, 그것들을 재
현하며, 그것들 상호 간을 비교할 때...그 반성은 이러한 재료에 **형식적
보편성**을 부여해서, 외면적인 방식으로 그 재료의 조잡성과 야만성을
순화한다."(§20)

현실화의 과정 전체는 헤겔의 초기 작품 속에서 매우 간결하지만 엄
밀하게 기술되고 있다.

"세계는 이 (새로운) 의식에게 하나의 과정으로, 앞서 그것이 **외적인 어떤
것**의 추상적 형식 속에서 했던 것처럼 다가오지 않는다. 왜냐하면 그것이
철저하게 의식의 형태로 제시되었기 때문이다. **부모의 지식은** (아이의) 비
유기적 본성이다. 세계는 이미 (아이를 위해) 준비되었다. 아이에게 다가
온 것은 **관념성**의 형식이다. 세계는 진화하는 의식에게 이 관념적 세계로
다가오기 때문에, 의식에게 문제는 의미와 이 관념적인 것의 실재성을 발
견하는 것이며, 관념적인 것이 어떻게 존재하는가를 발견하는 것이다. 의
식은 이러한 관념성을 실현해야만 한다(JR, 234).

첫째, 세계는 앎을 배우는 의식에게 처음에는 드러나지 않는다. 오히려
세계가 행동의 이유를 구성한다. 가장 깊은 수준에서 그러한 이유는 아

마도 피조물의 생물학에 기초해 있을지 모른다. 그것이 그렇게 행동하는 것은 그것이 존재하는 방식이 당연히 그렇기 때문이다. 행동의 이유들은 또한 사회의 관습 속에도 구현되어 있다. 이유들은 현재의 우리 자신으로부터 올 뿐만 아니라, 과거 우리가 형성했던 것으로부터도 온다. 인간은 행동의 직접적인 생물학적 이유만이 아니라 사회학적인 이유도 지니고 있다. 나는 이 주제를 계속 이 책에서 확대할 것이지만, 여기서는 예비적인 방식에서만 다룰 것이다. 어떻게 우리는 행동하는가, 즉 우리가 지닌 행동의 이유는 상당 부분 우리의 삶의 형식에서 유래한다. "사유의 보편성의 계발이 **교육**의 절대적 가치이다."(§20, §151 도 보라) **삶의 형식**(form of life)을 나는 헤겔이 **인륜**이라고 부른 의미로, 혹은 특정 사회에서의 주체의 역할이자 그 구성원으로부터 유래하는 주체의 실천적 추론 과정을 지배하는 그런 가치들과 규범들로 생각한다.

앞서 인용한 곳에서, 헤겔은 아이의 삶의 형식 혹은 세계의 도덕적 가치의 지도를 가리키기 위해 '관념성'이란 용어를 사용하고 있다. 사회적 의미들이 세계 속에서 객관화되어 있으며, 아이는 이러한 가치들에 의해 '~로 본다'. 아이는 **즉자적인** 전통의 이유와 의미들 그리고 가치들을 갖고 있다. 그것들은 사용하기 쉽게 이미 주어져 있으며, 아이의 선이해를 구성한다. 하지만 그 자체로 볼 때, 아이는 자유롭지 못하다. 아이는 당연히 그가 존재하는 방식이라는 이유에 따라 행동하는 동물보다 더 나을 바가 없다.

자유는 나에게 나 자신이 아닌 타자가 없는 곳에서만 존재한다. 오직 충동에 의해서만 규정되는 자연인은 자신에 대해 편안하지 못하다. 그가 아무리 자기 의욕으로 차 있을지 몰라도, 그의 의지와 의견의 내용은 그 자신의 깃이 아니다. 그의 자유는 다만 **형식적인** 자유일 뿐이디(EL, §23, 2판).

자연인과 마찬가지로, 홉스적인 사회인의 모델도 자신에 대해 **편안하지** 않기 때문에 자유롭지 못하다. 자신에 대해 편안해지기 위해서, 그의 의지의 내용은 그 **자신의 것**이어야만 한다. '나에게 나 자신이 아닌 타자'가 있어서는 안 된다. 이러한 타자들은 사회의 명령들, 삶의 방식의 조건들, 내가 순응하는 요구이다. 이러한 규제들 속에서 내가 편안해 할 때만 나는 참으로 자유롭다.

　이러한 합리화가 어떻게 가능한가? 헤겔이 "자기의식은...**욕망** 일반이라고" 제안할 때, 그는 칸트와 직접적으로 대결하고 있다.(PhG, 167) 칸트가 모든 현상적 측면들을 — 욕망을 포함한 — 본체적 자아, 오성적 자아로부터 모든 현상적 측면들을 배제하려 했던 반면, 헤겔은 욕망이 경험 가능성의 조건이 되어야 한다고 본 것이다. 즉 세계는 나를 위해 존재한다. 욕망이 없다면, 인간은 행동할 이유를 갖지 못할 것이며, 결과적으로 아무런 지식도 갖지 못할 것이다. 세계는 그 직접적인 형태에서는 행동할 이유의 체계로서의 의식 및 그것들과 연관된 욕망들과 대면해 있다. 오직 행동을 통해서만, 이 같은 일차적인 행동의 이유에 대한 반성을 통해서만, 인간은 새로운 이유들을 분별하고 그것들을 다른 선들과 비교할 수 있다. 행동의 이유에 대한 분별의 가능성은 욕망하는 주체가 되는 근본적인 양식에 기초해 있다. 마찬가지로, 그것은 직접적인 상황과 그것의 요구들을 초월할 수 있는 역량에 기초해 있다. 자기의식의 근본적인 욕망은 행동 자체를 위한 이유를 만들기 위해서, 다시 말해 자기 행동의 합리성을 실현하기 위해서이다. 자기의식은 이성적이기를 욕망한다. 이것이 곧 인간이 존재하는 방식이다.

　헤겔이 말하는 것처럼 '의식의 문제'는 이러한 사회적 이념을 실현하는 — 말하자면 현실화하는 — 것이고, 자신의 삶의 형식의 사회적 규정들을 내적인 필연성 속으로 이성적으로 정당화하는 것이다. 주체는 그가 그 자체 이성적 이유들에서 행동할 때(말하자면 그러한 이유들이 그의 삶의 형식에 의해 표현될 수 있고, 받아들여질 수 있을 때), 그리고 자기 자신에 대해서 이성적인 이유들로 행동할 때(행위자는 행동의 목표를 하나의 선으로 인정한다), 자신에게 편안해진다.

　　윤리적 인간은 그의 행동의 내용을 필연적인 것으로, 즉자 대자적으로 타당한 것으로 의식하고 있다. 이러한 의식은 자유를 축소시키는 것과는 거리가 멀다. 오히려 이러한 의식을 통해, 그의 추상적 자유가 현실적이고 내용상으로도 풍부한 자유가 되고, 선택(Willkür)의 자유, 내용을 결여해 한낱 가능적일 뿐인 자유와는 구별되는 그런 자유가 되는 것이다(EL, §158A).

주관적 의지와 객관적 의지(§§ 25-26)

대자적 자유, 자발성은 전적으로 주관적이고 부자유한 의지만을 제공할 수 있다. 왜냐하면 그것은 무의미하고 자의적이기 때문이다. 즉자적 자유, 경험적 자유는 의지가 내적 필연성이 아닌 외적 필연성하에서 행동하기 때문에 전적으로 객관적이고 자유롭지 못한 의지만을 제공할 수 있다. 우리의 욕망들을 표현하고 그것들을 평가하고, 그것들을 옳거나 그르다고 표시함에 있어, 자유는 이성으로 현실화된다. 우리의 자유로운 선택들이 합리적 선택들과 일치할 때, 우리는 우리의 본성을 정복한 것이고, 충분히 자유롭다. 헤겔은 루소적인 자유에의 열망을 통일이

라고 수장한다. 내가 주관적으로 욕망하는 것이 객관적으로 옳은 것이 될 때이다.[7]

　헤겔은 그의 독자에게 순전히 주관적인 의지에 대해 경고를 하고 있다.

　의지 일반에 관한 한, **주관적인 것은** 의지의 자기의식의 측면, **즉자적으로** 존재하는 의지의 개념과 **구별되는** 의지의 개별성의 측면을 의미한다. 그러므로 의지의 주관성은 α) **순수형식**, 자기의식의 자기 자신과의 **절대적 통일**을 의미한다. 여기서 '나' = '나' 로서의 자기의식은 전적으로 내면적이며, 추상적으로 자신에게 의존해 있다. 말하자면 진리와 구별되는 자기 자신에 대한 순수한 **확신**이다. β) 자의로서의 의지의 **특수성**이거나 임의의 목적을 지닌 우연적 내용이다. γ) 그 내용이 무엇이든, 의욕된 것이 여전히 자기의식에 속할 뿐인 내용, 성취되지 않은 목적으로 남아 있는 한, 그것은 일면적인 형식일 뿐이다(§25).

의지는 세 가지 면에서 주관적이다. a) 외적인 원인이 아니라 자기에 의해 선택된 것으로서; b) 의지하는 개인과 동일시할 수 있는 것으로서; c) 아직은 행동을 통해 객관화되지 않은 것으로서. 앞선 우리 예로 되돌아가서 보자. 내가 직접적인 경향 때문에 혹은 자의적으로 그렇게 하기 때문에 고양이를 죽였다면, 주관적 의지는 자유롭지 못하다. 두 경우 모두 나는 고양이를 죽이고 싶어 한다. 하지만 헤겔에 따르면, 어

7　이것은 우리가 헤겔의 수수께끼 같은 경구를 이해할 수 있는 다른 의미이다: "이성적인 것은 현실적이고, 현실적인 것은 이성적이다."(20) 다음에 이어지는 주관적 자유와 객관적 자유에 관한 논의는 상당 부분 Patten(1999)과 Neuhouser(2000)에 빚지고 있다.

떤 경우에서도 자극이 나의 것으로 적절하게 기술될 수 없다. 주관적
의지는 사회 공동체에 올바른 것으로 받아들여질 수 있는 견지에서 의
지가 자신의 행동 이유를 객관화할 수 있을 때만 자유롭다.

　둘째로, 헤겔은 전적으로 객관적인 의지에 대해서도 경고를 한다.

> α) 의지는 자기 자신을 자신의 규정으로 삼는 한, 그리하여 자신의 개념에
> 부합해서 참으로 자신이 되는 한, **전적으로 객관적인 의지**이다. β) 하지만
> **객관적** 의지는, 그것이 자기의식의 **무한한 형식을 결여하는** 한, 그 내용이
> 어떻든지 간에 대상이나 조건에 매몰된 의지이다. 그것은 아이의 의지, 습
> 속의 의지, 노예의 의지, 미신에 빠진 의지 등등 일뿐이다.; γ) 마지막으
> 로, **객관성은** 의지의 주관적 규정에 대립된 일면적 형식이며, 따라서 **외면
> 적** 실존으로서의 실존의 직접성이다. 이 점에서 의지는 자신의 목적이 달
> 성되기 전까지 자신에게 **객관적**이지 못하다(§26).

의지는 만일 그것이 a) 스스로 부과한 법에 따라 행동하고 올바른 것을
행한다면 객관적이다. 의지는 만일 그것이 b) 순전히 권위에 의해, 법
에 대한 신뢰에 의해 (아이) 혹은 자신에게 부과된 강제(노예)에 의해
행동한다면 객관적이다. 그러한 의지는 주관적 견지에서 법을 선으로
보지 않고, 입법자에 대한 순종만을 선으로 본다. c) 의지는 세계에 대
한 행위에서 객관화된다. 케이크를 먹고자 하는 나의 욕망은 케이크를
소비할 때 객관적인 것이 된다(나의 의도는 나의 행위를 관찰하는 다
른 사람에 의해 적합하게 재구성될 수 있다).[8] c)는 여기서 무시될 수

8　객관적 의지는 사회의 규범적 삶이 의지의 복합적 구조라는 Knowles의 주장에 기
　초해 있다. 의지가 자유이기 때문에, 이러한 규범적 구조들은 그것들이 자유의 구조들
　일 때 정당하고 합법적이고 참되다.

있나. 그것은 나중에 다루어질 것이다.[9] 전직으로 객관적인 의지는 올바른 것을 행하겠지만, 자유로이 그렇게 하지는 못한다. 따라서 다시금 고양이 예로 돌아가 보자. 만일 내가 성직자의 권위 있는 목소리의 가르침을 받았기 때문에 고양이를 죽인다면, 나의 의지는 미신적인 의지일 것이다(나는 지옥에 가는 것을 두려워한다). 혹은 어떤 동물 애호가가 내 머리에 권총을 대기 때문에 내가 고양이를 죽인다면, 나의 의지는 노예의 의지가 될 것이다. 혹은 그것이 흔히 하던 일이기 때문에 내가 고양이를 죽인다면, 나의 의지는 습속의 의지(헤겔이 계속해서 사용하지 않는 경멸적인 의미에서)이거나 아이의 의지이다.

　헤겔은 자유가 주관적 의지와 객관적 의지의 통일이 되기를 원한다. 주관적인 것은 사회의 규제들 속에서 의지가 편안해지기 위해 필요하다. 사회의 규제들은 의지가 자의적이지 않도록 하는 데 필요하다. 따라서 예를 들어, 안전벨트를 매는 것은 해야 할 올바른 일이다. 왜냐하면 그것이 나의 생명(선)을 구조할 것이기 때문이다. 만일 어머니가 그렇게 하도록 말을 했기 때문이거나, 혹은 그것이 행운을 가져다 주기 때문에, 혹은 내가 당연히 그렇게 한다고 공상하기 때문에, 혹은 그것이 내 옷에 맞기 때문에, 내가 안전벨트를 맨다면, 나는 잘못된 이유로 올바른 일을 하는 것일 것이다. 그것이 나의 생명을 구조할 것이기 때문에 내가 착용한다면, 나는 법칙을 파악한 것이고, 그 법칙 속에서 편안함을 느끼는 것이다. 이 지점에서, 주체가 스스로를 입법할 것이기 때문에 법에 대한 필요는 존재하지 않는다. 다시 말해 그것은 내가 원하는 바이고, 내가 원하는 바는 행동의 한 가지 이유로서 정당화가 가능하다. 다른 사람들에게도 마찬가지이다. 물론 법은 여전히 필요하다.

9　5장을 보라.

왜냐하면 주체는 무엇이 옳은지를 상기할 필요가 있으며, 매 순간 무엇을 해야 할지 끊임없이 합리적이기를 기대할 수 없기 때문이다. 그들은 종종 그것만으로 결정하기에는 너무 부담이 큰 행동의 길을 찾을지조차 모를 일이다.

법(Right)과 자유의 형태들(§§29-33)

『법철학』의 서문에서는 자유에 대한 그의 형이상학적 기술을 제시하고 있다. 사람은 그가 자신의 행동의 목표를 승인할 수 있고, 그것이 올바른 행동의 진로라는 것을 확실할 수 있을 때 자유롭다. 승인은 주관적 태도(편안함)이고, 확신은 우리 문화에 속하는 다른 사람들의 태도에 의해 획득된다. 하지만, 올바름의 명령이 합리적이지 못한 문화에서 편안해지는 것이 가능할까? 헤겔은 아니라고 말할 것이다. 하지만 그는 그 점을 우리에게 입증해야만 한다. 문제를 다소 상이하지만 보다 분명하게 제시해 보자. 어떻게 우리의 욕망을 순화하기 위해 우리 자신에게 적용한 한계, 즉 우리 사회의 가치들이 참으로 합리적이라는 것을 아는가? 이성의 사회적 성격에 대한 헤겔의 호소는 그의 명제가 상대주의의 비난을 받을 소지를 열어 놓는다. 그의 답변은 분명치 않다.

법(권리)[10]이란 자유로운 의지의 **현존**이다. 따라서 법이란 대개는 이념으

---

10   옮긴이주 – Recht은 jus(lex), droit(loi), diritto(legge)에 해당하는 독일어이다. 이 말은 추상법이나 시민법에 해당하는 좁은 의미의 법학(jurisprudence)을 넘어서 도덕과 인륜, 국가와 세계사에까지 확장된 포괄적인 의미를 갖고 있다. 이 책에서는 주로 법으로 번역을 하고 맥락에 따라 권리라는 표현을 쓰는 경우가 있다.

로서의 자유이다(§29).

법이란 객관화된 의도, 즉 입법자 측의 욕망과 선호 그리고 가치의 표현이다.[11] 법이란 결코 자유에 대한 강제나 제한이 아니다. 법은 해방시킬 수 있다. 즉 보편적 참정권이나 의무 교육을 위한 법을 생각해 보라. 이러한 정책과 법은 어떤 집단들과 개인들의 자유를 증대시켜 주었다. 헤겔의 주장에 의하면 법이란 개인적 자기가 다른 사람들에게 그 가치들이 객관화된다고, 말하자면 만인의 동기가 된다고 설득할 수 있는 그런 가치들의 외면화이다. 그러므로 법은 개인이 승인하게 될 동기들을 구현해야 하지만, 개인 역시 합리성을 표현한 그런 법들을 승인할 수 있어야만 한다. 이처럼 객관적 의지와 주관적 의지의 화해는 옳다. 하지만 이런 올바름은 우리가 외면화(욕망의 표현)의 관념을 통해, 말하자면 소유와 권리, 행위와 도덕, 그리고 마침내 인류 전체를 통해 시작했던 형이상학적 자유에 대한 추상적 이론화로부터 발전해야만 한다. 자유란 복잡한 관계의 체계이다. 왜냐하면 자유는 우리를 야만적 충동들의 비합리성으로부터 해방시켜서 우리의 충동들을 내재적인 가치들과 권리들 그리고 의무들의 체계를 거쳐 질서지우기 때문이다. 여러 가지 자유의 형태들은 이런 것들이 합쳐져서 만들어지는 것이다.

어떻게 욕망을 순화해서 그것이 이성적인 행동의 기초가 되게끔 할 수 있는가? 헤겔에게 그 답변은 개인과 국가 사이의 내재적 관계들 속에서 발견되어야 한다. 이러한 관계들을 응집력 있게 묶는 전 체계가 이성 국가를 구성할 것이다. 사회제도들과 정치 기구들, 경제 조직들과

11　법은 종잇조각이 아니다. 그것은 하나의 정신적 현상이다. 사회제도들은 행동 유형들 속에 체계적으로 객관화된 이해들과 의도들 그리고 기대들이 인간들 사이에서 빚는 구조들이다(Knowles, 2002, 14).

가사 장치들, 종교적 운동들과 사회 구성 단위들은 사유와 의지의 구조물들로 이해되어야 한다. 제도들과 다른 조직들은 우리가 우리 자신을 이해하는 방식이다. 그렇기 때문에 우리가 그것들 속에서 편안해 하고, 그것들에 의해 자유롭게 우리 자신을 구속한다는 의미에서, 그것들이 우리를 독립적으로 만드는 것이 아니라면, 그것들은 이성적이 아닐 것이다. 이것들이 근대국가에서 보이는 자유의 형태들이다.

1. 추상법: 우리는 우리 자신을 개별적인 권리의 담지자들로, 말하자면 민족과 가족과 종족으로부터 독립해 있는 별개의 원자들 혹은 인격들로 이해한다.
2. 도덕성: 우리는 우리 자신을 행위에 대해 책임을 지고 지위상의 존경을 요구하는, 자율적인 도덕 주체들로 이해한다.
3. 인륜:
    a. 가족: 우리는 우리 자신을 사랑에 기초한 관계들을 통해 타인들과 직접적으로 연결된 것으로 이해한다.
    b. 시민사회: 우리는 노동과 계급과 교환을 매개로 타인들과 간접적으로 연결된 것으로 이해한다.
    c. 순수한 정치 국가: 우리는 우리 자신을 시민 정신과 제도적 관계와 민족성을 매개로 타인들과 연결된 것으로 이해한다.

이제 우리가 해야 할 일은 이러한 이해(정의하는 일)를 파악(실제적 형식의 인정과 이 같은 이성적 제도들의 요구)으로 변화시키고, 또한 이 같은 여러 가지 제도들이 어떻게 조화롭게 결합할 수 있는가를 보여 주는 것이다. 이것이 헤겔이 행한 일련의 강의들의 목적이다.

연구를 위한 물음들

1. 자유의지에 관한 헤겔의 설명이 전통에 관한 영국 경험론의 전통 설명과 어떻게 다르며, 또 어떤 장점을 갖고 있는가?

2. 왜 자의(恣意)가 인간의 자유에 본질적이면서 위험한가?

3. '자신의 욕망을 순화한다'는 의미가 무엇인가?

5장

추상법: 인격의 자유

머리말

지금까지 우리는 의지가 주관적인 측면과 동시에 객관적인 측면을 갖고 있다는 입장을 살펴보았다. 주관적인 측면에서, 나는 행동의 목표를 나의 것으로, 나에게 선택된 목적으로 간주한다. 객관적인 면에서, 나에게 선택된 이러한 목적은 자의적일 수 없으며, 이성적일 것이다. 타인들의 기대와 이해와 의지가 합리성의 기준이다. 형식적으로 볼 때, 우리는 이것이 무엇을 의미하는지를 이해할 것이다. 하지만 우리는 헤겔이 뼈에 살을 덧붙이기 시작하기 전까지는 그 참다운 의미를 파악하지 못할 것이다. 『법철학』의 첫 번째 부분은 이러한 경향을 향한 첫 걸음이다. 즉 주관적인 면에서 나는 나 자신을 소망과 욕망 그리고 계획을 추구하는 다른 원자론적 자아들 사이에 있는 원자론적 자아로 표상한다. 자아들로서, 우리는 직관적으로 우리 자신을 — 어떤 의미에서는 — 아무런 장애나 방해 없이 이러한 목표들을 추구할 권리를 지닌 자들로 이해한다. 객관적인 면에서, 부당하게 방해하고 저해하는 어떤 사회도 이성적인 사회로 간주될 수 없다.

여기서 언급된 주관적 요구는 약간은 친숙하게 들린다. 그것은 상당 부분 정치사회들에 대한 근대적 이해, 즉 개인들의 갈등이라는 관념이 서로 간에 요구를 하게 될 것이라는 점이다. 근대의 여명기에 홉스가 새로운 사회의 모델을 개인들의 상충하는 이익들 사이에서 하나의 필연적인 매개로 제시했다.(홉스, 1982) 하지만 헤겔이 어떤 식으로든 이러한 전통의 한 부분을 이룬다고 생각하는 것은 잘못일 것이다. 그에게 추상법은 이성 국가의 본질적 요소이지만, 그것은 주체가 권리 담지자로서의 자신과 타자들에 대한 형식적인 자기 표상일 뿐이다. 벌거벗은 인격이라는 관념은 실체적인 동일성과 긍정적인 의무들의 위계에 의해 살을 덧붙일 필요가 있다. 사회는 평화를 위해 나의 자유를 구속하는 필요악(홉스에게 그렇듯)이 아니다. 사회는 — 헤겔적 의미에서 — 자유를 가능하게 하는 기층 자체이다.

따라서 주관적인 요구는 국가나 공동체가 '이성적'(이제 이 말은 우리가 헤겔을 따라 합법적 혹은 타당한 차원을 의미하기 위해 사용하게 될 기술 용어이다)이기 위해서, 국가는 주체가 그/그녀의 행위를 내적인 동기들로부터 생긴 것으로서, 그/그녀를 위한 선(善)으로서 인정할 수 있도록 보증할 것을 요구하는 것처럼 보인다. 다시 말해 나의 주관적 욕망들과 선호들 그리고 기획들은 내가 누구인가에 대한 표현으로서 세계 속에 객관화될 수 있다는 것을 보증해야만 한다는 것이다. 그것이 '도덕성'의 주제가 될 것이다. '인륜'에서 헤겔은 국가가 욕망들과 선호들과 기획들이 허용 범위를 넘어 충족될 수 없는 때를 결정하지 않으면 안 된다는 것을 보여 주고자 하며 그는 특정 공동체에서 객관화된 법적 자유와 관련해 그러한 욕망의 합리성의 견지에서 그 작업을 하고자 한다. 하지만 그렇게 할 수 있는 가장 간단한 방법 — 직관적인 방법 — 은 자신을 권리를 지닌 개인으로, 고유의 가치를 지닌 개인으로 생각하는 것이다. 그 개인의 욕망들과 선호들 그리고 계획들은 동물이나 어린이 그리고 객체들의 충동들이나 본능들(혹은 동작)로서가 아니라 한 인격체의 그것들로 인정되기를 요구한다. 그 자체로서, 자유의 가치는 우리가 — 인격체로서 — 이러한 욕망들과 선호들과 기획들을 추구할 자격이 있음을 지시한다. 이것이 추상법의 영역이다.

인격(§§34-40)

인격(person)은 욕망들과 기획들과 목표들을 추구하는 원자론적이고 형식적인 자아를 나타내기 위한 헤겔의 기술적 용어이다. 『법철학』의 첫 번째 부분은 인격적 자유라는 관념을 탐구하고 있다. 하나의 주체로서 나는 세계에서 무언가를 일으키는 자와 동일시된다. 식물은 산소를 배출하고, 사자는 포효하며, 인간은 크리켓 경기를 한다.[1] 이 주체는 세계 속의 변화의 기원과 동일시될 뿐이다. 만일 인간 존재가 한 인격체라면, 그는 다르긴 하다. 한 인격체로서, 나는 나 자신이 이런 변화를 일으키는 자임을 자각하고 있다. 나는 (물건을) 사고 훔치고 욕망한다. 나는 언제나 이러한 욕망들의 내용을 포기할 수 있다. 어쩌면 나는 그 모든 것들 너머에서 실존할지도 모른다.

인격이란 본질적으로 주체와는 다르다. 왜냐하면 그 어떤 생명체든 주체인 이상, 이러한 주체는 인격의 가능성일 뿐이기 때문이다. 그러므로 인격이란 이러한 주체성을 자각하고 있는 주체이다. 하나의 인격으로서, 나는 완전하게 나 스스로 존재한다. 즉 인격이란 순수한 대자 존재에서의 자유의 개별성이다(§35A).

1　여기서 '주체'에 대한 문법적 활용을 다음 장의 주제인 도덕적 주체와 혼동하지 마라.

인격은 형식적인 동시에 보편적이다. 하니의 인격이 된다는 것은 스스로의 행동의 저자가 되는 능력을 가진다는 것이다. 이로써 인격은 어떤 특수한 주체와 동일시하지 않고, 의지의 어떤 실체적 내용을 조회하지도 않는다.

내가 나는 누구냐고 물을 때, 나는 나를 세상의 다른 사물들로부터 구분해 주는 특성들의 목록을 제시할 것이다. 나는 니콜라의 아버지이고, 뉴캐슬 대학에서 강의하는 자이고, 금발의 머리를 가지고 있다 등등이다. 이 모든 사실들이 나의 특수한 실존을 구성한다. 하지만 인격이란 이 모든 것으로부터 구별되는 나 자신인 것이다. 인격이란 '나'를 구성하는 모든 관계들(가족, 종족, 민족, 직업 등)과 구분되는 '나'라는 존재가 누구인가이다. 그것은 1960년 대 TV 프로그램인 『죄수』(The Prisoner)가 시작할 때 나오는 패트릭 맥구한의 공허한 절규와 비슷하다. "나는 숫자가 아니다. 나는 자유인이야." 나는 내가 나의 완벽한 정체성을 구성하는 그런 규칙들과 속성들과는 분리되고 독립된 어떤 것이라고 주장한다. 이 모든 것들 위에 그리고 너머에서, 나는 어떤 본질적인 본성에 의해 고려되기를 바란다. 이러한 본성은 실질적으로 내가 누구인가를 전혀 조회하지 않기 때문에, 그것은 단지 몇몇이 아니라 모든 인격들이 가지고 있는 본성이다. 나 자신을 하나의 인격으로 표현함으로써, 나는 권리 주장을 하는 것이고 똑같은 권리를 다른 사람들에게도 부여해야만 한다.

이러한 모델 위에서 하나의 인격이 된다는 것은 특수한 관심들(계급, 가족, 종교)이 아니라 추상적인 권리에 대한 요구와 동일시함을 의미하는 것이다. 따라서 인격성의 형식적 본성은 — 기이하게도 — 보편적인 차별(의 인정–옮긴이)이다. 헤겔은 인격을 '본래 개별적인 것'이자 '배타적인 개별성'(§34)으로, 나중에는 '원자적 개별성'(§167)

으로 묘사하고 있다. 고유한 의미의 정치철학이 시작하는 시점이 이곳이다. 당신이 권리를 가지고 있고 나도 그렇다면, 우리는 영역들을 가지고 있는 셈이며, 이러한 영역들은 교차할 수도 있고 침범당할 수도 있다. 개인으로서 나는 내가 나의 욕망과 선호를 충족시킴으로써 세계 속에 표현하고 현실화하고 싶어 하는 '특정한 목적'을 가지고 있다. 이 점이 나를 자유로운 개인으로 특징짓는 것이다. 추상법은 이러한 욕망들의 현실적 내용(이것은 도덕과 윤리의 영역이다)에는 관심이 없으며, 내가 ― 인격으로서 ― 나 자신을 세계 속에 표현하는 권리를 가지고 있다는 주장에 관심 갖는다. 그렇지 않을 경우 나는 자유롭지 못하다. 당신 역시 마찬가지이다. 불행하게도, 의지의 내용이 규정되었다면, 이러한 의지는 두 인격들 사이의 갈등(추상법)이건 두 주체 사이의 갈등(도덕)이건 혹은 개인과 그의 가족 및 국가 사이의 갈등(인륜)이건 간에 갈등으로 이어질 것이다. 추상법의 요소가 갖는 목적은 이러한 갈등들의 합리적 해법을 위한 초석을 놓는 것이다. 이것이 의미하는 바는 어떤 행동들이 허용 가능한 권리의 위반이고 어떤 것은 권리의 침해인지를 우리가 물어야 한다는 것이다.

　요약하자면, 인격성은 보편적인 평등성의 상태(지위)이다. 나는 내가 이러한 지위를 타인들에게 부여하지 않는 한 하나의 인격체라고 자처할 수 없다. "그러므로 **법의 명령은 이렇다. 하나의 인격이면서 타인들을 인격으로서 존중하라.**"(§36) 이것은 특수한 욕구들이나 관심들이나 기획들과 아무런 관계가 없기 때문에, 보편적이고 전적으로 형식적이다. 달리 말하자면, 이러한 기획들이나 관심들의 내용이 어떠해야 한다고 명령하지 않는다. 대신 그것은 인격성을 **위반하지 말라**는 금지와 인격으로부터 유래하는 것에 의해 구성된 것이다.(§§38) 추상법은 오직 금지일 뿐이다. 나는 다른 사람들에게 의무를 주장할 수 없다. 왜냐하면 그것은 실질직인 사회직 맥락을 요구하기 때문이다. 나의 부모들 혹은 나의 국가가 나의 교육비용을 **지불할지는** 모르겠지만, 다른 추상적 인격들은 그렇게 하지 않는다. 누군가에게 의무를 갖는다는 것은 어떤 의미에서 그들을 형식적인 보편적 인격의 담지자로서가 아니라 특수한 인격으로 대하는 것이다. 하지만 추상적 인격의 영역은 개념적으로 볼 때는 정체성에 관한 실정적인 사회적 구성물들에 앞선다.(역사적으로 볼 때 설령 인격이 그것들보다 후행적이라 할지라도 그렇다) 왜냐하면 그것은 특정한 개체성의, 개인**으로서의** 개인에 대한 표현이기 때문이다. 내가 재화를 갖고 나 자신을 사회적 역할에 의해 구성하기 위해서, 나는 먼저 자유롭게 그런 재화들을 선택할 수 있어야만 하며, 그것들을 방해없이 추구할 수 있어야만 한다. 만일 내가 그렇게 할 수 없다면, 나는 자유롭지가 못할 것이다.

따라서 헤겔에게 인격은 생명권과 육체의 온전성(integrity)에 대한 권리를 포함하는 소유에 의해 필연적으로 구성되는 영역이다(§48). 나는 하나의 인격이며, 따라서 나는 나의 목표들과 기획들을 성취할 권리 ― 동물이 하는 가능성이 아니라 ― 를 가지고 있다. 소유는 이러한 권리가 국가 속에 구현되어 있음을 보장하는 객관적 토대이다. 이 소유는 타인들과 나의 관계를 규정하는 계약 제도를 필요로 한다. 나는 하나의 인격이므로, 평등에 대한 요구가 고개를 드는 것이다. 즉 당신 역시 하나의 인격이다. 나는 당신을 인정하고 당신도 나를 강제적으로 주고 받는 행위를 통해서가 아니라 계약을 수립하고 합법적인 교환을 통해 하나의 인격으로 인정한다. 행위들은 사건들이 아니다. 약육강식을 당연시하는 설명은 인격들 사이의 관계에 대한 부적절한 기술이다. 결국, 권리의 인정과 교환의 입법화 역시 불법행위를 인정하고 처벌을 필요로 한다.

평등: 하나의 규범적 주장?

우리가 소유적 인격과 계약, 불법행위의 실질적 영역을 상세히 들여다
보기 전이라도, 깨어 있는 독자들은 헤겔의 첫 번째 규범적 주장으로
등장한 것이 무엇인지를 눈치챘을 것이다. 즉 이성적 국가는 주체와 대
립된 인격들의 실존에 의해 특징지어지는 것이며, 인격성은 평등한 공
동체에서만 가능하다는 것이다. 달리 말하자면, 시민들 사이에서 평등
을 보장하고 유지하는 사회가 좋은 사회이다. 헤겔의 『법철학』의 비판
적 야심을 다룬 두 번째 장에서 우리가 이야기한 바를 받아들인다면,
몇 가지 질문을 하는 것이 유익할 것이다. 즉 헤겔은 어떻게 평등에 대
한 주장을 정당화하는가? 그리고 그러한 주장으로부터 (만일 그런 것
이 있다고 한다면) 어떤 규범적 책무들이 발생하는가?

　평등의 규범을 정당화하기 위해서는, 헤겔의 철학적 입장을 상기하
는 것이 적절할 법하다.[2] 그의 관념론으로 인해, 헤겔은 정신의 자기인
식만이 세계에 대한 인식이 될 수 있다고 믿는다. 판단은 이성적 이해
의 맥락 안에서 만들어지고, 그리하여 우리는 이성이 자신을 세계에 부
과한다는 것을 인정하지 않으면 안 된다. 헤겔은 인식의 주체-객체 관
계로부터 주체-주체의 관계로의 이행을 시작한다. 왜냐하면 나의 판단
들이 다른 주체들의 추론기준에 부합할 경우에만 그것들을 확신할 수
있기 때문이다. 나의 판단들은 타인들의 인정을 필요로 한다. 법의 영
역에서, 주체는 처음에는 그가 동물과 다르다는 것과 사실상 외적 필연
성과 대립된 그 자신의 의지에 따라 행동한다는 것을 어떻게 확신할 수
있는지를 알 필요가 있다. 그 답변은 다시금 타인들의 인정을 통해서이

2　3장 pp. 47-55를 보라.

다. 나는 그들이 나를 자유롭다고 알고 있고 나도 그들이 자유롭다는 것을 알고 있다고 확신한다. 이러한 확신은 공통의 정신으로 특징지어진 상호 주관적 이해를 통해서 획득된다. 즉 "다른 독립적 자기의식들의 통일이자 그들의 대립 속에서 완전한 자유와 독립을 향유하는 이 절대적 실체. '나' 인 '우리', '우리' 인 '나'"(PhG, 177)

헤겔의 주인과 노예의 변증법에 관해서는 많은 글들이 있으며, 그것들은 각기 다른 여러 가지 맥락 속에서 사용되어 왔다. 하지만 나는 여기서 중요한 것에 자신을 한정할 것이며, 그런 이유로 비교적 오래된 책들 중의 하나를 거론할 것이다. 코제브(Kojeve)는 인정 욕구를 자아가 자신의 자유를 입증하려는 욕망에 정초시킨다. "인간이 참으로 인간적이 되기 위해서, 인간이 본질적이고 실제로 동물과 다르기 위해서, 그의 인간적 욕구는 실제로 그의 동물적 욕구를 넘어서지 않으면 안 된다."(코제브, 1969, 6) 변증법에서, 헤겔은 이 작업을 할 수 있는 길을 제시해 준다. "자유가 획득되는 것은 오로지 생사를 건 투쟁을 통해서뿐이다."(PhG, 187) 여기서 생사를 건 투쟁이 맡는 역할이 무엇인가?

나는 언제나 천안문 광장에서의 저항의 사진을 기억한다. (사진 1) 이 사진은 도열된 탱크 앞에 서 있는 남자를 보여 준다. 이 사진은 언제나 홉스적인(혹은 어떤 자유주의적) 동기 설명에 제기된 가장 큰 난제를 떠올려주곤 했다. 그 사람은 결코 그 자신이 누릴 수 없는 이상(자유와 평등)을 추구함에 있어 그의 생명을 희생할 준비가 되어 있다. 자기 보존의 욕망, 다시 말해 욕망의 저장소 안에서도 가장 강력한 욕망이라 할 수 있는 것이 추상적이고 형식적인 가치에 의해 눌려 있다. 그가 원하는 것이 정확히 무엇이냐고 묻는다면, 만일 그가 그것들을 성공적으로 획득할 경우 어떤 어떤 평등과 자유가 실현될 것인지를 묻는다면, 그는 그것을 명백히 하는 것이 거의 불가능하다는 것을 알게 될 것

사진 1 ⓒ Ap / EMPICS

이다. 하지만 그는 원칙을 위한 생사 투쟁에는 준비가 되어 있다. 우리는 이것이 동물이 아닌 인간이라는 점에 대해 한 치의 의심도 없다.

물론 그 사람의 행위는 그를 둘러싼 다른 이들이 그의 희생을 이해하지 않는 한 인간적 행위로, 그의 자유를 쟁취하기 위한 시위로 해석되지 않을 수도 있을 것이다. 그의 경우에서, 그는 탱크 운전수에게, 중국 정부와 아마도 전 세계적인 대중 매체의 독자들에게 호소하고 있다. 경비견은 이것을 욕망의 포기로 볼 수 없을지도 모른다(사진 속에서 개를 찾지 말기를, 관료적 명령에 대한 그릇된 반응에서, 그것은 붓으로 지워졌다). 그 사람의 행동은 그것들을 자유로운 행위로 인정할 수 있는 다른 자유로운 주체들을 요구하고 있다. 그런 주체가 없다면 그것들은 무의미하다. 인정 이론은 홉스적인 사회 원자론, 즉 사회는 공포와 의존 때문에, 개별 의지들의 갈등을 매개할 필요에서 발생한다는 생각에 대한 대안을 제공한다. 오히려 사회는 간주관적 인정에 대한 욕구로부터 발생하는 것이다. 왜냐하면 그것이 자유를 가능하게 하기

때문이다.[3]

헤겔의 이야기에서, 한 사람의 자유에 대한 입증은 똑같이 한 사람의 생사 투쟁에 의해서 이루어진다. 하지만 처음에, 두 자기의식 간의 만남은 투쟁 속에서 죽음으로 마무리된다. 만일 한 사람이 양보하거나 죽어서 노예나 시체가 된다면, 그는 인격이 아니며 (그는 개와 같다) 다른 이에게 인격성을 부여할 수 없다. 해법은 상호 인정이다. 이 상호 인정은 우리가 쫓아갈 시간이 없는 지루한 역사적 발전의 산물이다(하지만 우리는 나중에 이 책에서 약간 언급할 것이다). 앞으로 보게 되겠지만 이성적 사회 안에서, 소유와 결혼 그리고 인류의 다른 요소들이 나의 인간성을 입증할 수 있는 대안적 방법을 제공해 주며, 따라서 충분한 인간 자유를 위해 필요하다.

내가 권리를 지닌 인격임을 주장하려면, 나는 권리를 지닌 다른 인격들을 요구한다는 것이 이 이야기의 도덕이다. 그렇지 못할 경우 나는 나 자신을 확신하지 못한다. 인격의 개념은 정치 국가에서 이러한 인정의 요구에 대한 첫 번째 객관적 구현이다. 인격은 그것이 보편적 개념이기 때문에 상호적이어야 한다. 나는, 나 역시 나의 권리를 침해하지 않는 자들을 인격으로 인정할 경우에만 하나의 인격임을 주장할 수 있다. 자신의 욕구를 충족시키는 권리에 대한 도덕적 승인은 모든 인격들에게 해당한다. 이러한 인정이 없다면, 어떤 인격들도 존재하지 않으며, 나도 하나의 인격이 아니다. "자기의식은 그것이 타자에 대해 존재할 때, 그리고 그런 사실에 의해 자신 속에서 그리고 자신에 대해 존재

---

3   논증의 중요한 이 지점에서 인정을 논의할 필요는 §§35R과 57R에서 헤겔 자신이 언급한 참고 사항들에게 발견된다. 사회계약론의 거부에 대해서는 §§75와 100R을 보라. Knowles(2002, 91-3); Wood(1990, 77-83); Willams(1997, 31-3) 그리고 Pippin(2000)을 보라.

한다. 다시 말해 자기의식은 오직 인정될 때만 존재한다."(PhG, 178)

평등의 규범적 함의

이 말은 헤겔이 평등이라는 도덕적 규범에 의해 특징지어지는 사회가
그렇지 못한 (그의 말로는 도덕적으로 합리적인) 사회보다 낫다는 평
가적 판단을 내릴 수 있다는 의미인가? 간단하게 답변한다면 그렇다.
규범적 주장은 이에 해당한다. 즉 노예제를 갖고 있는 어떤 사회도 합
리적이지 못하다. 인격들 사이의 평등을 인정하지 못하는 사회는 — 어
떤 방식으로든 — 합리적인 사회는 아니다. 하지만 이런 규범들은 투쟁
의 역사를 통해 어렵게 얻은 결론들이다(§§274A와 331R). 인격의 출
현은 하나의 역사적 사건이다. 헤겔이 주장하듯, 역사의 비교적 초기
단계에서 사람들은 인격성을 갖지 못했을 것이다. 인격은 오직 상호 인
정을 통해서만 나타난다.[4] 자유로워지기 위해서, 사람은 이러한 역사를
스스로 경험하지 않으면 안 된다.

인간은 즉자 대자적으로 자유롭다는 견해를 고수한다면, 이로써 우리는
노예제를 비난하는 것이다. 하지만 누군가가 노예인 것은 그 자신의 의지
때문이다. 만일 어떤 민족이 예속되었다면, 그 민족의 의지 탓인 것과 마
찬가지이다. 따라서 노예제도의 잘못은 노예를 삼거나 예속시키는 사람들
만의 불법이 아니라, 노예와 예속된 사람들 자신의 불법이기도 하다. 노예

---

4   헤겔은 '인격'이 처음 등장한 것은 로마법하에서 AD 300년경이라고 말한다. 역
사적 발전의 속도 관념을 제공하기 위해, 사유재산제도가 인격성의 이성적 구현으로
인정되기 전인 1500년 경 다른 형태를 취하고 있다. §34, 35, 57 그리고 62를 보라.

제는 인간의 자연 상태로부터 참다운 인륜적 상태로의 이행기에 발생한다. 그것은 불법이 여전히 법이 되는 세계에서 발생한다. 여기서 불법이 **타당하고**, 그것이 발생하는 자리가 필연적인 자리가 되는 것이다(§57A).

노예가 어떻게 그 자신의 예속에 대해 책임을 질 수 있는가? 만일 우리가 그들을 해방시킨다면, 이것은 외적인 인과성의 행위일 것이다. 노예가 되지 않겠다고 하는 것은 자기 자신의 의지에 따라 행동하는 것이므로 노예만으로도 자기 자신을 해방시킬 수 있다. 그것은 외부로부터 행해질 수 없다. 노예제는 의지에 대한 외적 규정의 부과이다. 노예는 아이들처럼 형성과 계발을 통해 해방되어야 한다. 이러한 도야는 그들을 역사의 자비에 맡기는 것이다. 노예는 인격의 관념이 등장하면서 자신을 하나의 정치적 관념으로 확립할 때 해방된다. 헤겔에게서 우리는 자유주의의 가치를(심지어는 추상법의 영역의 명령들조차) 다른 민족들에게 수출할 수가 없다. 왜냐하면 다른 사람들이 어떻게 행동해야 하는가를 지시하는 것이 그들의 좋은 삶을 증대시킬 수는 있지만, 그것은 이전과 똑같이 그들을 속박된 상태로 묶어둘 것이기 때문이다. 그들은 다만 하나의 권위에서 다른 권위로 바꿔치기할 뿐 여전히 부자유스러운 상태에 머물러 있는 것이다(§65).

그런데 이것은 어떤 끔찍한 결과를 낳을 수도 있다. 우리는 문화의 발전에 개입할 수 없다. 문화는 역사 자체를 통해 스스로의 길을 개척해야만 한다. 따라서 우리는 인간의 희생이 잘못되었다고 올바르게 판단할지 모르지만, 우리는 그 시대와 어울리지 않는 문화에 법을 외부적으로 강제할 수는 없다. 인격권을 위반한 종교를 참을 수 없게 되는 것은 성숙한 국가에만 해당한다.(§270) 다시금, 헤겔에게서 우리는 모두가 우리 시대의 아들이며, 때문에 우리는 우리에게 직관적이고 직접적인 것 위에서만 일을 할 수 있다는 점을 기억하자. 역사 자체야 말로 합리성의 궁극적인 견인차이다. 역사가 아이들과 같은 '원시인' 대하는 법을 끌어올릴지 모르겠다. 하지만 이 책의 끝머리에서 세계사를 다룰 때 이러한 결과들을 논의하게 될 것이다.

　　그럼에도 헤겔이 하나의 문제를 대면해야 한다는 압박이 커지고 있다. 루소에게서, 상호 인정은 계급이 없는 동종의 국가에서 평등에 의해 보장이 된다. 이렇게 해서, '그들'에 반대하는 '우리'도 있을 수 없으며, 나는 나의 동료들과 더불어 편안한 느낌을 갖는다. 하지만 헤겔은 계급 차이를 찬미하며 이익들을 분리시킨다. 그렇다면 어떻게 평등이 보장될 수 있으며, 정확히 무엇을 규범이 실질적으로 요구할 수 있는가? 소유는 이런 문제에 대한 하나의 답변이다.

소유(§§41–71)와 계약(§§72–81)

소유에 대한 설명 혹은 정당화는 여러 가지 형식을 취할 수 있다. i) 루소는 그것이 이데올로기적인 신뢰 게임(con trick)이라고 말한다. ii) 로크는 그것이 자연권이라고 말한다. iii) 그는 또한 그것이 바람직하다고 덧붙인다. iv) 프로이트는 그것이 특정 사회 집단 내에서 욕구를 충족시키는 데 필요하다고 주장한다. v) 칸트는 그것이 모든 이성적 존재가 추론을 한다면 그들이 동의하게 될 것이라고 주장한다. 헤겔은 소유의 정당화에 대한 이 모든 전통적이고 직관적인 답변들과 근본적으로 다르다. 헤겔에게, 소유는 인격의 이성적 실존이자 특수한 인격성과 영역의 표현(객체화)이다. 사적소유제도에 대한 헤겔의 정당화의 근거는 (비록 그것이 우리를 놀라게 하지는 않는다 할지라도, 그것은 우리에게 급진적이고 대담무쌍하고 기이하게 다가온다) 자유 속에 있다.

주관적 의지는 자유로서 인정되어야 할 것이다. 따라서 그것은 '동물의 본능적인 점유'를 인간의 '이성적인 전유'로부터 차별화하기 위해 소유의 제도를 요구한다(§§45-46). 소유의 인습(因習)과 기대가 없다고 한다면, 이것들 중 어떤 것도 가능하지 않을 것이다. 소유를 통한 인격의 평등 요구를 이해할 수 있는 한 가지 방법은 그의 강의의 초기 형태에서 명백해졌다.

> 소유권(ownership)의 **본질**은 법의 지배를 받는 절대적 측면의 **규정적 존재**, 말하자면 소유권 속에서 인격은 서로를 인격들로서 **인정**한다는 것이다. 이는 자기 동일성의 의식 속에서 그들이 스스로를 외부적 실존의 매개를 통해 타인들과 동일한 것으로 인식하고, 그들이 서로를 상호 간에 자유롭고 독립적인 존재로 받아들인다는 것을 의미한다(FPR, §31).

소유는 그것을 통해 의지의 구현이 드러나는 매개물이다. 우리는 '외적인 **자유의 영역**'(§41) 속에 우리의 차이와 불연속(discreteness)을 재현하는 세계를 만든다. 인격성은 자신의 특수성을 세계에 입증하기 위해 소유를 필요로 한다. 나는 나의 욕망과 요구의 대상을 전유함으로써 나 자신을 자유로운 개인으로 주장한다. 소유의 기초는 소유가 나의 의지와 분리되어 있다는 점에서 '외면적'이고, 따라서 그 의지의 자유를 유지하고 증진하기 위해 외면적이어야 할 것이다.

소유 — 더 특수하게는 사적소유제도 — 가 어떻게 인격적 자유를 유지하고 증진하는가? 첫 번째 답변은 간단하다. 즉 자율적인 삶은 개인이 자기 자신을 결정하는 삶이다. 이는 합리적인 재화들(goods)의 체계에 따라 자신의 삶의 계획을 선택함을 의미한다. 나를 인격으로 표현하는 것은 소유의 체계를 요구하는 바, 이 체계를 통해 나는 재화를 획득하고 교환하며 재화들 사이에서 선택할 수 있다. 소유 — 헤겔은 사적 소유를 가정한다 — 는 매일매일의 삶의 의존으로부터 나를 해방시켜 준다. 만일 내가 단순히 가족을 부양하고 생존하기 위해 일을 하고 있다면, 나는 외적인 필연성에 종속되어 있음에 따라 내가 나의 삶을 살고자 하는 방법에 대해 자유로운 선택을 하지 못할 것이다. 사적 소유의 체계가 충분한 잉여적 부를 산출함으로써 나는 욕구의 필연성으로부터 해방된다. 단순한 어투지만, 그런 관념은 소유가 나의 자유를 '증대시켜' 준다는 것이다. 물론 헤겔은 내가 부자라면 좀 더 많은 것들을 제공할 수 있다는 식의 어설픈 의미에서 말한 것은 아니다.

그렇지만, 어떤 소유 체계든, 예를 들어 공유(공공녹지는 우리 모두가 그것을 사용할 수 있는 배타적 권리를 가지고 있다는 점에서, 공유의 한 예이다)는 나를 욕구의 필연성으로부터 해방시켜 줄 것이다. 전문성과 협력의 형태로 분업을 이룬 몇몇 공동의 마을은 아마도 개인들을 위한 여가 시간과 또한 그것들 가운데 선택할 수 있는 재화들의 체계를 창출할 수 있을 것이다. 헤겔은 소유, 재화의 생산과 분배가 자유에 필수적이지만 사적 소유는 그렇지 못하다고 주장했다. 하지만 그는 공공연하게 공유가 인격과 외적 사물들 간의 적절한 관계를 표현하지 못하고, 할 수도 없다고 말한다. 인격은 자의적 의지에 따라 행동할 수 있는 사회적 가능성, 자신의 의지의 내용이 무엇이 되든 그에 따라 행동할 사회적 가능성이 발생할 것을 요구하고 있다(확장된 가족의 권리를 포함한). 공유는 그 속에서 사람들이 자의적이고 우연적으로 행동할 수 있는 영역을 제한하고 있다(§46). 헤겔은 어떤 형태의 공유는 나를 독립적이고 개별적인 인격으로 표현하는 것을 불가능하게 만든다고 말한다. 사적 소유는 인격적 자유의 영역, 추상법의 영역을 지지하는 관할과 엉토를 공유의 체계가 할 수 없는 방식으로 끌어들이고 있다. 나는 나의 소유로 무엇을 할 것인지, 어떤 소유를 획득해야 하는지 결정할 수 있다. 이것은 나의 가치를 표현하며, 따라서 나의 인격적 자유를 가족과 국가 혹은 공동체로부터 분리시킬 수 있다.

> 외적 사물들과의 관계에서, 내가 소유물을 점유한다는 것이 **이성적** 측면이다. 하지만 **특수한** 측면은 주관적 목적과 필요, 자의성과 재능, 외부 상황 등을 포함하고 있다…그러므로 내가 **무엇을 얼마나** 많이 점유하고 있다는 것은 법에 관한 한 순전히 우연적이다(§49).

인격과 세계 사이의 관계가 인격이 무엇을 원하고 사용하고 양도하는지를 통해 표현되기 때문에 이 점(우연적이라는 것–옮긴이)이 중요하다. 물론 즉각적으로 한 가지 고려가 떠오른다. 만일 소유가 인격적 자유에 근본적이라면, 헤겔이 주(注)에서 인정하듯 모든 인격들은 '소유해야만' 하기 때문에, 우리가 얼마나 많이 점유하는가가 전적으로 자의적일 수는 없다는 것이다. 하지만 우리는 나중에 시민사회에서(§§240-45) 빈곤의 문제를 살펴볼 때 이 문제를 논의하게 될 것이다. 인정과 평등에 대한 논의는 평등에 대한 근대의 윤리적 처방의 토대를 제시해준다. 재산이 없는 인격들은 도덕적인 지위도 낮아진다는 것이 분명하다. 빈곤은 사람들을 다시금 욕구의 필연성에 의해 결정된 삶으로 훨씬 더 축소시킨다. 그들은 착취될 가능성이 높은 반면 부유한 사람들은 가난한 자들을 인격으로 존중하기보다는 그들 자신의 충족을 위한 수단이나 도구로 취급할 수 있다. 이것은 가난이 평등하게 분배되어야 함을 의미하는가? 물론 답변은 아니오이다. 나의 인격성은 경계가 있고 침범할 수 없기 때문에, 국가는 내가 나의 재산을 가지고 무엇을 해야 하고, 내가 얼마나 많이 소유해야 하는가를 전적으로 명령할 수는 없다. 헤겔에게, 사적 소유는 평등에 대한 형식적 요구(인격들을 평등하게 존중하라)로부터 나온다. 하지만 그것이 반드시 실질적이고 분배적인 평등성을 함축하지는 않는다. 그처럼 정형화된 재화의 분배는 사적 소유가 촉진하고자 하는 인격적 자유 — 내가 원하는 것을 사고, 얼마나 소망하는 것에 나의 돈을 지불할 것인지를 선택하는 것 — 와 모순될 수 있다.

따라서 공유가 아니라 사유가 인격으로서의 나의 차별성을 특징지으며, 자기 이해를 쉽게 할 것이다(§49). 헤겔은 다른 사회적 삶의 방식이 보다 큰 자유를 허용한다고 믿고 있다. 헤겔은 또 그들의 재화가 집단 재화와 동일시되고 그 재화에 의해 결정되는 그런 종족의 일원으로서의 인간이라는 이념으로부터 그 자신의 특수성을 표현하는 개인적 재화들을 점유하고 있는 원자적 인격으로 진보가 이루어졌다고 믿고 있다. 여기서 우리는 왜 소유가 추상법인지를 보게 된다. 추상법은 인격 주변에 영역을 설정하는데, 이러한 영역은 타인들이나 국가의 결정에 의해 침해될 수 없다. 결국 법은 대개는 사적 결정 대 공적 결정에 의해 정당화된다. 나의 삶의 어떤 부분을 내가 통제하고, 어떤 부분은 국가가 결정하는가. 이 모델에서 국가는 생명권과 자유 그리고 재산권을 침해할 수 없다. 좀 더 단순하게 말하자면, 국가는 내가 살지 혹은 죽을지를, 내가 나의 삶을 가지고 무엇을 하고 어떻게 나 자신을 표현할지를 결정할 수가 없다(§49)[5]. 내가 자유롭다면 이 모든 것은 개인적인 결정이 될 것이다. 그리고 이것이 추상법, 즉 자유에 대한 궁극적인

---

5 이 점에 관해서는 이야기할 것이 많다. 국가는 범죄자들을 배제해서 개인들을 군대로 징집할 수 있다. 하지만 헤겔은 이러한 관행들이 자유에 의해 잘 정당화될 수 있는가에 대해 하나의 이야기를 할 수 있었다.

성당화이다. 추상법의 영역이 없다고 한다면, 인간은 충분히 자유로울 수 없다. 법은 소유를 통해 객관화되고, 계약을 통해 인정이 되며, 불법에 대한 반응을 통해 확인된다. 추상법의 경계는 금지에 의해 설정이 된다. 추상법의 수준에서는 어떤 긍정적인 권리(예를 들어 교육을 위한)도 주장될 수가 없다. 왜냐하면 이것들은 추상법에 속하는 것이 아니라 인륜적 국가의 규정들에 속하기 때문이다. 이러한 것들은 이성적이고 장려할 만한 것이 되기 위해 결정되었던 재화들이다. 추상법은 우연성의 수준에 머물러 있다. 이것들은 나의 재화들이고, 나는 그것들을 특수한 자아로 확인한다.

소유를 통해 내적 의지를 현실화하는 일은 세 가지 형태를 취한다. 전유 (압수, 고안/창작; 기호 표시); 사용(소비); 양도(어떤 것이 욕망이나 필요의 충족을 위한 단순한 수단과는 대립되어 내 것이 된다면, 나는 그것에 대한 나의 소유권을 포기할 능력을 가지고 있다는 관념). 내가 그것을 소비할 필요는 없다. 나는 그것을 교환할 수 있고, 그것을 유증(遺贈)하거나 판매할 수 있다. 참으로 이것은 소유 제도를 단순한 소비와 구별해 주며, 그리하여 계약을 필요로 한다.[6] 교환은 두 의지의 결단과 관련된다. 교환은 누군가 혹은 어떤 것이 어떻게 그리고 언제 나의 영역을 침범할 수 있는가에 대한 반응이며 다시금 상호 인정의 관계에 훨씬 기초해 있다. 성인들에게는 동의가 주어질 수 있으며 그는 아이들을 처벌하거나 관용한다. 헤겔에게서, 어떤 것을 동물이나 아이에게 판매할 수는 없으며, 판매는 세계 속에서 인격으로 인정된 자들에

---

6   어떤 대상들은 양도될 수 없다. 자연 속에 '외부적으로' 드러나 있는 사물들만이 양도될 수 있다. 헤겔은 생명, 자유의지 그리고 양심을 들고 있다. 나는 만일 자유가 첫 번째로 권리의 정당화라면 자유를 위반하게 될 그런 사물들을 양도할 수 없다는 생각이다. §§65와 §§66을 보라.

게만 가능하다. 인격들만이 교환과 유증과 구매를 할 수 있다(§74). 그러한 주장이 부당해 보일 수가 있다. 하지만 아이가 어떤 물건을 사기 위해 나에게 돈을 지불할 때, 그가 무엇을 원하는지 혹은 그것과 무엇을 교환하고 있는지의 가치에 대한 참된 의미가 존재하지 않는다. 그러한 관계는 성인의 입장에서는 장난기 있는 태도일 뿐 평등은 아니다.

그러므로 소유는 나에게 인격이라는 도덕적 지위를 주는 권리들 중의 하나이다. 이 소유로 인해 사람들은 나를 개인으로 인정하고, 종족의 일원으로서보다는 개인으로서 나의 자유를 존중하는 것이다. 사람들은 자유롭게 그들이 선택하는 바가 될 수 있으며, 그들이 어떤 목표를 달성할 때만 비로소 이 점을 이해할 수 있다. 소유는 내가 스스로 성취한 것의 기호이자 또한 내가 누구인가라는 나 자신과 다른 사람들의 소통이다. 말하자면 옷이 사람을 만드는 것이다. 내가 무엇을 사고(엘리자베스 공작의 보석), 입고(후드가 달린 블라우스 슈트), 운전하고자(성능 개조한 피에스트) 선택한 것은 내가 누구이고 어떻게 나 자신을 보는가를 말해 주는 하나의 이야기이다. 마찬가지로, 나는 사적 소유의 체계를 통해 나의 기호들의 표현으로부터 나 자신에 대해 배울 수 있다. 그렇다. 나는 아버지이다. 하지만 또한 나는 이 옷을 입고 저 차를 운전하는 아버지이기도 하다. 사적 소유는 나로 하여금 내가 누구인가를 볼 수 있게 해 주며, 나는 그것을 바꾼다고 생각한다. 내가 고양이가 죽어가는 현장으로부터 도망가고 싶어 하는 사람(4장)만이 아니라 그 고양이를 비참한 상태로부터 구조하고 싶어 하는 사람인 것처럼, 나는 제프리 아처(Jeffrey Archer)의 소설을 사고 싶어 하지만, 가브리엘 가르시아 마르케스의 소설도 사고 싶어 하는 사람이다. 사적 소유의 객관적 자유는 합리적 규정의 주관적 자유와 자기충동의 순화를 공유할 수 없는 방식으로 허용해 준다. 그것은 단순한 욕구 충족이 아니라 자유로운 존재가 그들의 차이를 표시하고 그들 자신에 대해 이해할 수 있게 해 주는 하나의 소통(커뮤니케이션)의 체계이다. 그러므로 소유권의 체계에 대한 헤겔의 정당화는 외적인 필연성이나 필요와는 거의 관련이 없다. "필요와의 관계에서 — 이러한 필요들이 일차적인 것으로 간주된다면 — 재산의 점유는 하나의 수단으로 나타난다. 하지만 참된 입장은 이렇다. 자유의 관점에서 본다면, 자유의 첫 번째 **현존**으로서의 소유는 그 자체를 위한 본질적 목적이다."(§45R; 또한 41A) 소유는 인격들로 하여금 그들의 욕망을 순화해서 적절한 의미에서 하나의 인격이 되도록 해 준다. 물론 사적 소유와 달리 내가 누구인지를 타인들에게 소통하거나 혹은 내가 성취한 것을 이해하는 다른 방법이 있다. 하지만 사적 소유는 헤겔의 논지에 따르면 이러한 소통의 필수적 요소이다.

불법(§§ 82-99)

법이 존재할 때는, 반드시 이 법에 대한 불법적 침해가 있을 것인데, 이것이 불법이다. 불법은 더 이상 '무엇이 일어났다'는 기술이 아니라 '무엇이 일어나지 말아야 했었다'는 평가이다. 이로부터 인간 상호 간의 평가가 이루어지기 시작한다. 헤겔에게서 불법이란 법의 '현상'인데, 이 말을 그는 "즉자적인 법과 이 법을 **특수한 법**이 되게 하는 특수한 의지 사이의 대립"(§82)라는 의미로 이해한다. 즉 '특수한 법'이 됨으로써, 추상법이 지닌 형식적이고 보편적인 성격은 사라지고, 개인적 자유를 보장하는 토대가 된다. 달리 말하자면, 불법과 처벌의 관념이 없다면, 나의 개인적 자유는 보장될 수가 없다. 헤겔은 세 가지 다른 유형의 불법을 목록화하는 것으로 시작한다.

첫째, 의도하지 않거나 악의 없는 불법행위가 있다. 예를 들어, 두 사람이 똑같은 대상을 주장할 수 있으며, 그래서 그들은 소유물 분배의 권리와 규칙에 대해 합의한다. 하지만 한 사람 혹은 그 둘 모두가 문제의 몇 가지 사실에 대해 잘못 생각할 수 있다. 그런 상황은 개별적 의지들의 단순한 충돌일 뿐이다. 비록 권리에서 합의가 있을지라도, 갈등은 일반적으로 위반이 이루어졌는지 여부에 관심을 갖는다.

둘째, 만일 내가 당신에게 시장에서 한 켤레의 구두를 판매했고, 당신이 집에 들고 간 구두 상자에서 벽돌을 발견했다고 한다면, 이것은 사기(詐欺)의 경우에 해당할 것이다. 간단히 말해 나 자신은 계약의 보편성으로부터 면제되었다고 믿지만 — 동시에 — 그것이 다른 모든 이들에게 적용되기를 바라면서, 나는 그것을 인정한 것이 아니다. 범죄자가 재산 거래를 지배하는 규칙들을 인정하고 있을지라도, 불법행위는 피해자가 규칙을 준수해야 하고, 범죄자인 나도 그렇게 하리라고 진지하게 믿는 데서 존재한다.

셋째, 강제와 범죄는 인격으로서의 피해자의 권리를 부인하고 그들이 누려야 할 지위를 부정하는 데 있다. 노예제와 마찬가지로 강제는 헤겔에게는 양쪽 모두 똑같이 책임이 있고 잘못된 믿음을 지닌 것이다. "오직 **강제당하기를 원하는** 자만이 그 어떤 것으로 강제당할 수 있다."(§91) 내가 당신의 머리에 총을 겨누고 지갑을 내놓으라고 한다면, 당신의 강렬한 욕망은 당신의 생명을 지키는 것이다. 하지만 당신의 양심은 여전히 나에게 돈을 주고 싶지 않다고 끌어당긴다는 것을 당신이 알고 있다고 하자. 헤겔에게 이것은 여전히 선택의 여지가 있다는 것을 의미한다. 범죄자의 의지는 외적 필연성으로 피해자의 자유의지를 억누름으로써 그의 '인격성'과 자유로운 선택을 말살하고자 한다.

아마도 우리는 두 번째 유형과 세 번째 유형 사이에 어떤 실질적 차이가 있는지 여부를 묻고 싶을 것이다. 만일 우리가 칸트주의자라고 한다면, 우리는 두 유형 모두 타인을 한낱 수단으로 이용한다고 말할 수 있을 것이다. 근본적으로 이 점이 헤겔에게는 쟁점이다. 그럼에도 칸트와 다르게, 타인들을 인격들로 취급하지 않는 것이 도덕적이거나 법적 행위 전체의 존재 전체와 목적 전체가 될 수 없다. 추상법은 근대국가에서 인격의 자유라는 영역에 대한 최초의 그리고 가장 단순한 설명이다. 사기에서, 우리는 우리 자신을 하나의 예외로 만들었다. 즉 만인이 법을 준수해야 나와 나의 관심이 이익을 얻을 수 있다는 것이다. 강제에서 타인은 나의 목적을 충족시키기 위한 하나의 도구가 된다. 그러므로 나는 그가 나의 행동에 동의하거나 나의 행동을 말릴 어떤 권리도 부정한다. 두 경우 모두에서, 범죄자는 법의 영역을 인정해야 하고, 따라서 그것을 의욕해야 한다(법은 그의 목적을 달성하는 데 요구된다). 하지만 그는 위반을 통해, 즉 사기나 혹은 타인들의 미확인에 의해 그것을 부정한다.

범죄자의 행위는 법제도와 체계를 훼손한다. 만일 무언가를 훔쳐서 도망간다면, 내가 훔친 것은 나의 것이 될 것이다. 이것은 소유하는 새로운 방법이다. 하지만 그것은 개인적 자유에는 유해하다. 소유의 근본 성격은 개인적 자유의 표현을 쉽게 하려는 것이기 때문에, 이러한 유의 소유 취득은 그런 목적을 훼손한다. 그것은 비이성적이기 때문에 인격적 자유를 가능하게 하는 법의 규칙들이 더 이상은 타당하지 않을 것이다. 하지만 이것은 사기와 본래적 범죄 모두에게 똑같이 참이다. 실제적인 차이는 범죄자의 자기의식과 범죄자의 잔혹한 비이성에 놓여 있다. "범죄와 사기의 차이는 이렇다. 즉 사기에서는 여전히 법에 대한 인정이 행위의 형식 속에 현존하는 반면, 범죄의 경우에는 그에 상응하는 인정이 결여되어 있다."(§83A) 사기는 법과 자유의지에 대한 인정을 필요로 한다. 누군가에게 사기를 치기 위해서는 피해자가 자유로운 선택을 해야만 하기 때문이다. 하지만 범죄는 개념적으로는 불법이다. 타인을 수단으로 이용함에 있어 나는 그들이 인격이라는 것을 인정하지만(그렇지 않다면 나는 그들을 수단으로 이용하지 못할 것이고 그들도 도구가 되지 못할 것이다), 동시에 인격으로서의 그들의 지위를 부정하는 것이다. "...강압이나 강제는 직접적으로 그 개념에서 스스로를 파괴하는 것이다. 왜냐하면 그것은 의지의 표현이면서 동시에 현존재를 부정하는 그런 의지의 표현이기 때문이다. 추상적으로 볼 때 강압이나 강제는 **불법적이다**(§92). 누군가의 머리에 총을 겨눔으로써, 나는 그들이 자유의지를 가졌다는 것과 나의 요구에 '아니오'라고 말할 가능성을 인지하는 것이다. 하지만 — 동시에 — 나는 그들이 '아니오'라고 말하는 것을 불가능하게 만들고, 그들을 외적 필연성의 수준으로 끌어내리려고 하는 것이다. 불법은 법체계에 대한 하나의 도전이며, 이러한 체계가 우리의 자유를 가능하게 하는 것이다. 합리성은 이러한 자유의 구조들이 보호되어야 하고 보호는 형벌을 통해 실행되어야 함을 요구하는 것이다.

형벌(§§100-4)

이제 형벌의 문제를 살펴보자. 형벌을 어떤 식으로 설명한다 해도, 행위는 감금과 박탈 혹은 신체 훼손을 통한 법(자유, 소유, 육체의 온전성)에 대한 위반을 담게 될 것이다. 물론 이런 행위들은 대단히 민감한 도덕적 코드에서 볼 때 불법이다. 형벌은 본질적으로는 '눈에는 눈이고, 이에는 이'와 같다. 다시 말해 나의 어머니가 늘 나에게 말했던 것 (옮긴이-용서해 주라는 말)은 잘못이다. 하지만 그것은 헤겔의 추상법 이론 가운데 누락된 부분이다. 불법을 행함으로써, 인격은 법의 타당성 을 부정하고 법체계를 단순한 '가상'으로 환원한다. 이러한 법들이 효 력을 지니고자 한다면 강제성을 띨 필요가 있다. 유효해지기 위해서, 법은 개인의 자유를 유지하고 증진시키지 않으면 안 된다. 형벌은 법체 계를 강화해 주는 것이다.

형벌에 대한 헤겔의 정당화는 두 가지 수준에서 작동하는 것 같다. 하나, 법체계가 효력을 가지려면 형벌이 필수적이라는 것이다. 만일 법 체계가 유효하지 않다면 인격의 자유도 존재하지 않을 것이고, 따라서 형벌도 비합리적이 될 것이다. 둘, 형벌이 법에 대한 더 이상의 위반이 되지 않으려면, 헤겔은 어떻게 범죄인이 그의 형벌에 동의하는가에 대 한 이야기를 할 필요가 있으며, 그리하여 (옮긴이-형벌에 의한) 어떤 위반도 일어나지 않았다는 것을 보여 줄 필요가 있다. 이러한 정당화의 첫 번째는 강의들 속에 함축되어 있는데(우리가 앞서 소유와 관련해 이 야기했던 것을 돌이켜 본다면 친숙한 길을 따라가게 된다) 반면, 두 번 째 부분은 명시적이고 논쟁적이다(우드, 1990, 6장; 휴게이트, 1992; 우드, 1992).

따라서 유효한 법은 형벌을 담고 있다는 견해를 빠르게 살펴보자. 앞 서 우리는 내가 차를 훔쳐 도망갈 경우, 나는 법체계를 무효화하는 것 이라고 말했다. 이것은 내가 비난받거나 처벌받기를 요구하는 것이다. 그것은 나의 불법행위의 성격이 객관화되기를 요구하고, 그렇지 않을 경우 인격의 자유를 지지하고 가능하게 하는 법체계가 더는 그 목적을 수행할 수 없다는 것이다. 따라서 예를 들어 중독성이 없는 환각제 복 용에 반대하는 법을 보자. 이 법이 법적으로나 혹은 심지어 여론을 통해 강제되지 않는다면, 그것은 존재하지 않은 것과 다르지 않게 된다. 형벌은 법을 강제하는 것이다.

그런데 우리는 이것이 단순히 형벌을 방해하는 설명으로 이해되지 않도록 주의할 필요가 있다. 모름지기 이곳이 형벌의 정당화가 내재적 정당화로부터 외재적 정당화로 이동하는 지점이다. 형벌은 한 공동체 내에서 법과 불법으로 인정되는 것과 관련되어 있다. 로크의 자연 상태에서, 범죄자들은 인격들로서의 그들의 지위를 상실한다. 누군가 자연법을 위반했을 때, 그들은 야수들과 다르지 않으며, 공동체에 대한 위험으로 취급되어야만 한다. 동물들이 법의 담지자들이 아닌 것처럼, 범죄자들도 아니다(로크, 1988, 2장). 그럼에도 이로부터 가장 미미한 범죄조차 사형선고를 받을 수 있다는 결론이 나온다(범죄자는 생명권을 포함한 모든 권리를 상실하는 것이다). 가장 혹독하고 야만적인 형벌은 다만 사실의 문제로 본다면 가장 큰 범죄 방지책이 될지도 모른다. 반면 헤겔은 정반대의 견해를 가지고 있다. 물론 방지책으로서, 강제적 금지로서, 범죄자의 개선으로서, 혹은 전체사회의 선으로서 작용하는 어떤 형태의 형벌도 유용할 수 있을 것이다. 하지만 그런 유용성은 주체가 그들의 자유를 표현할 수 있는 기회를 주지 않기 때문에 **정당화**가 될 수 없다(§99A). 범죄자의 처벌을 요구하는 것은 범죄자 자신의 인간성이다. 범죄자는 처벌할 권리가 있다(§100). 인격들은 그들의 행위가 그들 자신의 특수성을 표현하기 때문에 그들이 책임이 있다는 것과 그 자체로 취급되어야 한다는 것을 인지해야 할 것이다. 만일 우리가 범죄자를 처벌하지 않는다면 우리는 그를 한 사람의 이성적 존재로서 존경하는 데 실패할 것이다. 만일 내가 뺨을 때린 당신을 처벌하지 않는다면, 나는 멋대로 떠드는 어린 아이나 바람에 날리는 나뭇잎이 그렇듯 당신을 무시하는 것이다. 따라서 나는 당신을 하나의 사물이나 비이

성적 존재로 취급하는 것이며, — 그 자체로 — 나는 당신의 인격성을
침해하는 것이다. 처벌하지 않는 것은 불법이다. 당신은 형벌을 통해
혜택을 받고 받을 만하며, 법체계 자체도 그렇다.

  따라서 자유에 관한 헤겔의 입장을 받아들인다면, 형벌은 방지책도
아니고 갱생의 형식도 될 수 없다. 누구도 범죄자의 '명예'나 불법을
감행한 그/그녀의 의지의 표현에 정의의 잣대를 내밀 수 없다. 전통적
으로, 정의는 오직 형벌에 관한 오직 하나의 정당화에 맡겨진다. 그것
이 바로 헤겔이 승인한 것, 즉 응보주의이다. 범죄자는 처벌받을 만하
기 때문에 처벌받는 것이다. 직관적으로 볼 때 우리는 이것을 복수에
대한 욕망이라고 이해한다. 내가 불법 행위로 인해 피해를 입었을 때,
나는 보상을 모색한다. 헤겔은 이처럼 반–이성적인 욕망이 어떻게 이
성적인 정의의 체계 속으로 발전하는가를 시사하고 있다. 형벌은 법전
화하고 '동의될' 필요가 있으며, 그리하여 형벌에 대한 필요가 피해자
나 특수한 의지의 손을 벗어나서 다루어져야 한다. 그렇지 않다면 범죄
자는 그의 형벌을 당연한 것으로 인정하지 않을 것이다. 내가 사과를
훔친 사람을 죽인다면, 그의 가족은 과잉 대응을 이유로 나에 반대하는
법적 주장을 하게 될 것이다. 마찬가지로, 형벌에 관한 판단들이 개별
적인 의지의 손에 들어간다면, 편파성이 법체계의 목적을 훼손할 것이
다. 특수한 개인들의 보상 결정은 지나치게 약하거나 지나치게 강해서
자의적일 수 있다. 그리하여 역으로 새로운 주장들이 다른 주장들을 대
신해서 등장할 것이다.

  따라서 복수는 **특수한** 의지를 긍정하는 행위라는 점에서 **새로운 침해**가 된
  다. 이런 모순 때문에 복수는 무한 누진에 빠져들게 되고, 세대를 통해 무
  한히 세습되게 된다(§102).[7]

형벌의 자의성은 피의 복수를 낳게 되고, 법체계는 다시금 훼손되는 것이다.

그렇다면 우리는 어떻게 적절하고 적합한 형벌을 결정할 수 있는가? 한편으로, 이것은 철학적 관심사가 아니다. 추상법과 형벌의 요구의 성격이 형벌의 형식이나 법규를 결정하는 것은 아니다. 현존 국가는 이미 우리가 그 자체로 인정하는 형벌의 체계를 가지고 있다. 현실적인 입법은 사회적 산물이지 철학적 관심사는 아니다. 이런 입법은 균형과 상식이라는 형식적 주장에만 대응한다. 즉 보다 심각한 범죄는 보다 엄격하게 처벌되어야 한다. 형벌의 방식과 양형에 대한 실질적 이해는 특정 사회의 몫이며, 형벌의 역사와 정의의 체계는 오직 여론만이 설명 가능하다(§218R). 다른 한편, 형벌은 도덕의 관심사가 된다. 범죄자는 처벌받기를 요구한다. 그렇지 않을 경우 우리는 그를 동물이나 아이 취급을 하는 것이다. 그런 입장은 강한 칸트적 경향을, 그리하여 도덕으로의 이동을 드러내는 것이다. 도덕은 의지의 주관성에 관심을 갖고 있다. 하지만 이것은 범죄자가 자신의 행동에 책임을 지는 것이며, 이러한 책임을 인정하는 것이다. 그러므로 형벌은 의도적 행위와 개별적인 도덕법이라는 관념을 요구한다. 추상법은 범죄와 그 형벌의 현실적인 입법을 다루기에는 완전하지가 못하다. 그것은 어떻게, 언제 그리고 어느 정도 우리가 우리 행위에 책임을 지는가를(행위이론), 우리가 하거나 하지 말아야 할 것이 무엇인지를 설명함으로써만 완성될 수가 있다(의무론). 이에 관한 논의는 도덕에 대한 설명을 요구한다.

---

7   비슷한 설명을 로크에게서 보라(1988, §§7–13, 312–17).

도덕으로의 이행

법체계가 효력을 갖기 위해서, 그리고 법을 준수하는 개인들에게도 형벌이 필수적이라는 것을 언급하는 것으로 이 부분을 마무리하겠다. 그럼에도 형벌은 개인들이 권위로 인정하는 외부적 권위에 의해 입법화가 될 필요가 있음을 요구한다. 추상법에서는, 의지의 내용이 주어진다. 나는 이것을 원한다. 나는 저것을 필요로 한다. 법의 성격은 이러한 주장들을 정당화하는 것이고, 개인들 사이에 경계들을 설정하는 것이다. 하지만 내가 나의 욕망들을 선택하지 않았다면, 내가 그것들에 대해 충분히 책임이 있다고 말하기는 어려울 것이다(흄의 양립 가능성의 그림만이 어울릴 것 같아 보이는데, 그것은 방지책과 성격 조작이라는 견지에서 형벌을 전혀 다르게 논의하게 될 것이다). 따라서 헤겔이 제시하는 형벌론은 책임을 논의하지 않은 상태에서는 불완전하다. 만일 당신의 행위가 인간적 행위로 대접받기를 바란다면, 당신은 당신의 목적을 선택해야만 하고, 그것을 하나의 선으로 보아야만 한다. 그렇지 않다면, 나는 당신을 개처럼 취급할 것이다. 이런 주장은 의도와 책임에 관한 논의를 필요로 한다. 내가 나의 필요와 욕구를 하나의 대상으로 만들 때, — 내가 나 자신을 '이러저러한 것을 원하는 한 인격'으로 생각할 때 — 나는 나 자신에게 하나의 대상이 된다. 그리고 이러저러한 것을 원하는 것이 **선한지** 말하는 것은(단순히 **옳다는** 것이 아니라) 나의 욕구와 필요를 평가하는 것이다. 그리고 평가는 주관적 의지와 도덕적 관점의 영역이다.

연구를 위한 물음들

1. 어떤 '개인들과 민족들이 아직 인격을 갖고 있지 않다' 고(§35R) 말

하는 것이 의미가 있는가? 그런 주장은 참인가 혹은 혐오스럽고 정
치적으로 위험한 것일 뿐인가?

2. 자본주의와 사유재산제도는 인간의 자유에 위해한가 우호적인가?
혜겔의 입장은 무엇이고 그것은 설득력이 있는가?

3. 빈곤은 혜겔에게 도덕적 문제인가 실용적인 문제인가?

6장
도덕성: 도덕적 자유

머리말

『법철학』의 두 번째 부분인 '도덕성'은 '추상법'과 '인륜성'(Sittlich-keit) 장의 가교 역할을 하고 있다. 앞부분은 이미 우리가 살펴본 바와 같이 씨족이나 종족과 구별된 불연속적 자아들의 법과 금지, 즉 타인들에 의한 인정을 담고 있고, 자유주의적이며 원자론적 자아들인 타인들을 특수한 욕망들과 동일시하는 주장들에 관심을 갖고 있다. 이처럼 기본적인 주관적 자유('나는 x를 원한다')는 종족과 구별된 **인격**의 출현으로 야기된 금지와 법이 없다면 자기 자신의 특수한 목적을 정립하고 욕망할 수 없을지도 모른다. 뒷부분인 '인륜성'은 이성 국가 안에서의 시민의 실정적 본분들과 의무들에 관심을 갖고 있다. 즉 나에게 좋은 것과 이성적인 사회적 존재인 모두에게 좋은 것이 인륜성 안에서의 주체의 다양한 역할들에 수반되고 그로부터 발생한 실정적 의무들에 의해 순화되고 조화되어야 한다.

'도덕성'은 자신의 의지에게 부과된 한계 속에서 **편안한** 느낌을 가질 수 있는 것이라는 점을 분명히 하면서 금지에서 의무로, 인격에서 **도덕적 주체**로 이행하는 과정에 관심 갖는다(§105; 또한 EG, §503). 인격과 더불어, 권리는 주관적 자유의 만족을 가능하게 하거나 방해하며, 법은 형벌에 의해 유효한 집단 내에서 개인들의 주장들을 결정한다. 하지만 인격의 수관적 자유는 그것이 직접적 경향이거나 혹은 권위의 명령에 대한 맹목적 복종이건 간에 그 자체로는 그에게 부과된 외부적 자유일 뿐이다. 『법철학』의 두 번째 부분에서, 우리는 계몽주의와 가장 잘 조화를 이루고 있는 헤겔을 발견한다. 왜냐하면 헤겔은 계몽주의를 이성의 시대이자 개인에게 입증되어야만 하는 이성으로 보고 있기 때문이다. 헤겔은 여기서 유럽의 종교개혁 이후의 내밀한 주제들을 표현하고 있다. 성직자가 더 이상 나와 신의 관계를 중재하지 않듯, 전문가나 선생들, 그리고 권력자들은 내가 행동 이유와 맺고 있는 관계를 중재하지 않는다. 파라호가 피라미드의 건설을 원했을 때, 그는 신성한 존재였기 때문에 요청했다는 것만으로 다른 모든 이집트인들에게 충분했다. 그리스인들이 트로이로 출정했을 때, 아가멤논에게는 그가 부하들의 왕이기 때문에 충성스런 동맹을 요구하는 것으로 충분했다. 하지만 다른 왕들의 동맹을 확보하기 위해, 그는 전쟁의 이유와 영광의 기회(그들에게 좋은 것)의 '정당한' 성격을 입증하지 않으면 안 된다. 계몽주의는 이제 권위에 따른 어떤 명령의 합리성도 모두가 이제는 자유로운 각 개인(인격의 평등성)에게 입증되어야 할 것을 요구하고 있다. "동양은 오직 **한 사람**만이 자유롭다는 것을 알았고, 오늘날까지 그렇게 알고 있다. 그리스와 로마의 세계는 **소수**가 자유롭다는 것을 알았다. 게르만 세계는 **만인**이 자유롭다는 것을 알고 있다."(VPG, 104)

권위에 의한 명령의 합리성을 입증하는 일은 가치나 이성에 호소할 수 있다. 하지만 그것은 당연히 "그 안에 나를 위한 것이 무엇인가?"라는 단순한 물음에 대한 답변일 것이다. 그것은 주체의 의도인데, 이러한 의도는 인격의 외면적 본성, 즉 가장 쉽게 명명된 자유와 대립된 내향성을 반영한다.

이 주관적 혹은 '도덕적' 자유는 특히 유럽인들이 자유라고 부르는 바이다. 그것 외에 인간은 선과 악 일반의 구별에 대한 개인적 지식을 소유해야만 한다. 다시 말해 윤리적이고 종교적인 원칙들은 복종해야 할 외적 법칙과 권위적인 교훈으로서 주장되는 것만은 아닐 것이다. 그것들은 동의와 인정, 심지어는 정당화를 그 사람의 가슴과 감정, 양심과 지성 등 안에 갖고 있다. 즉자적인 의지의 주관성은 의지의 최상의 목표이자 의지에게 절대적인 본질이다(EG, §503).

권위나 직접적인 경향에 복종하는 의지는 즉자적으로만 행동한다. 그것은 목적의 합리성을 자각하지 못하고 있다. 그것은 단순한 인격의 의지이다. 대신 도덕적 주체는 그의 의지의 내용을 넘어서서 질문한다. 만일 "나는 x를 원해"가 그에게 좋은 것인지, 그가 그것을 그렇게 받아들이는지 묻는다면, 그는 목적에 대한 **책임**을 그 **자신의** 것이라고 주장하는 것이다. 앞선 인용에서 헤겔은 이 근대적이고 도덕적인 자유를 찬미하고 있다. 헤겔에게 그것은 완전한 인간적 자유를 위해 필수적이며, 이것을 인정하거나 가치를 두지 않는 어떤 윤리적 실체도 불완전하고 그리하여 이성적이지 못한 것이다.

헤겔의 행위론(§§105-28)

얼마 전, 나는 헤비메탈 곡을 거꾸로 연주하는 위험과 관련한 하나의 논란을 기억한다. 그것들은 악마나 암호화된 지시를 통해 청소년에게 자살을 감행하고 혁명을 부추기는 메시지들을 포함하고 있다고 주장되기 때문이다. 사탄에 고무된 락(rock) 음모가 있었을지도 모른다는 믿음에 대한 나의 의심은 제쳐둔다면(내가 한 번 시도한 것은 인정하겠지만, 비닐을 찢는(긁어내는) 일을 너무 걱정했기 때문에 나는 멈추지 않을 수 없었다. — 천사가 묵시록을 피하기 위해 CD를 우리에게 주었을지도 모를 일이다), 우리가 잠시 불신을 유보할 경우 우리는 이것을 하나의 예로 사용할 수가 있다. 밀워키 출신의 랜디가 아이언 메이든(Iron Maiden)[1]이나 유다 프리스트(Judas Priest)[2]를 듣는다고 하고, 사실상 그 속에는 그가 자살을 감행할 욕망을 부추기는 메시지가 있다고 해 보자. 그 작업은 *Clockwork Orange*[3] 부류의 최면이나 주입에 가깝다. 그가 총을 들어 머리를 겨냥할 때, 단순한 질문을 해 보자. 그는 자유로운가?

홉스에서 유래한 영국 경험주의의 전통은 아주 분명하게 그렇다고 말할 것이다. 다시 말해 만일 그가 자신의 욕망을 충족시킬 수 있다고 한다면 랜디는 자유롭다(홉스, 1982, 21장). 강제나 위협 그리고 최면은 다만 어떤 것에 대해 다른 것을 하려는 우리의 욕망을 바꿀 뿐이지 우리의 자유에 영향을 미치는 것은 아니다. 자유는 할 수 있는 자유이다. 하지만 여기에는 무언가 어울리지 않는 것이 있는 것 같다. 욕망이 충족될 수 있거나 그렇지 않을 수 있기 때문에 랜디는 어떤 의미에서는 자유롭다. 우리는 그를 묶어 두거나 혹은 권총을 그의 주변에 두는 등의 일을 할 수가 있다. 그럼에도 이것은 의지의 내용이 주어진 추상법

---

1   옮긴이주 – 영국의 대표적인 록 밴드이다. 1975년 베이스를 맡고 있는 스티브 해리스가 결성했고, 전 세계적으로 7000만장 이상의 음반 판매고를 기록했다(위키피디아 참조).
2   옮긴이주 – 1969년 영국 버밍엄에서 결성된 헤비메탈 밴드(위키피디아 참조).
3   옮긴이주 – 『시계 태엽 오렌지』(*A Clockwork Orange*)는 1962년에 나온 앤서니 버제스의 동명 소설을 바탕으로 1971년에 제작된 영화이다. 비행소년이 일탈에 반복적으로 빠지는 중독 현상을 의미한다(위키피디아 참조).

의 자유이다. 하지만 랜디가 자신이 한 일에 대해 책임이 있는지 여부
와 관련해서는 좀 더 많은 문제가 있으며, 이러한 물음은 자유에 대한
새로운 관념을 전제로 한다. 그리고 헤겔은 그가 생각하는 바의 형벌이
이처럼 새로운 관념의 자유를 요구한다는 것을 보여 주었다. 가장 기본
적인 차원에서, 우리는 행위자가 목적을 그에게 좋은 것으로 볼 때, 그
가 자신의 목적에 따라 행동했다고 말할 수 있다. 다시 말해 — 만일 그
가 자신의 행위에 대해 반성한다면 — 그는 그것을 하려고 의도했을지
모른다. 자유는 하고 안 하고를 선택할 수 있는 자유이다. 그것은 어른
을 어린이와 다르게 취급하게 해 주는 것과 같은 고려이며, 전과가 있
는 도둑을 절도광 그리고 — 어느 정도는 — 살인자를 정신병자와 다르
게 취급하도록 해 주는 것이다(헤겔에 따르면 그 차이는 각 쌍의 앞부
분 모두가 그들의 범죄에 대해 '존경'을 요구하는데 반해, 뒷부분은 아
마도 억제와 재활 치료에 좋은 대상일 것이다. 우리는 이성적 행위자만
을 처벌할 수 있기 때문에 이런 것들을 처벌이라고 부르지는 않는다).

  따라서 놀라운 일도 아니지만 형벌은 행위에 대한 이해에 기초해 있
다. 결국 우리는 사람들이 그들이 한 일에 대해 책임이 있다고 주장을
하는 것이다. 이것이 진부하게 들릴 수는 있겠다. 만일 나의 아버지가
교도소에서 30년 봉직을 계약했다가 10년 후에 죽었다고 할 경우, 법
원이 나에게 20년의 채무를 상환하라고 요구한다면 나는 "내가 아무
일도 하지 않았기" 때문에 황당해 할 수 있다. 그렇다면 행위와 사고
혹은 사건을 이렇게 구별하는 데는 상당히 중요한 고려가 있다. 즉 언
제 그것은 살인 의도를 지닌 격발이고, 언제 그것은 사냥할 때 종종 동
행인에게 일어나곤 하는 사냥 사고인가? 추상법은 형식적인 권리 담지
자로서의 인격에 관심을 갖고 있기 때문에, 범죄나 불법행위라는 특수
한 경우를 이해하려 할 때 그것이 우리를 도울 수는 없다. 범죄와 처벌

의 실제를 합리화하기 위해, 우리는 인간을 그 의도를 살핌으로써 한낱 인격이 아니라 도덕적 주체로 취급할 필요가 있다. 도덕적 주체는 여러 가지 면에서 행동의 금지를 받을 뿐만이 아니다. 그는 또한 **독립적으로** 여러 가지 방식으로 행동하지 않을 수 없다. 도덕적 주체가 의지를 반성하기 때문에 의지는 더 이상 즉자적으로 존재하지 않는다. 이성은 행위자에게 알려지게 되고, 자기 자신에게 이성적이다. 아이는 도로를 건너기 전에 양쪽 도로를 살핀다. 그의 어머니가 그에게 그렇게 하도록 이야기했기 때문이다(그런 행동은 그 자체로 이성적이다). 하지만 그가 어른일 때는 그의 어머니가 그렇게 하라고 이야기를 했건 안 했건, 또 그 이유를 이해했건 안 했건, 도로를 건너기 전에 양쪽 도로를 살핀다(그런 행동은 그에게 이성적이다). 그 자체로 의도는 내향적인 어떤 것이 되고, 의지의 내용은 지양되고 질문의 대상이 된다. 즉 이것이 나에게 좋은가? 헤겔은 이 점을 다음과 같이 적고 있다. "주관적 의지로서의 의지 안에서만, 자유 혹은 **즉자적으로** 존재하는 의지가 현실적일 수 있다."(§106) 따라서 도덕적 의지는 충분한 인간 자유를 위해 필수적이며, 이성 국가는 그것을 유지하고 촉진해야만 한다. '도덕성'이라 칭한 부분은 도덕적 의지가 무엇이고, 그것이 요구하는 것이 무엇인지를 기술하고 있다. 또 의무 혹은 인륜에 관한 내재적 이론이 주어질 경우에만 그것이 어떻게 가능한지를 보여 주고 있다. 도덕적 의지의 내향성은 타인들과의 관계에서 행위자를 함축하고 있다. 왜냐하면 자각적인 이유에 기초해 행위함에 있어, 주체는 그의 의지의 외면성 속에서 인정을 모색하고 있기 때문이다. 다시 말해, 그의 행위는 그의 목적의 긍정적인 내용을 반영하고 타인들에 의해 '좋다'고 인정되도록 의도되었기 때문이다.

헤겔은 소행(deed)을 행위(action)와 분리시키고 있다. 세계에 대해 행위함에 있어, 나는 나의 행위에서 유래한 일련의 사건들을 일으킨다. 이것들 가운데 몇몇 행위는 신중하고 다른 몇몇은 그렇지 못하다. 주체가 책임이 있다는 것을 우리는 어떻게 아는가? 만일 소행이 의지에 의해 야기된 외부 세계에서의 변화라고 한다면, 행위는 주체가 책임을 주장할 수 있는 소행의 일부이다. 이 둘은 물론 동일하지가 않다. 잘 모르고 문을 열어서 우연히 사다리의 장식품을 떨어뜨렸을 때, 주체는 그가 실제 문을 연 것에 대해서만 책임이 있다. 그의 소행은 장식품 위로 노크를 했을지 모르지만, 그의 행위는 문을 열려는 것이었다. 의도의 권리는 객관성을 지닌다는 점에서 행위는 행위자가 **알아야만 하는** 지식을 포함해야 한다는 단서가 덧붙여져야 한다. 따라서 다만 풀 한 잎에 불을 붙여 보고 싶었을 뿐이라고 말하는 방화범은 목초지를 파괴시킨 것에 책임이 있다. 왜냐하면 그는 그것이 있을 법한 결과라는 점을 **알았어야만** 했기 때문이며, 만일 그가 문을 열었다면, 그는 안에 장식품이 있을 경우 조심스럽게 행동해야 했을 것이다(§119A). 또 부회장이 그의 친구를 총으로 쏘고, "그럴 생각은 없었어, 단지 사고일 뿐이야."라고 말한다면, 우리는 — 친구가 죽은 것은 부회장에게는 좋은 일이 아니었기 때문에 — 그의 사건 묘사가 정확하다고 말할 필요가 있다. 대부분의 경우, 행위에 대한 1인칭 설명은 신뢰할 만할 것이다.

이것이 어떻게 세뇌되고 최면에 걸려 있고 강제를 당하는 행위자라는 문제성 있는 경우에서 우리를 도울 수 있는가? 만일 목적이 내면적으로 행위자에 의해 인정이 되지 않는다면, 그것은 주체의 자유의지가 될 수 없을 것이다. 이런 고려는 심오한 무의식적 동기, 권위의 가르침, 혹은 보다 강하게 말하면 위협이나 자연적 인과성에 직면해서 자신의 생명을 구하기 위해 행동하는 것과 같은 외부적 요인들을 배제한다. 이 모든 것들이 행위를 설명하는 데 기여하지만 행위자의 행위에 대해 반드시 책임이 있는 것은 아니다. 헤겔에게서는, 주체가 자신의 행위에 책임이 있는 것으로 (의도의 외적 표현으로서) 인정될 때, 오직 그때만 주체는 충분히 자유롭다. 그러므로 분명히 헤겔은 주체가 그들의 행위에 대해 책임이 있다고 주장되는 방식을 기술해야만 하는데, 이는 의도적 행위에 대한 기술을 제시하는 것이다.

헤겔은 형식적인 문제로 시작하고 있다. 즉 주체에게 책임이 있는 세계의 변화는 '나의 것'이라는 술어가 부여될 수 있는 것이다(§115). 강제되고 최면에 걸린 행위자는 지난날 그가 했던 일을 보면서 다음과 같이 말할지도 모르겠다. "그것은 내가 아냐. 나는 그 일을 하지 않았고 하려고도 하지 않았으며, 원하지도 않았어." 그렇기 때문에, 그는 행위를 그 자신의 것으로 인정할 수가 없다. 은행 강도가 출납원에게 권총을 겨누면, 출납원은 돈을 가방에 넣고 **싶어할** 것이라고 말하는 것은 쉽다. 하지만 은행 강도의 의지가 출납원을 통해 표현되는 한에서만 그렇다. 따라서 행위는 목적의 견지에서 기술될 수 있다(개별 의지가 **공포**와 같은 내적 동기의 견지에서 외적 원리를 인지하는 것. 이 예에서는 은행 출납계원의 목적은 총을 맞지 않는 것이다). 하지만 기도(企圖)[4]의 견지에서 행위는 좀 더 특별해진다(타인들이 나의 행위에서 이해하게 될 보편적인 인지 가능성. 출납계원은 그 역시 도둑이 돈을 갖기를 원하고, 총이 없을 때조차 그 돈을 넘겨주려고 했을 경우에만 자유로워질 것이다). 의도는 **인격들**을 아이들과 동물들을 묘사하는 데 적합하다. 하지만 도덕적 주체는 기도에 관한 좀 더 특별한 언어를 요구

---

4   옮긴이주 – purpose(Vorsatz)는 의도로, intention(Absicht)은 기도(企圖)로 각각 번역한다. 전자는 행위의 목적이 행위 주체의 내부에 있는 것이고, 후자는 실제 행위를 통해 외부로 드러난 것이다. 따라서 후자가 전자보다 외연이 넓다. 문맥상 우리말 표현에서 다소 어색하더라도 전자는 주관적이며, 후자는 객관적이고 성관적이다. 표현의 차이를 엄밀히 하기 위해 일관되게 이 책을 사용하고자 한다.

한다.

> 의도는 외면적인 의지도 내 안에 내면적인 것으로 현존해야만 한다는 형
> 식적 조건과 관련될 뿐이다. 이에 반해 두 번째 계기에서는 행위의 기도
> (企圖)에 대한 것, 즉 나와의 관계에서 갖는 행위의 상대적 가치가 문제시
> 된다(§114A).

하나의 사건을 행위자가 충분히 책임이 있는 하나의 행위로 기술하기
위해서는, 특정한 행위자 속의 동기를 확인하는 것만으로는 충분하지
가 않고, 오히려 그러한 동기가 행위자 자신의 것이어야만 한다. 주관
적 책임의 기초는 다음의 중요한 구절에 묘사되어 있다.

> 의지가 **주관적인 것** 혹은 **도덕적인 것**으로 표현된 것이 **행위**이다. 행위는
> 다음의 규정들을 담고 있다. α) 행위는 그 외면성 속에서 나에 의해 나의
> 것으로 인지되어야 하며; β) 당위로서의 개념과 본질적 관계를 맺고 있으
> 며; γ) 타인의 의지와 본질적 관계를 맺고 있다(§113).

(α) 첫 번째 기준은 **인지권**을 요구한다. 즉 행위자의 기도는 행위자 자
신에게 인지되어야만 한다. 헤겔은 주어지고 직접적이며 자연적인 이
유로 행위 하는 것은 자유의 실현이 아니라고 논한다. 행위자는 그의
행위 속에서 행위가 기획했던 목적을 확인해야만 한다. 따라서 심각한
정신병이나 최면 혹은 외면적 규정들에 따라 행동하는 자들(혹은 헤겔
이 말하듯 아이들, 저능아들, 광인들)은 자유롭게 행동하는 것이 아니
다. (§120R) 이러한 요소는 도덕적 의지의 주체가(반드시 인격일 필요
는 없다) 그의 기도에 가장 잘 접근한다는 점에서 행위에 대한 지식의

1인칭 우위를 강조한다. 왜냐하면 자신의 행위에 대해 권위를 지니는 것은 단순히 욕망하는 의지와 대조적으로 도덕적 의지이기 때문이다. 헤겔은 다른 곳에서 도덕적 의지를 '침범할 수 없고 접근할 수 없는' 의지로 묘사하고 있다. 다시 말해 주체는 자신의 의도를 묘사함에 있어 우위에 서 있으며, 절대적으로 필요하지 않는 한 모순되지 않는다(§106A).[5] 도덕적 관점이 **주관적 자유**의 토대를 형성한다. "행위자는 행동하는 내용의 특수성, 행동 목적의 특수성이 그에게 외면적인 어떤 것이 아니라 그 자신의 특수성이라는 것을 알 권리가 있다. ― 그것은 그의 욕구와 관심과 목표를 담고 있다."(EG, §505) 행위자의 의도는 그 자신이 잘 사는 것이고, 따라서 규범적인 '당위'는 의도의 본성 자체로부터 나온다. 그것은 나에게 '좋은 것'이기 때문에 나에게 하나의 이유이다(좋은 것은 본성상 오로지 도덕적인 문제만이 아니라는 점을 강조할 필요가 있다. 그것은 자기 배려, 신중함 등이다). 그러므로 주체는 그가 그 자신의 자유로운 욕망과 계획과 열망을 충족시키는 그런 행위들에 대해서만 책임을 주장할 뿐이다.

(β) 둘째, 행위는 목적이 구속력 있는 선이라고 주장하면서 목적과의 외적인 관계를 책무 혹은 의무로 정립하는 면에서 주체의 본질적 인간성을 입증한다. 동물은 자신의 욕망을 선택하지 못하고 그것에 복종한다. 어린 아이도 마찬가지이다. 그들은 그들의 행위에 대해 거의 책임을 지지 못한다. 그들에게 ― 비슷하게는 추상법의 **인격**에게 ― 주관적 자유는 그 내용이 무엇이건 의지의 욕망 충족에 놓여 있다. 충분히 계발된 주체들에게, 가치는 다른 욕망을 억제한다. 그들은 행위의 외적 목적이 필연적으로 그들 자신에게 속한다는 것을 알고 있다. 가치는 욕

---

5   예를 들어 신경증의 경우에서 보듯 행위자의 행동이 끊임없이 공공연한 의도와 모순될 때 이러한 필연성이 요청된다.

망과 대립되는 것으로 이해되어서는 안 된다. 오히려 가치는 주체가 가질 만한 것으로 믿는 욕망들의 접합체이다. 거듭 말하지만, 이러한 가치가 전적으로 도덕적일 필요는 없다. 책임 역시 자기를 배려하는 행위와 관련되어 있다(자기이익과 신중). 우리가 살펴보게 될 것이지만, 이러한 유의 의욕은 시민사회에 필수적이며, 따라서 그것은 오로지 도덕적일 수만은 없다. 그러므로 의무는 신중해질 수 있으며(나는 연금 플랜을 짜야만 한다) 자기이익을 앞세운다(나는 이것이 좋기 때문에 사야만 한다). 이 두 번째 기준에 포함된 판단은 선의 개념과의 관계에서 이루어진 우선성의 순서에서 욕망을 평가하고 자리매김한다. 도덕적 주체는 그것이 도덕적이건 신중하건 인격의 의도의 '선함'에 대한 인식을 가능하게 한다. 그는 그것을 충족되어야 할 욕망(주관적 자유)으로서 뿐만 아니라, 충족할 만한 **가치**가 있는 욕망(도덕, 주관적 자유)으로 파악하고 있다. 책임은 주체가 자기의식적으로 알고, '내 것'이라는 술어를 행위에 부착시킬 의도를 자유롭게 선택할 것을 요구한다.

(γ) 세 번째, 타인들이 행위를 **나 자신의 것**으로 인정하는 것이 필요하다. 이 기준에 따르면 기도는 타인에 의해 확증되어야만 한다. 행위는 **한낱** 직접적인 의도로 보이기보다는 잠재적인 인간성(implicit hamanity)(의무)을 표현해야만 하는데, 이러한 인간성은 타인들이 나와 그리고 선에 대한 나의 기술에 동의할 것을 요구한다.

탱크의 대열 앞에 서 있는 저항자는 그의 행동 이면에 놓인 기도를 타인들이 인정할 것을 요구한다. 기도(企圖)는 타인들에 의한 인정을 요구한다. "그러므로 나의 목적의 실행은 그 안에 나의 의지와 타인들의 의지의 이 같은 동일성을 가지고 있다. ― 그것은 타인들의 의지와 **긍정적인** 관계를 가지고 있다."(§112) 1인칭은 무엇이 좋은 것인가에 대한 유일한 판단이 될 것이다. 하지만 그의 판단은 타인들의 해석에

의해 제한된다. 부회장이 자신은 친구를 살해하려고 하시 않았으며, 그
것은 사고였다고 진술할 때, 그럼에도 우리는 그가 희생자에게 상당량
의 돈을 빚지고 있고, 채 한 시간도 되기 전에 그들이 심각하게 다투었
다는 것을 들었다면, 당연히 의심을 하게 될 것이다. 제 3자의 기대에
대한 고려가 없다면, 행동에 대한 1인칭 기술이 평가를 위한 우리의 유
일한 수단이 될 것이며 처벌받는 범죄의 숫자는 극히 적을 것이다. 행
위자는 그의 행위가 그의 삶의 형식에 대한 기대와 일치해야 한다는 것
을 자각해야만 한다. 행위에 대한 1인칭 설명은 타인들에게 알려질 수
있을 것이며, 이것은 해석에 대한 표준적이고 공통적인 틀을 요구한다.

　헤겔에게 행위는 단순히 믿음 더하기 욕망으로 간주된 원인의 결과
가 아니다. 그것은 훨씬 소통에 가깝다. 나는 나의 기도를 외면화하기
위해 실행한다. 나는 산출된 평가의 대상(행동)이 세밀하게 조사되고
해석될 것이라는 점을 알고 있다. 만일 나 자신이 이해되기를 원한다
면, 나는 먼저 우리가 똑같은 언어를 사용하고 있다는 것을 확신해야만
할 것이다. 언어가 문법과 어휘 규칙들, 대화의 변화의 규칙들로 이루
어지고 이야기의 변화를 허용하듯, 행위 역시 공유된 이해 집단에 의존
할 수밖에 없다. 내가 사거리 횡단 버튼을 누를 때, 나는 도로를 건너고
싶어 한다. 내가 손을 잡도록 맡길 때, 나는 당신을 환영한다는 등등이
다. 이러한 행위들은 물론 특정 문화와 사회 속에 구현된 기대와 의미
를 공유하고 있는 토대에 의존하고 있다.

　이것을 설명하는 한 가지 방식은 나에게 좋은 것 혹은 목적을 정당화
하는 일이 이유를 제시하는 활동 속에 있는 나를 포함하고 있고, 이러
한 활동이 헤겔에게는 본래 사회적임을 말하는 것이다. 스스로에게 좋
은 것 혹은 목적을 정당화하는 의지에게 구속은 존재하지 않는다. 행동
의 이유는 헤겔에게서는 객관성의 정도를 요구하며, 이러한 정도는 단

지 나에게서보다는 나의 삶의 방식을 공유하는 모든 사람들에게 정당
화가 되는 이유들, 다시 말해 외고집보다는 현실적인 이유에 기초해 있
다. 따라서 이유를 제시함에 있어, 행위자가 타인들을 설득할 수 있다
면 좋은 이유들이 존재한다는 것을 그는 알고 있다. 이로부터 자신의
기도에 대한 행위자의 기술은 그 행위에 대한 타인들의 해석과 조화를
이루어야만 한다는 결론이 나온다. 어떤 행위가 해석이 되는 방식, 다
시 말해 그의 행위의 이유가 어떻게 재구성될 것인지를 모르는 사람,
예를 들어 해외 여행자는 비록 그가 과실이 있다고 할지라도, 모든 위
반 행위에 대해 책임이 있는 것은 아니다. 여행자의 책임은 한 국가 안
에 발을 딛을 때 무엇을 알아야 하는가를 고려하는 데서 생기는 법률적
문제이다. 예를 들어 파키스탄에서는 돼지고기 스테이크를 기대해서는
안 된다. 객관성의 법은 누가 책임이 있는가를 결정할 뿐만 아니라, 무
지에 대한 책임이 누구에게 있는가도 결정한다. 상호적으로 볼 때, 행
위자는 그의 행위가 어떻게 해석될 것인가를 알게 될 때만 충분히 자유
롭다(따라서 여행자는 그의 자유가 타협을 본 것이기 때문에 정상적인
범죄자는 아니다). 나 자신의 의지 속에 담긴 타인들의 의지는 이처럼
우리가 그 속에서 또 그것을 가지고 기도들을 기술하는 바의 공유된 해
석의 틀이다.

객관성의 법

간단하게 요약하자면, 헤겔의 행위론은 책임 있는 주체에 대한 고려에
서 나온다. 헤겔은 그가 믿고 있는 것이 자유롭고 도덕적인(그가 사용
하는 용어의 넓은 의미에서) 행위를 위한 필요충분조건이라고 그리고

있다. 기도가 행위사에게 알려질 필요가 있다. 신경증이나 은폐된 동기로 행동하는 사람은 그들의 행위에 대해 책임이 없지만, 이것으로 충분하지는 않다. 아마도 신경증 환자는 특별한 증상을 야기하는 심각한 트라우마를 깨닫고 있지만, 여전히 달리 행동할 수는 없는 경우가 있을 수 있을 것이다. 보다 분명하게 말한다면, 강제된 행위자는 자유로운 행위자가 될 수가 없다. 돈을 무장 강도에게 넘겨준 은행의 출납계원은 그가 자신의 의도를 자각하고 있다 할지라도 참으로 그가 원하는 것을 하는 것은 아니다. 그러므로 주체는 그의 목적을 자유롭게 승인해야 한다. 헤겔은 이를 의무에 의해 한다. 말하자면 기도는 나에게 좋은 것으로 인식된 것이다. 강제의 경우에서, 은행 출납계원은 좋은 것들의 충돌을, 즉 자기보존 대 역할 충족의 충돌을 경험한다. 전자의 동기가 후자를 이긴 것이다. 하지만 행위자가 자유롭지 않은 것은 자신의 의지에 따라 행동하지 않았기 때문이다. 그것은 행위자의 자유로운 행위를 방해하는 외부적 요인의 현존이다.

행위와 책임에 대한 설명은 헤겔에게서 무엇보다 인지(認知)권을 요구한다. 이러한 권리는 주체의 행위 기반인 이성이 먼저 적합성에 의해 지양되고 심문되어야 한다고 주장한다. "행위자의 **특수성**이라는 이 계기가 그 행위 속에 담겨 있고 실현되어 있다는 사실이 **주관적 자유**를 보다 구체적으로 규정한다. 이것이 곧 행위 속에서 자신의 **만족**을 찾는 **주체의 권리**이다(§121). 주관적이고 도덕적인 자유는 기도의 권리(이것은 **나에게** 좋다)와 결합된 인지의 권리(이것은 **나의** 기도이다)에서 나온다. 그것은 '추상법'을 구성하는 인격의 주관적 권리를 훨씬 넘어서 있다. "나는 x를 원한다"는 "나는 그것이 나에게 좋기 때문에 x를 원한다."가 되는 것이다.

이 둘은 자유로운 행위를 위한 필요충분조건처럼 보일 것이다. 하지만 헤겔은 세 번째 규정을 덧붙인다. 즉 의도는 행위 자체의 객관성으로부터 타인들에 의해 재구성되어야만 한다. 헤겔의 독창성은 이 세 번째 기준에 놓여 있다. 즉 그의 행위론은 주체의 인지권이라는 전통적인 개념을 보존하면서도, 그것을 객관적 구속으로 제어하고 있다. 헤겔이 이 세 번째 기준이 필요하다고 느끼는 이유가 무엇인가? 그 물음에 대한 답변은 객관성의 법에서 발견이 된다.

> **기도의 법**은 행위의 **보편적** 성질이 **즉자적**으로만 존재하는 것이 아니라 행위자에 의해 **인지되고**, 그리하여 이미 그의 주관적 의지 속에 존재한다는 데 있다. 반대로 우리가 행위의 **객관성**의 법이라 부르는 것은 **생각하는 행위자**로서의 주체에 의해 인지되고 의욕된 것으로 주장되는 행위의 법이다 (§120).

기도의 법은 행위자의 기도에 대한 기술이 참이고 행위자는 그 기도를 그것 자체(*mens rea*)로 인정해야만 한다는 것을 포함하고 있다. 하지만 기도에 대한 1인칭 기술은 **행위의 객관성의 법**에 의해 제한되어야 하는데, 이로써 의지의 기도에 대한 해석은 의미에 관한 표준적 모델을 요구한다. 다시 말해 행위가 인정되고 범주화되고 판단되는 바의 공통적이고 상호 주관적인 이해가 그것이다. 이러한 범주들의 인지에 의해 허용된 자기 확신이 없다면, 주체는 언제나 그가 적절하게 인정이 되었는지 혹은 그의 기도가 그의 행위로부터 신뢰할 만하게 재구성될 수 있는지 확신하지 못한다.[6] 기도는 두 가지 의미에서 객관적이다. 첫째, 기

---

6 명백히, **인륜**에 따라, 이 공유된 해석 기획은 보다 많은 것을 요구할 것이다. 헤겔의 설명 전체에서, **인륜**과 객관적 자유의 논리적 통일에 대한 입증이 — 그것이 단순한 삶의 형태가 아니라 이성 국가에 거주하는 주체에게 주관적 자유를 만족시켜 준다

도는 가능한 조사의 대상으로서의 행위자와 무관하게 마음 바깥에 현존해야만 한다. 둘째, 하나의 기술로서 기도는 참일 수도 거짓일 수도 있다(§113). 객관성의 법은 두 가지 방향에서 작동한다. 첫째, 해외 여행자는 그의 행위가 판단되는 방식을 파악하기 전까지는 충분한 책임이 없다. 이를 파악하기 위해서, 그는 인륜과 관습 그리고 사회 습속의 요구에 의해 구성된 타인들의 기대를 이해해야만 한다. 따라서 객관성의 법은 개인을 변호할 때 사용될 수 있다. 둘째, 객관성의 법은 개인을 기소할 때 사용될 수 있다. 부회장이 친구를 권총으로 쏘았을 때 그의 기도가 무엇인지를 인지함에 있어 우선권이 있다고 주장할 때, 이러한 기도는 타인의 조사하에 지지될 필요가 있다. 주체는 그의 행위에서 분명해 보이는 것(부회장, 당신이 그를 살해했습니다)을 언제나 부정할 것이다. 하지만 그의 기술은 참이거나 거짓으로 판단될 필요가 있다. 한 사회가 공유하고 있는 기대나 가치 그리고 습속들은 도덕적 자유에 필수적이다. 그것들은 주체의 기도가 자신과 타인 모두에게 확실하게 인정해 준다는 점에서 도덕적 자유를 보충하는 것이다. 이러한 이유에서 처음의 두 기준은 그것만으로는 헤겔에게 충분하지가 않다. 인정의 가능성이 없다고 한다면, 인간은 충분히 책임질 수 없다.

따라서 도덕적이고 주관적인 자유는 객관성의 법에 의해 제한되어야 한다. 만일 주체의 행위들이 내면성의 표현이라고 한다면, 그는 타인이 그러한 행위들을 신뢰할 만하게 재구성하려 한다는 것을 확신해야만 할 것이다. 그들은 행위가 이해 가능한 것으로 해석되는 방식에 대한

는 의미에서 — 필요하다. 그럼에도 이 지점에서는, 다만 도덕이 문제이고 행위자의 의도와 그것에 대한 타인의 해석의 조화가 관심사이다. 때문에 그것은 관심 행위로서 오직 가치들과 의미들 그리고 의의들의 공유된 체계에만 의존할 필요가 있다. **인륜**은 다음 장의 주제이다.

공통의 이해를 공유하고 있다. 그러한 이해는 좋은 것과 좋은 것들에 대한 스스로의 견해를 가진 공유된 삶의 형식을 사는 데서만 추론될 수 있다. 주체의 나에게 좋은 것은 타당할 경우 그가 삶의 형식에서 차지하고 있는 다양한 역할을 통해 해석된 그의 사회적 상황의 좋은 것과 일치해야만 한다. 행위자는 문제의 좋은 것을 인지하고 있다. 왜냐하면 그는 가족(부모, 자식), 시민사회(노동자) 그리고 국가(시민)에서 그의 역할을 충족시킴으로써 좋은 것이 그에게 직접적으로 이용 가능하여 그것을 인지하기 때문이다. 내가 좋은 아버지로 인지되기를 원한다면, 나의 행위들은 좋은 부모에게 수반되는 그런 판단들과 일치해야하며 일반적으로 눈살이 찌푸려지는 판단들(무관심, 방탕, 가혹)과 일치해서는 안 될 것이다.

객관성의 법은 특수한 주체의 좋은 것과 사회적 맥락에서의 주체의 좋은 것이 조화를 이룰 것을 요구하고 있다. 그렇지 않을 경우 주체의 행위는 오해의 위험이 따른다. 따라서 객관성의 법은 주체의 기획들을 제한하고 구속하는, 저 공유된 이해의 범주들을 합리적인, 다시 말해 타인에 의해 인정될 수 있는 것들에 한정함으로써 객관적 자유를 생기게 한다. 주체의 좋음은 그에게 무엇이 좋은 것인가를 반영한다. 따라서 그것은 좋은 것의 보편적 본성이 주어진 타인에 의해서도 좋은 것으로 인정되어야만 한다.

...행위란 현실 세계에 현존해야 하고, 따라서 현실 세계에서 인정을 모색해야 하는 변화이기 때문에, 행위는 일반적으로 그 세계 안에서 **타당한 것으로 인정된** 것을 따라야 한다. 현실 세계에서 행위**하고자** 하는 사람은 누구든 그렇게 함에 있어 현실 세계의 법에 승복하는 것이고 객관성의 법을 인정하는 것이다(§132R).

헤겔은 일찍이 같은 이조로 **주관적 지유**와 **객관적 자유**의 관계에 대해 설명하고 있는데, 이러한 자유는 의지의 주관적 측면 및 객관적 측면과 직접적으로 연결되어 있다.

> 내가 지각하지 않은 것은 어떤 것도 이성적이지 않다고 인정할 수 있는 권리는 주체의 최고의 권리이다. 하지만 그 주관적 규정으로 인해, 그것은 동시에 **형식적인** 규정이다. 다른 한편 주체에 대한 **이성적인 것** — 객관적인 것으로서 — **의 권리**는 확고하게 남아 있다.

주관적 자유는 행동의 이유가 행위자 자신에게 타당한 것으로 인정되어야 한다고 요구한다. 내가 나에게 가해진 외부의 명령에 따라 행동할 때 나는 '편안하지' 않기 때문이다. 도덕적 주체는 좋은 것을 그 자신에게 좋은 것으로 시인해야 한다. 다시금 우리는 계몽주의의 의식을 찬미한다. 이 점이 중요한데, 그렇지 않을 경우(국가나 교회 혹은 권위들에 의해) 강제된 것 혹은 기만당한 것을 그 나름의 좋은 상태에서 행해질 때 자유롭다고 기술하는 것이 가능할 수도 있기 때문이다. 그것은 또한 우리의 처벌 관행에 의해 요구되는 유의 책임을 우리에게 제공한다.

> **주관적 의지의 법**에 따르면, 의지가 타당한 것으로 인정한 것이라면 무엇이든 그 의지에 의해 **좋은 것**으로 **인식되어야** 한다는 것, 외적 객관성으로 등장한 목적으로서의 행위는 이 행위가 객관성에서 갖는 가치에 대한 의지의 인식에 따라서 과연 정당한가 부당한가, 선한가 악한가, 합법적인가 불법적인가 하는 등에 대해 의지가 책임져야 한다는 것이다(§132).

추상법은 최소한의 의미로는 그것이 자유로운 주체의 주관적 자유, 즉

'나는 x를 원한다'를 충족시켰다는 점에서 객관적 자유의 형식이다. 하지만 객관성에 대한 기도의 법이 지닌 규범적 가치는 인격을 주체로 (따라서 범죄자로) 대접할 수 있게 하는데, 우리는 이제 그들의 기도들을 ― 자유로운 인간으로서 ― 그들의 행위들로부터 충분히 재구성할 수 있기 때문이다. 객관적 자유에 의해 가능해진 만족이 인정의 확신 속에 자리 잡고 있다.

그것이 인격의 주관적 자유(나는 x를 원한다)를 충족하는 계약법과 재산법을 규율하는 시민사회의 규제이건, 도덕적 주체의 주관적 자유(나는 그것이 좋은 것이기 때문에 x를 원한다)를 충족하는 이성 국가의 보다 강력하고 복잡한 제도들이건, 인륜의 역할과 명령은 의지의 내용을 규정할 뿐만 아니라, 그들은 또한 타인이 주체의 행위들을 인정하고, 범주화하고 판단하도록 허용한다. "마지막으로, 세 번째 계기는 행위의 상대적 가치가 아니라 보편적 가치, 즉 **좋은 것**이다."(§114A)

헤겔의 새로움은 행위의 객관성의 법 속에 놓여 있다. 이것이 자유로운 행동을 위한 필수조건이다. 왜냐하면 그것이 책임에 요구되는 인정에 대한 확신을 제공하기 때문이다. **객관적 자유**는 인격이나 주체가 그의 주관적 자유를 충족시킬 수 있게 해 주는 세계의 제도적이고 사회적인 구조이다. 이러한 자유는 행위의 이유가 이성적인 삶의 형식이나 인륜의 범주들과 가치들에 일치해야 할 것을 요구한다. 그렇지 않을 경우 행위자는 변덕에 의해 자의적으로 행동할 것이기 때문이다. 만일 우리가 옳은 것을 분명히 표현하고 타인들의 조사 앞에서 견지할 수 없다면, 무엇이 옳다는 것을 우리는 어떻게 알겠는가? 주체는 단순한 인격이기 때문에 주관적 자유가 없다면 충분한 자유도 있을 수 없다. 즉 그들의 의지의 내용은 그들이 우연히 거주하게 된 사회에 의해 주어진다. (왜 특정 축구팀을 지지하는지 그 이유를 생각해 보라. ― 그것은 선택된 것이 아니라 지역이니 아버지 혹은 우연적 변수들에 의해 주어진 것이다) 이것은 충분한 자유가 아니며, 이로부터 시작하는 어떤 행위이론도 책임을 충분히 설명할 수 없다. 하지만 객관적 자유가 없다면 왜 우리는 주관적 자유도 가질 수 없는가?

순수한 주관적 도덕에 대한 거부(§§129-40)

여기 좋은 질문이 있다. 주체가 내재적인 형태의 규범들과 가치들에 의존하지 않고서 그의 의도를 표현할 수 있다는 생각에 무슨 잘못이 있는가? 간단히 말해서, 행위는 스스로 말하는 것이 아닌가? 결론적으로 나는 이해와 의미의 공유된 체계라는 버팀목과 지주가 없이도 기본적인 수준에서 전 세계의 인간을 이해할 수 있다. 이 점을 주관적 자유와 객관적 자유 사이의 관계에 확대시켜 보자. 사회구조가 내가 원하는 어떤 내용을 가지고 나의 의지를 충족시킬 수 있도록 허용하는 한, 나는 더 나아가서 왜 합리적 내용이 어떤 것이 될지를 알기 위해 사회와 문화에 호소해야만 하는가? 다시 말해서, 왜 나는 추상법의 수준에 머무를 수 없는가? 왜 나는 기본권과 자유를 보호하고, (행위자의 의도를 고려하는 대신) **사실상의**(de facto) 위반을 처벌하는 데 관심 갖는 국가에 대해 자유주의적으로 설명할 수 없는가?

헤겔은 사실상 가치와 규범의 보다 공동체적인 요소를 채택하기 위한 여러 가지 이유들을 가지고 있는데, 처음 두 가지는 긍정적인 이유이고, 마지막 한 가지는 부정적인 이유이다. 첫째, 책임의 관념이 법과 자유에 대한 **사실상의**(de facto) 위반에만 관심을 가질 경우, 그것은 형벌의 체계에서는 어울리지가 않을 것이다. 둘째, 헤겔의 행위이론은 객관성의 법에 대한 요구가 주어질 경우 그가 말한 '내재적인 의무론'으로 향하는 운동을 필요로 한다. 셋째, 그의 유명한 칸트 비판을 포함한 주관적 도덕들에 대한 일반적인 거부는 내재적인 의무론을 전유하기에는 부정적인 이유이다. 그럼에도 『법철학』에서, 칸트의 도덕철학에 대한 헤겔의 유명한 비판은 실제로는 단 한 절(節)에만 해당이 되는데, 그는 칸트에 대해 거부하는 것만큼이나 칭찬하고 있다. "칸트의 도덕철학의 장점과 숭고한 관점은 그것이 의무의 중요성을 강조했다는 점이다."(§133A) 헤겔의 칸트 비판은 종종 과장되어 있으며, 나는 때때로 헤겔**이냐** 칸트냐보다는 헤겔**과** 칸트라는 입장을 취해야 하지 않을까 의아해 한다. 주관적 의지에 대한 칸트의 설명은 이성의 자유로운 사용을 통해 행위에 대한 자신의 정책을 스스로에게 정당화할 수 있다. 이 이성은 의무와 가치가 주관적 의지에 의해 산출되는 것이 아니라 헤겔이 시사하는 것처럼 우리가 거주하는 세계 안에서 발견된다는 것을 인정하는 것과 결합되어 있다. 그럴 수 있을 것이다. 다만 나는 칸트와 헤겔의 직접적인 대결을 무시하는 대단히 논쟁적인 조치를 취하고자 한다. 이처럼 적은 페이지에서 칸트와 헤겔의 얽히고설킨 논쟁을 공정하게 평가할 수 없다는 단순한 이유 때문이다. 그러한 논의는 칸트의 윤리철학에 대한 적절한 설명을 요구할 것이고, 따라서 『법철학』 이외에 헤겔의 다른 텍스트들을 조회해야 할 것이다. 논의의 여지는 있지만, 나는 우리가 여기서 다루고 있는 강의들에서 진술된 것이 실제로 그러한 작업을 요구한다고 믿지는 않는다.[7] 헤겔은 다만 '내재적인 의

---

7 칸트와 그 이후의 문헌에 대한 헤겔의 독서는 방대하다. 나는 다만 헤겔의 논증을 이해하는 데 필요한 것만을 소개하려고 하지만, 칸트 자신의 윤리학에 대한 적절한 평가를 상당 부분 훼손할 것이다. 실질적인 논쟁을 원한다면 독자는 Allision(1990, 10장); O'Neill(1989, 2장); O'Hagan(1987); Pippin(1997, 1부); 그리고 Wood(1989).

무론'이 필요하다는 것을 보여 줄 뿐이며, 그는 이미 책임의 개념과 행위 이론이 그것을 요구한다는 것을 우리에게 보여 주었다. 하지만 오직 그럴 경우에만, 우리 역시 실체적 의지는 그 자신만으로 무엇이 옳고 무엇이 좋은가를 스스로에게 말할 수 없다는 것에 동의할 수 있을 것이다. 모름지기 이러한 이유에서 그는 주관적 도덕론자들 전반에 대한 거부에 관심을 갖고 있는 것이다. 『법철학』의 이 절(節)들은 주관적 의지가 그 자신만으로는 자신의 의무가 무엇인지를 결정할 수 없다는 것이고, 이러한 입장을 차지하고 있는 도덕철학들의 **하나가** 칸트의 도덕철학이라는 것으로 보여 주려는 데 있다. 하지만 『법철학』에 드러난 헤겔의 어조 대부분은 도덕이론에서 대단히 부담스러운(하지만 흥미로운 — 나는 독자가 참고 문헌들을 따라 주기를 제안한다) 논의들을 피할 수 있는 하나의 변명거리를 제공하고 있다.

그러면 무엇이 나의 의무인가? 피상적으로 볼 때 헤겔의 답변은 반동적이다. 하지만 좀 더 깊이 있게 들여다 보면 그것은 현학적이다. 우리는 그것이 무엇을 말하려는지 알아보기 위해 우리의 삶의 방식에 — 그것의 내재적인 의무들과 함께 — 대해 물어볼 필요가 있다. 이것은 기껏해야 보수주의이며, 최악에는 위험스러운 반계몽주의 상대주의 형식을 띤다. 예를 들어, 현대의 도덕철학자는 동물의 권리를 논하면서, 인간과 동물 사이의 불평등이라고 하는, 전통적으로 견지되어 왔던 진부한 이야기와 과거의 어떤 도덕적 문제들 사이에서 흥미로운 평행선을 긋고 있다.

우리의 관습은 총체적으로 육식 산업의 필요를 지지하고 있다. 그러한 지지를 중단하기로 하는 결정은 어려울지 모른다. 하지만 그것은 남부 백인이 자신이 속한 사회의 전통에 반해서 자신의 노예들을 해방시키는 일 못지않게 어려운 일이다. 만일 우리가 식사 습관을 바꾸지 않는다면, 어떻게 그들의 삶의 방식을 바꾸지 않으려는 노예 소유주들을 비난할 수 있는가? (Singer, 2002, 86)

노예 소유주가 그의 생활 방식, 사회적 역할과 권리 그리고 자유의 분배에 대해 의문을 품었을지 모르고, 부당한 제도를 영속화하려는 철학적이고 정치적이며 사회적인 지지를 발견했을지 모르기 때문에, 이 점이 흥미롭다. 계몽주의 사상에서 찬미되고 있는 것은 합리성에 대한 요구이다. 이러한 합리성은 주로 지식 계층(귀족, 성직자, 교수 등)이 아니라 각 개인에게 정당화되어야 한다. 헤겔은 얼핏 계몽주의의 주장을 구현하고 있는 것 같은데 이 주장에 따르면 주체는 그에게 기대된 것을 그에게 좋은 것(혹은 옳은 것)으로 볼 수 있어야 한다는 것이다. 이 모든 것이 의미하는 바가 자신이 속한 문화의 가치와 규범에 호소하는 것이라고 한다면, 주관성의 법은 공허한 조작으로 보일 수 있을 것이다. 추상법에 관한 헤겔의 논의는 이미 우리가 앞 장에서 보았듯 평등의 규범을 선호하고 있다는 것을 분명히 하고 있다. 이러한 규범은 노예제도를 배제하고 있다. 왜냐하면

현존하는 자유의 세계가 고귀한 의지에게 믿을 수 없게 될 때, 이 의지는 더는 이 세계에서 인정된 의무들에서 자신들을 발견하려 하지 않는다. 그는 현실에서 상실한 조화를 이념의 내면성 속에서 회복하고자 한다(§138R).

헤겔은 사회의 관습과 습속, 그리고 가치가 '이성적'이지 않을 수 있으며, 때문에 도덕적 의지는 그것들 안에서는 편안할 수 없다는 것을 알고 있다. 이러한 불편함은 변화에 대한 요구로 드러날 수 있다. 그런 사

회에서, 급진적인 비판이 가능하지만 그 사의성으로 인해 상황을 호진 시키는 것만큼이나 악화시킬 가능성도 높다.[8] 개인적 이성의 편에서 그러한 변화를 요구한 것이 계몽주의의 핵심적 정신이다. 물론 계몽주의의 도덕철학은 칸트의 주장 속에 가장 잘 표현되어 있다. 즉 사람들의 의무를 규정하는 것은 국가의 명령이 아니라 개인이고 그 자신의 이성이라는 것이다(칸트, 1991, 54와 59; 칸트, 1993, Aix, fn). 그렇다면 헤겔에게 해당하는 것은 정확히 무엇인가?

  물론 주체는 무엇이 옳고 선한지를 우연적으로 결정할 수는 없으며, 만약 그렇다면 우리는 주관주의의 형식을 갖는 것이다. 그러한 의지는 한편으로 타인들의 행위에 대한 우리의 이해 구조를 훼손하고 (모든 사람들이 그들 자신의 말들과 문법 규칙을 사용한다고 상상해 보라), 다른 한편으로는 나에게 옳거나 나에게 나쁘다는 것 이외에 이것이 옳고 저것이 틀리다고 말할 수 있는 객관적 방법이 없다는 것이다. 물론 칸트도 인정하고 있다. 그는 의무가 이성성, 즉 정언명법에 부합하는 선험적 원칙으로부터 도출될 수 있다는 것을 보여 주고자 한다. 덜 정교한 다른 작가들은 양심의 목소리가 우리에게 말을 건네면서 자연스럽게 우리를 이끌 것이라고 말할지도 모른다. 지나치게 확대된 역사적 논쟁들에 깊숙이 빠져들지 않도록 하면서 이 모든 입장들에 대한 헤겔의 논의를 살펴보자. 이처럼 옳고 그름을 개인 속에 정초하려는 시도에 대한 헤겔 비판의 주된 결론은 그러한 입장들이 갈등들을 해결할 수 없고 우리의 의무가 무엇인지를 정확하게 말할 수 없다는 점이다. 해결을 위해서는 적절히 배열된 의무들의 객관적 집합이 필요한데, 그러한 집합은 사회 안에서 자신의 역할과 지위를 물음으로써 (우리 모두가 공

---

8 3장, pp. 44-46을 보라.

유하고 있는 규범들과 가치들의 집합, 즉 **인륜***Sittlichkeit*에 호소함으로써) 발견될 것이다. 궁극적으로 이러한 것들은 그 역사적 발달에 의해 정당화될 것이다.

'선과 양심'에 관한 논의에서 헤겔은 특별한 윤리적 적(敵)을 염두에 두고 있다. 그가 일찍이 1인칭 관점을 '거역할 수 없는' 것으로 묘사했을 때, 헤겔은 그의 주장을 의도의 객관성의 법을 가지고 억제하고자 했다. 왜 그런가? 물론 첫 번째로, 우리는 결코 기만의 경우를 간파할 수는 없을 것이다. "당신은 내가 X를 했다고 말한다. 하지만 나는 그런 의미는 아니었다. 둘째, 헤겔은 좀 더 타당한 도덕적 입장을 염두에 두고 있다. 도덕적 행위의 가치는 행위자가 의도적으로 옳은 것을 하고자 했는지에 있는 것이 아니라, 행위자가 어떻게 옳은 것을 아는가에 있다. 이는 다음과 같은 물음과 같다. 행위자는 그의 의무가 무엇인지를 어떻게 아는가? 만일 주관적 의지가 그 의무가 무엇인지를 결정할 수 있다면, 내재적인 의무론을 위한 여지는 존재하지 않으며, 헤겔의 사회윤리학은 시작하기도 전에 아무 일도 못할 것이다. 따라서 주관적 의지가 외부적인 고려에 의존하지 않고서 그 스스로 무엇이 선한지를 안다는 것이 어떻게 가능할 것인가? 헤겔은 명백히 이 물음에 대한 세 가지 가능한 답변을 다루고 있다.

i) 의지는 자신의 의무가 무엇인지를 직접적으로 알고 있다.
ii) 의무는 이성의 몇 가지 선험적 원칙으로부터 도출될 수 있다(본래적 의미로는 칸트를 말할 수 있다).
iii) 개인은 무엇이 선한지를 스스로에게 말하기 위해서 오직 그 자신의 양심의 목소리에만 귀를 기울일 필요가 있다.

옳고 그름, 선과 악에 대한 직접지

주관적 의지가 무엇이 선한가를 직접적으로 인지한다는 주장의 난점은 옳은 것과 복지 사이에 왜 갈등이 존재하는지를 설명할 수 없다는 것이다. 나는 무엇을 하는 것이 옳다는 것을 알고 있으며, 나는 나에게 좋은 것과 타인들에게 좋은 것이 무엇인지를 알고 있다. 하지만, 종종 이러한 의지들은 갈등에 빠지고, 나는 내가 선하다고 아는 것에 호소함만으로는 이것들 사이에서 결정을 할 수가 없다. 한 도덕법칙은 "도둑질 하지 마라"이다. 우리는 이것이 의무라는 것을 알고 있다. 하지만 확실히 다른 의무는 자신을 계발하고 보존하라는 것이다. 이 두 의무는 내가 가난해서 『죄와 벌』의 라스콜리니코프가 한 것처럼, 적법하게 생계를 유지할 가능성이 없다고 한다면 충돌할 수 있다. 이러한 갈등에서 우리는 어떤 것이 의무인지를 어떻게 아는가? 갈등들은 권리들 사이에서 발생한다는 점을 기억하라. 하지만 갈등들은 이제 복지와 권리 사이에서 발생한다. 내가 나의 삶을 보존하는 것이 나에게 좋지만, 나는 가난하고 도둑질을 해야만 살 수 있다.

> 자연적 의지가 지닌 관심들의 **특수성**은 그 단순한 **총체성** 속에서 요약해 본다면 **생명**으로서의 인격적 현존재이다. 이 생명이 **극도의 위험**에 처해 어떤 타인의 정당한 소유와 충돌할 경우 **긴급권**(형평으로서가 아니라 권리로서)을 요구하게 될 것이다. 왜냐하면 한쪽에는 현존재의 무한한 침해와 총체적인 권리 상실의 우려가 있고, 다른 한쪽에는 개별적으로 제한된 자유의 현존에 대한 침해 가능성이 있음으로써, 동시에 권리 자체와 **이** 특수한 소유에서 침해된 자의 권리 능력도 인정되기 때문이다(§127).

보유(補遺)는 헤겔의 정확한 의미를 훨씬 분명하게 해 준다. "생명은 모든 목적의 총체성으로서 추상법에 반대할 수 있는 권리를 갖고 있다...만일 생명의 위험에 처한 사람이 스스로의 생명을 보존하는 조치를 취하는 것이 허용되지 않는다면, 그는 자신의 모든 권리를 상실할 수밖에 없을 것이다. 그가 생명을 박탈당한다면, 그의 자유 전체도 부정될 것이다." 헤겔은 다시금 상식적인 관심사를 즐기고 있다. 즉 도둑질하지 말라는 법에 대한 의무를 충실히 하기 위해서 나는 죽어야 한단 말인가? 우리 모두는 이것을 옹호하는 어떤 도덕도 지나치게 많이 요구하는 것이라는 점에 동의할 것이다.

목적론적 윤리(복지와 행복 등)에 의해 극대화된 바의 권리와 선 사이의 갈등은 사실상 현대윤리학을 규정짓는 논쟁이 되었다.[9] 우리는 인민의 복지가 좋은 것임을 인지하고 있으며, 또한 결백한 자를 처벌하는 것이 나쁘다는 것도 인지하고 있다. 하지만 수많은 사람을 죽이게 될 폭탄 소재지에 관한 테러리스트의 자백을 받아들일 수 있는 유일한 방법은 그 앞에서 어린 누이동생을 고문하는 것이라고 한다면 어떻게 되겠는가? 우리는 사람들의 생명(복지)이 무고한 사람을 처벌하는 것보다 훨씬 중요하다고 생각하는가? 주관적 의지 혹은 양심에 대한 호소는 이런 갈등들을 해결할 수 있는가?

인격으로서 우리는 권리를 주장하고 인정한다. 도덕적 주체로서, 우리는 우리 행위에 대한 책임을 주장하고 넓은 의미에서 우리가 선하다고 생각하는 것을 추구한다. 내가 선하다고 본 것이 반드시 옳은 것은 아니며, 해결 불가능해 보이는 갈등의 경우들이 있을 것이다. 선의 관념은 보편적인 것이기 때문에, 이런 갈등들의 해결 불가능한 성격은 의지에게는 하나의 수수께끼이다. 나의 실천이성을 즉각 끌어당기는 옳

---

9 아마도 현대윤리학에서 가장 영향력 있는 저작은 롤스(Rawls)(1972)와 우드(Wood)(1989)일 것이다.

음과 복지의 주장은, 참으로 도덕적인 행동 방식이 존재해야 한다면 조화를 이루어야 할 것이다(§129). 행동의 이유는 욕망과 믿음, 정의의 관념, 복지에 대한 고려들로부터 온다. 만일 "무엇을 내가 해야만 하는가?"에 대한 답변이 있어야 한다면, 이것들이 갈등을 일으킬 수는 없다. 선은 명백히 도덕적인 선이 되며, 이것이 행위자의 자유라는 의미에서 보편적이다. "주관적 의지는 선과 하나의 관계를 맺게 되는데, 이러한 관계 속에서 선은 주관적 의지에게 실체적인 것이 되어야 한다는 것, 이 의지는 선을 목적으로 만들고 이 선을 수행해야만 한다는 것이다."(§131)

복지와 권리 사이에서 우리는 어떻게 갈등을 해결하는가? 이 물음은 — 우리가 지금 고유한 도덕철학으로 생각하고 싶어 하는 영역에 거주하고 있다는 의미에서 — 명백히 도덕적이다. 주체는 그에게 묻지 않을 수 없다. 나는 무엇을 **해야만** 하는가? 주관적 의지가 이 물음에 대해 직접적인 답변을 갖고 있다는 주장은 간단히 말한다면 헛되고 잘못된 것이다.

> 행위 그 자체는 특수한 내용과 특정한 목적을 필요로 하는 반면 의무의 추상성은 그와 같은 내용이나 목적을 전혀 담고 있지 않기 때문에, 다음과 같은 물음이 제기된다. **의무란 무엇인가?** 이러한 규정에 대해 필요한 것은 오직 이것이다. **옳은 것**을 행하고 **복지**를 증진시켜라. 자기 자신의 복지와 그 보편적 규정에서의 복지, 그리고 타인들의 복지를(§134).

주체가 한 개인으로서의 자신에게 의무가 무엇인지를 물을 때, 그는 다만 두 가지를 발견할 수 있다. 타인들의 권리에 대한 인정을 포함하는 그 자신의 추상법으로부터 유래하는 형식적인 평등의 본성 그리고 자신의 욕망과 선호 및 기획에 대한 만족과 성취로서의 선의 이념이 그것이다. 이것들에 대한 충족 역시 보편적 요소를 갖는다. 나의 권리가 타인들의 권리를 포함하고 있듯이, 나의 복지는 타인들의 복지도 가치를 지닌다는 것을 포함한다. 내가 하나의 목표를 위해 행동할 때, 그러한 목표를 달성하는 것이 나에게는 중요하다. 따라서 그것은 나에게 가치가 있다. 나는 그것을 하나의 인격체로서 달성할 권리를 요구하며 그것은 또한 당신에게도 형식적 가치를 가져야 한다. 하지만 나의 행동의 실체적 목표는 당신에게 가치가 없을 수도 있을 것이며, 내가 목표를 달성하고 다른 사람은 그렇지 못한다는 사실도 마찬가지일 수 있을 것이다. 나의 행동이 하나의 목표를 추구할 이유를 구현하고 있다면, 이는 목표를 추구하고 그것을 달성하는 것이 가치가 있기 때문에 그럴 수 있을 것이다. 하지만 당신이 이 경우를 인정할 경우에만 나는 그런 주장을 할 수 있으며, 이는 목표의 달성이 어떤 의미에서는 모두에게 가치가 있을 경우를 의미한다(§119). 그들의 목표를 달성하고, 보다 나은 것을 기획하는 많은 사람들이 어떤 특수한 의무를 지시하지는 않는다고 말해 보자. 그것은 다음과 같은 명령에 해당한다. "정의를 행하고 복지를 증진시켜라." 문제는 어떻게이다.

주관적 의지는 의무의 갈등을 극복할 수 없다. 객관적 의지의 권리(법)에 의해 제한된 주관적 의지는 두 가지 기원에서 유래하는 모순을 야기한다. 첫째는 자기이익과 다른 의무들 사이의 모순(나의 특수한 복리 대 다른 인격체들의 권리, 보다 구체적으로는 나의 사회적 역할의 의무들)이고, 둘째는 많은 종류의 의무들 사이의 갈등(이를테면, 가족 대 국가)이다. 의무가 자기이익에 우선한다고 말하는 것은 첫 번째 딜레마에 대한 하나의 가능한 반응이지만, 두 번째에는 그렇지가 못하다. 헤겔은 첫 번째 갈등에 대해서조차 그것을 인정하지 않을 것이다. (배가 고플 때 도둑질을 통해서만 음식을 얻을 수 있는 경우를 기억하라.
여기서 우리는 필연성의 권리라는 경우를 본다). 자유는 자기결정이
다. 하지만 의무가 행복과 모순된다면, 나는 여전히 내가 하지 않은 것
을 하기를 원한다는 것이 참일 경우, 나는 참으로 나 자신의 의지에 따
라 행동한다고 말할 수 있겠는가?

몇 가지 이성의 선험적 원리로부터 의무들이 도출될 수 있다.
칸트와 같은 몇몇 도덕사상가들은 이러한 물음이 이성의 명령들을 통
해, 자기반성이나 특별한 도덕적 능력을 통해 답변될 수 있다고 믿는
다. 다시 말해, 주체 자신은 자신의 도덕적 의무가 무엇인지를 간파할
수 있다. 우리는 행위에 대한 어떤 유의 동기나 이유가 나쁜지, 그리고
어떤 것이 요구되는지를 알고 있다. 왜냐하면 우리는 그것들을 보다
근본적인 실천이성의 원리로부터 검사하거나 (약한 해석) 혹은 생성
할 수 있기 (강한 해석) 때문이다. 도덕적 의무는 이성에서 나온다. 칸
트의 설명은 명백히 헤겔의 시야 속에 들어 있으며, 다음 장으로 가기
전에 그러한 설명의 적나라한 면모들을 제시하는 것은 의미가 있을 것
이다.[10]

시작하기 전에 나는 칸트의 윤리학에 대한 이 간단한 설명이 그의 책
을 공정하게 드러내지 못한다는 점을 강조하려고 한다. 헤겔에게, 행위
자는 목표를 달성하는 데서 만족을 발견하기 때문에 특정한 방식으로
행동하도록 동기지어졌다는 상식적 생각은 칸트에서 그랬던 것처럼 문
제가 있는 것이 아니다. 심하게 희화화한다면, 칸트의 도덕철학은 옳은
이유로 옳은 일을 하는 것으로 묘사할 수 있는 선의지의 관념에서 유래

---

10 좀 더 읽고자 한다면 앞의 각주 3을 참조하라.

한다. 따라서 약속을 깨는 일이 나쁘다고 알고 있다면, 약속을 깨는 (나쁜 일을 하는) 사람은 그의 동기에 의해 (누군가를 보호하기 위해, 부당한 사법당국에게 정보를 제공한다는 약속을 취소했다) 보상받지는 못할 것이다. 누구도 개인적인 이득과 같이 나쁜 이유로 옳은 일을 할 수는 없다. 오직 공정가격이 단골을 늘린다는 이유로 공정가격을 부과하는 상점 주인이 그와 같은 경우이다. 하지만 이것은 인식론적인 문제를 제기한다. 즉 누군가가 선의로 행동했다는 것을 우리가 어떻게 아는가? 칸트의 답변은 완강하다. 경향성과 의무가 충돌함에도 행위자가 여전히 그의 의무를 수행할 때, 우리는 그가 도덕적으로 행동한다는 것을 확신한다.

> 무엇이 도덕적으로 선해야 하는가의 경우에서 그것이 도덕법과 **일치한다**는 것으로 충분하지 않고, 오히려 그것이 또한 **법을 위해서** 행해져야만 한다는 것이다. 이것이 없다고 한다면, 도덕법과의 일치는 다만 우연적이고 불안할 뿐이다. 사실상 도덕적 의지가 아니라는 근거가 예나 지금이나 법과 일치하는 행동을 낳기 때문이다. 하지만 그것은 법과 불일치하는 행동을 낳을 수도 있다(칸트, 1997, 3-4).

칸트의 도덕의지는 경험적 원인에 의해서가 아니라 실천이성에 의해 동기지어져야 한다.

이 점에 대해 다소 깊이 있게 생각해 보자. 한 행위자가 **의무에 따라** 행동할 수 있다. 당신은 그것이 행하기에 올바른 일이라고, 혹은 **직접적인 경향성에 따라** 믿기 때문에 그것을 행한다. 당신은 그 일을 행하는 것을 좋아한다(다른 사람을 돕는 일을 좋아하기 때문에 자선단체에서 자발적으로 일하는 사람). 혹은 **다른 경향성으로 인해 하지 않을 수 없**

기 때문에; 행동은 어떤 다른 것을 성취할 수 있는 필수적 수단이다(재화를 싼 가격으로 판매하는 상인은 그렇게 하지 않을 경우 고객을 잃을 것이고 그것이 부를 획득하는 데 영향을 미칠 수 있기 때문이다). 이는 행위와 경향성의 이유가 문제가 될 때 우리에게 동기들을 분류하는 법을 제공한다.

(a) 경향성에도 불구하고 자신의 의무를 다하는 사람(내가 약속을 깰 경우, 나는 엄청난 이득을 얻을 것이다. 하지만 그렇게 하는 것은 나쁘다)

(b) 경향성에 따라 자신의 의무를 행하는 사람(사람을 돕는 일은 옳다. 나는 그렇게 하는 것을 즐긴다)

(c) 경향성에 따라 행동하지만 의무와 일치한다(나는 사람들을 돕는 일을 사랑한다. 그래서 나는 매주 토요일마다 빈민구제 단체에서 자발적으로 일을 한다).

(d) 의무와 반대로 경향성에 따라 행동한다(나는 개인적인 이익을 위해 약속을 깬다).

그런데 (a)는, 이 경우 행위자가 도덕적 의무 위에서 행동한다는 것을 우리가 확신하고 있기 때문에 도덕적 가치에 대한 칸트의 범형적 설명이다. (c)의 난점은 우리가 종종 그것을 (b)와 뒤섞기도 하고, 그 역의 경우이기도 하다는 데 있다. 그것은 윤리적 문제가 아니라 인식론적 문제이다. 따라서 하나의 가능성은 칸트가 (a)에 집중하려는 데 있다. 그것이 가장 극명한 경우이기 때문이다. 하지만 헤겔은 칸트가 보다 강한 것을 말하고 있는 것으로 이해한다. 말하자면 주체가 의무에 따라 행동할 때만 하나의 행위는 어떤 도덕적 가치를 갖는다는 것이다.

칸트에게, 도덕적인 소행에서 중요한 것은 보이는 행동이 아니라 행위가 근거해 있는 원칙이다. 선의지를 특징짓는 그러한 원칙만이 도덕적으로 칭찬할 가치가 있다. 칸트에게 선의지는 자율성의 구현이다. 법칙들을 스스로에게 재현할 수 있는 능력은 그 법칙과 일치하거나 반대해서 행동할 수 있는 능력을 스스로에게 제공하는 것이다. 무엇이 옳은지를 내가 아는 한, 나는 따르지 않을 수가 없다. 법칙은 준칙(maxim)의 객관적 표현이다. 행위의 주관적 원리가 하나의 법칙으로 정식화될 수 있을 때, 그 법칙은 그것에 기초해 행동할 수 있는 실천적 필연성이 된다. 인간은 (객체가 그렇듯) 법칙에 따라 행위하는 동시에, (객체가 그러하지 않듯) 법칙에 대한 그들의 표상에 따라 행동하기도 한다. 이것은 우리의 주관적 원칙들(우리가 실제로 어떻게 행동하는가)과 실천 이성의 객관적 법칙들(우리는 어떻게 행동해야만 하는가) 사이에 하나의 간극을 열어 놓는다. 칸트를 읽어 보면, 내가 다른 동기들(욕망, 기호 감정)의 강제에 따라서가 아니라 이성의 명령에 따라 행동할 때 행위는 도덕적으로 칭찬할 가치가 있다. 내가 스스로 입법을 할 때 나는 자율적이고 자유롭다.

때문에 이성의 법은 실천적 필연성을 갖게 될 것이며, 이러한 필연성은 논리적 필연성과 비교해서 이해될 수 있다. 내가 모든 삼각형은 세 면을 갖고 있지만 내 눈 앞의 형태는 네 면을 가지고 있다고 믿는다면, 내가 그것을 삼각형이라고 믿는 것은 비논리적이다. 우리는 우리의 믿음에 대해 오해할 수 있다. 하지만 이러한 믿음 모두를 주장한다면, 합리성을 걸고 내 눈앞의 형태가 삼각형이라고 주장하는 것은 불가능할 것이다. 불가능성은 칸트에게 추리의 법칙 속에 근거해 있다. 즉 어떤 논리적 원리를 준수하지 않을 경우, 판단을 내릴 수 없다. 이 경우 사고를 할 수가 없기 때문에 어떤 식으로든 생각할 수 없다. 논리적 필연성의 주장에 따를 경우, a가 b이고 b가 c라면, a는 c이다. 합리적 필연성에 따르면, a가 b이고, 당신은 b가 c라고 믿는다면, a가 c라는 것을 믿지 않을 수가 없다.

도덕적 의무에서의 필연성은 합리적 필연성이다. 그것은 어떤 판단이 주어질 경우 당신이 해야만 하는 것에 관심을 갖는다. 칸트는 실천적 판단이 유사한 필연성을 갖고 있다는 것을 보여 주고 싶어 한다. 만일 x가 옳다고 당신이 믿는다면, 당신은 합리성을 희생하여 — 당신이 무엇을 원하고, 필요로 하고, 혹은 느끼든 (이 모든 변수들은 결국 우연적이다) x를 하지 않으면 안 된다. 하지만 무엇이 옳다는 것을 우리는 어떻게 아는가? 칸트는 도덕법칙이 실천이성의 원칙이라는 것을 보여 줄 필요가 있다. 좋다. 우리는 행동에 대한 단순한 동기나 고려가 언제 법칙이 되는지를 알고 있다. 그것이 정언명법의 모델에 부합하기 때문이다. 우리의 동기를 보편화함으로써, 우리는 이것이 법칙인지 아닌지를 알고 있다. "당신의 준칙이지만 동시에 보편 법칙이 되어야 한다고 네가 의욕할 수 있는 그런 준칙에 따라서만 행동하라."(칸트, 1997, 31)[11] 미심쩍지만 정언명법의 효용을 이해할 수 있는 단순한 방법은 단순한 동기와 대립된 하나의 법칙의 자격을 갖추기 위해서 행동의 원칙은 언제 어디서 누구에게나 통용되어야만 한다는 것이다. 욕망이나 선호는 언제나 행위자에게 상대적이 될 것이기 때문에, 이러한 방식은 그 것들과의 어떤 연관도 배제한다. 보편화될 때 동기가 언제나 모순을 포

---

11 물론 이것은 정언명법에 대한 첫 번째 정식일 뿐이다. 하지만 그것은 헤겔의 도전적 예봉을 피할 수 없는 것 같다. 정언명법의 두 번째 정식은 이렇다. '...모든 이성적 존재는, 그들 자신의 인격에 있어서건 타인의 인격에 있어서건 인간성을 **단지 수단이 아니라 항상 동시에 그 자체 목적이 되도록** 행동하라는 법칙하에 있다.'(Kant, 1997, 41) 이 정식은 현대의 사상가들이 상당 부분 실행 가능한 칸트의 윤리학을 구축하는 데 도움을 주었다. 예를 들어, Korsgaard(1966)과 O' Neill(1989)을 보라.

함하게 된다면, 행위는 금지되고 그것의 정반대되는 행위가 필요하게 될 것이다. 만일 동기가 모순 없이 보편화될 수 있다면, 행위는 허용될 수 있다. 행위자가 합리적이라면, 그는 모든 문제들에서 정언명법에 의해 규율될 것이다.

보편화될 때 모순을 포함하는 의도는 금지된다는 주장을 우리는 어떻게 이해해야 하는가? 그 책에서 칸트는 두 가지 유형의 모순을 준별한다(칸트, 1997, 33). 첫째, 개념 검증에서의 모순이 있다. 당신의 준칙은 모순 없이 하나의 보편 법칙으로 생각될 수 없다(나는 x와 비−x를 동시에 주장한다). 이것은 물론 이성을 희생하지 않는다면 주장할 수가 없다. 예를 들어 "나는 노예 소유주가 되기를 원한다"라는 준칙을 보자(오닐, 1989, 96). 노예 소유주가 되겠다는 개인적인 소망에는 모순적인 것이 전혀 없다. 하지만 나의 행동의 도덕적 가치는 그것들의 보편적 요소에, 다시 말해 준칙이 모든 사람과 모든 장소에 적용되는 때에 관심 갖는다. 모순이 발생하는 것은 바로 이 지점, 즉 내가 준칙을 보편적으로 만들 때이다. "모든 사람은 노예 소유주여야 한다." 만일 모든 사람이 노예 소유주가 되기를 원한다면, 모든 사람은 약간의 재산을 지닐 것이고, 재산이 없는, 따라서 노예가 없는 사람은 없을 것이다. 노예가 없다면, 노예 소유주도 있을 수 없다. 칸트에 따르면 보편 준칙은 생각할 수가 없다. 책무를 주장함에 있어 우리는 의무가 요구하고 있지만 그것을 위반해서 행동하는 것이 무엇인지 알고 있다. 나는 노예 소유주가 되리라는 것을 원할 수 있을 뿐이다. 동시에 나는 다른 사람들이 그렇게 하지 않기를 원한다. 그래서 나는 나 자신을 특별한 경우로 만들고 법에 대한 예외로 만드는 것이다.

둘째, 어떤 법칙들은 생각만으로는 모순적이지 않지만 실행에 옮기면 모순이 된다. 따라서 의지 검증에서도 모순이 존재한다. 즉 당신의 순직은 보편 법칙으로 생삭될 수 있시만 모순 없이는 보편 법칙으로 원할 수 없다. 나는 행동 (x)의 진로를 생각할 수 있다. 하지만 x와 비x를 동시에 원할 수는 없기 때문에 나는 x를 원할 수 없다. 내가 도움을 필요로 할 때 도움받기를 거부하는 예를 보자(오닐, 1989, 100). 한 개인으로서, 필요할 때 도움을 거부하는 것이 모순은 아니다. 심지어 준칙의 보편적 요소가 드러날 때조차(모든 사람은 필요로 할 때 도움을 거부해야만 한다), 앞서 언급된 논리적인 부류의 모순은 존재하지 않는다(이와 같은 세계를 갖는 것은 논리적으로 가능하다. 하지만 노예가 없는 노예 소유주의 세계를 갖는 것은 논리적으로 불가능하다). 모든 사람은 필요로 할 때 도움을 거부해야 한다는 보편적 원칙이 논리적으로 불가능한 것은 아니지만, 그것은 가설적 이유의 원칙을 위반하는 것이다. 만일 내가 하나의 목적을 원한다면, 나는 그런 목적을 위한 수단을 원해야만 한다. 만일 누군가가 필요할 때 도움 주기를 모든 사람에게 요구한다면, 그는 모든 사람들에게 종종 목적을 원하지만 그 목적을 위한 수단은 원하지 않도록 요구하는 것이다(나의 목표를 달성하기 위해서, 내가 다른 사람들의 도움을 요구하게 되는 때가 있을 것이다). 그리고 이것은 비합리적이다.

헤겔은 문제를 먼저 동기를 포함하는 칸트적 그림을 가지고 본다. 만일 이성이 자기이익이나 욕망과 헤어져야 한다면, 실천이성이 의무의 원천이어야 할 것이다. 칸트도 동의할 것이다. 이성의 자유로운 유희는 피상적이 될 것이기 때문에, 선의지는 만족을 달성하려는 인간의 경향성이나 주어진 욕망이 될 수는 없다. 인간은 선해지도록 '달랜'(자연필연성) 것이며, 도덕적 행동은 그 가치를 상실할 것이다. 칸트에게서 판단들이 자발적인 것과 마찬가지로 도덕적 행동들도 자발적일 필요가 있다. 이성은 모든 사람에게 똑같은 것을 말할 것이고, 보편적이고 불편부당할 것이기 때문에, 의무는 나의 의무가 아닌 모든 사람의 의무가 될 것이다. 칸트는 다시금 동의할 것이다. 하지만 선이 탁자에서 사라지는 것으로 본다는 의미에서 '나의 것'이라고 한다면, 왜 내가 도덕적이어야 하는가? 헤겔에 따르면 칸트의 답변은 이렇다. 즉 그것이 의무이기 때문에, 의무 자체를 위한 의무이기 때문에, 우리는 우리의 의무를 다해야만 한다. 이러한 독해는 칸트의 언어에 의해 지지된다. 하지만 오로지 도덕법칙을 위해서만 행동하는 것이 도덕적으로 가치가 있다는 주장은 당연히 우리의 도덕적 직관과는 일치하지 않기 때문에, 칸트의 언어는 대단히 문제가 많을뿐더러 논쟁의 여지도 크다. 동정심은 칭찬할 만하며, 잔인함은 비난할 만하다고 주장하고 싶을지도 모르겠다. 그리고 이것이 헤겔의 요점이다. 비록 내가 바른 행위를 행함으로써 얻는 만족에 의해 동기 부여되지는 않는다 하더라도, 내가 그렇게 함으로써 만족을 얻는다는 사실은 당연한 인간 본성의 일부이다. 이렇게 강제된 방식으로 이성과 욕망을 분리시키는 것은 인간심리학을 오해하는 것이고, '의무를 위한 의무'의 도덕을 조장하는 것이다.(§135R) 우리 주제로 돌아가면 도덕적 행위는 욕망을 초월하는 것이 아니라 그것을 정화하는 문제에 관심을 갖고 있다.

칸트는 아마도 의무가 실천적으로 필요하며 어떤 경험적 동기를 요구하지 않는다고 응답했을지도 모른다. 하지만 그러한 응답은 헤겔이 계속적으로 도전할 수 있는 길을 열어 주고 있다. 우리가 무엇을 원하는지 혹은 우리가 어떤 가치를 고려하게 되는가를 염두에 두지 않는다면 실천이성은 우리가 무엇을 해야만 하는지를 명령할 수 없다. 왜냐하면 헤겔에 따를 경우, 의무를 위한 의무는 공허한 형식주의이기 때문이다. 혹은 그것은 너무나 경직되어 있고, 특수한 도덕적 행위자에게 너무 많은 것을 요구하기 때문이다. 주관적 의지의 합리성이 순수이성에 따라 의지를 위한 규정들을 제공할 수 있다는 믿음은 지나치게 추상적이기 때문에 다만 오도된 것일 뿐이다. 이러한 고려들이 공허한 형식주의에 대한 비난을 구성한다. 즉 정언명법이 도덕 명령의 형식을 말해 준다는 것, 그것은 보편 법칙의 형식을 가져야 하지만 그것의 내용/소재에 관해서는 아무것도 말해 주지 않는다는 것이다. "이성이 자신의 내부에 갖고 있는 법의 기준은 모든 경우에 동등하게 잘 들어맞는다. 따라서 사실상 그것은 어떤 기준도 아니다(PhG, 431). 도덕법칙의 내용은 우리가 거주하는 실제 사회 세계로부터 끌어와야 한다는 것이 헤겔의 주장이다. 만일 나에게 죽은 자를 존경하라고 말하고 내가 동의를 한다 하더라도, 우리는 여전히 그 방법과 관련해 동의를 하지 않을 것이다. 예를 들어 그리스인들은 나의 죽은 시체를 화장하라고 말하지만, 캘러티안(Callatian)들은 그 시체를 먹으라고 말한다(헤로도투스, 1936). 법의 형식은 법의 공정성에 대해 우리에게 말해 주지만 우리가 무엇을 해야만 하는가에 대해 설명할 수는 없다. 왜냐하면 그것은 의미와 가치 그리고 선의 체계를 요구하기 때문이다. 사유재산제도는 헤겔이 좋아하는 예이다. 도둑이 나쁜 까닭은 사유재산제도를 인정하는 동시에 도둑질을 하면서 그것을 위반하기 때문이다. 그 자체로 당신은 당신이 주장하는 제도를 훼손하고 있는 것이다. "나의 관심이 요구할 때 내 것이 아닌 것을 취하겠다"는 행위의 원칙이 보편화될 수는 없다. 물론 이런 법칙은 무조건적인 법칙이 아니다. 왜냐하면 이 법칙은 개인들이 특수한 사회구조들과 우연들에 의존해 있는 사유재산제도를 인정한다는 사실에 기초해 있기 때문이다(§135R). 우리는 위의 원칙에 동의하는 재산 분배의 원칙들(귀족은 힘으로 전용할 수 있는 것을 가져가도 된다)을 상상해 볼 수 있지만 여전히 도둑질이라고 생각되는 행위들을 용서할 것이다.

그럼에도 공허한 형식주의에 대한 비판은 오도될 수 있다. 칸트는 정언명법이 거짓말 하지 마라, 약속을 깨지 마라 등 의무를 야기할 수 있다고 말할지 모른다. 이러한 의무는 완벽하고 필요하다. 하지만 이 경우에서 보편 법칙은 지나치게 엄격하다. 한편으로, 우리는 다시금 의무들의 갈등에 잡힌다. 설령 한 생명을 살린다 해도 나는 나의 약속을 깰 수 있는가? 다른 한편으로 "가난한 사람을 도우라"거나 "적을 사랑하라"는 요구는 정언명법이 허용되어 있지 않음을 보여 주는 것이다. 만일 우리가 그것들을 보편화한다면, 우리는 모순에 직면할 것이다. 가난한 사람들을 도와줌에 있어 나는 그들이 가난해지는 것을 멈추게 하며, 따라서 보편화된 세계에서 모순이 발생할 것이다. 나는 내가 도우려고 했던 그것(가난)을 무효화시키려하기 때문이다(NL, 127). 그래서 우리는 정언명법의 요구에 따라 가난한 사람을 도와서도 안 되고 우리의 적을 사랑해서도 안 된다.

반대로 칸트는 정언명법이 행위의 원칙들을 낳게 하기보다는 그것들을 검사하게 하려 했다는 주장도 가능하다. 따라서 도덕적 행위자는 사회구조로부터 자기의 의무를 도출할 수 있다. 하지만 그 혹은 그녀는 이성적으로 그것들을 질문해야만 한다. 이는 그것들이 사실상 타당한지 정언명법으로 하여금 알게 함으로써 그것들을 검사하는 것에 해당한다. 만일 정언명법이 의무들을 검증하는 방식에 지나지 않는다고 한다면 어떻게 될까? 원할 때 그것들이 모순을 포함하지 않는다면, 그것들이 보편 법칙의 형식을 가질 수 있다면, 그것들이 행위자를 하나의 예외로 만들지 않는다면, 그것들이 가능한 목적들의 왕국에서 하나의 법칙으로서 원해질 수 있다면, 정언명법은 행위자에게서 요구될 수 있을 것이다. 헤겔은 훌륭하다고 말한다. 하지만 의지(의무들)의 규정들은 당연히 마술로 만들어지는 것이 아니다. 그것들은 의지에게 주어져야만 하는 것이다. 의지의 규정들의 추상성이 객관적 규정들에 의해 극복될 필요가 있듯, 주체는 이러한 규정들을 그 자신의 반성적 이해로부터 생성할 수는 없다. 다시 말해, 개인은 객관적이고 도덕적인 질서 속에서만, 이성적 욕망과 열망의 충족을 가능하게 해 주는 도덕 체계 속에서만 자유로울 수가 있다. 이러한 질서는 개인의 이해 가능성을 표현하며, 의도들의 외부적 성격이 타인들에게 이해되는 방식에 대해 그 개인의 의도들에게 알려 준다. 존경과 동정심 그리고 선함과 같은 보편적 가치가 주체에게 유효하지만, 우리가 그것들을 어떻게 표현할 수 있는가는 우리가 거주하는 실질적인 도덕 체계에 따라 상대적이다. 손을 흔드는 것은 존경의 표시이다. 하지만 그것은 못지않게 상당한 공격을 야기하는 행동일 수도 있다. 간단히 말해 헤겔의 요점은 이성으로부터 도출된 보편적인 도덕 명령의 본성이 잘못되었다는 것이 아니라 그것들이 실체성을 띠어야 할 필요가 있고 실체는 사회 현실로부터 끌어낼 필요가 있다는 것이다. 이러한 사회 현실의 내용은 철학적 관심사는 아니지만, 우리 문화 곳곳에 배어 있고 현존하는 것이다. 만일 사정이 그렇다고 한다면, 칸트의 도덕심리학은 틀렸다고 할 것이다. 행위자를 동기 짓는 것은 의무를 위한 의무가 아니기 때문이다.

양심

의무를 결정하는 하나의 방식으로서의 양심에 대해 헤겔이 거부하는 것은 오히려 단순하다. 양심은 자의적이며, 옳고 그름과 선과 악에 관한 객관적 판단을 위한 하나의 근거를 제공할 수 없다. 도덕적인 관점은 제한되어야 한다. 그것은 한없이 강력하며 어떤 선이든 보편적인 선으로 정립(혹은 부정)할 수가 있기 때문이다. "...양심은 자기 자신을 사유라고 알고 있다고, 이 나의 것이라는 사유가 나의 의무의 유일한 원천이다."(§136A) "**양심**은 주관적 의식이 **즉자 대자적으로** 무엇이 옳고 무엇이 의무인가를 알 수 있으며, 그것이 인지한 것만을 선으로 인정할 수 있도록 절대적 권리를 표현한다. 양심은 또한 그것이 이렇게 인지하고 의지하고 있는 것이 **참**으로 옳고 의무이라는 주장 속에 들어 있다."(§137R) 선의 추상적 성격으로 인해, 양심은 어떤 내용을 주관적으로 찬성할 수가 있다. 이러한 현상을 보여 주는 병리적 예들은 금욕주의, 혁명의 공포, 그리고 아이러니의 태도가 포함된다.

> 비록 그것(양심−옮긴이)이 이러한 객관성과의 관계를 지니고 있을지라도, 그것은 동시에 그것과 거리를 두고 있고, 스스로를 특수한 방식으로 의지하고 결정하고 있지만 마찬가지로 다르게 의지하고 결정하는 것도 잘 알고 있다... '당신은 사실 정직하게 법이 즉자 대자적으로 현존하는 것임을 받아들인다.' (그것은 다른 사람들에게도 말한다) 나도 그렇게 한다. 하지만 나는 당신보다 한 걸음 더 나아가 있다. 왜냐하면 나는 이 법을 넘어서 있고 내가 원하는 대로 이런저런 것을 할 수가 있기 때문이다. 탁월한 것은 사물이 아니다. 탁월한 것은 나라는 존재이며, 나는 법과 사물 모두의 주인이다. 나는 나의 변덕에 따라 그것들과 유희를 할 뿐이다. 가장 고귀한 사물도 몰락하게 만드는 이 아이러니의 의식 속에서 나는 나 자신과 유희할 뿐이다(§140R).

아이러니한 태도는 그 자신의 개별적인 권력을, 행위자의 주관적 의지를 위해 가치의 객관성을 부정한다. "...중요한 것은 어떤 다른 사람의 권위나 주장이 아니라, 주체 자신, 즉 그 자신의 신념이며, 이것만이 선을 만들 수 있다."(§140R) 여기서 독자가 상기할 필요가 있다. 헤겔에게 이유를 제시하는 일은 사회적인 활동이지 이론적인 활동이 아니라는 것, 확신은 그 자신으로부터가 아니라 다른 주체로부터 그 주체에게 허용될 수 있을 뿐이라는 것이다.

보다 중요한 점은, 헤겔이 개인적 양심에 대한 호소를 모순이라고 본다는 것이다. "그러므로 양심은 자신의 **진리** 혹은 거짓에 대한 판단에 종속한다. 오로지 **자기 자신**에의 호소는 그것이 찾고자 하는 바와, 다시 말해 즉자 대자적으로 타당한 행위의 이성적이고 보편적인 방식의 규칙과 직접적으로 대립된다."(§137R) 양심에 호소하는 사상가는 도덕적 진술이 참일 수도 거짓일 수도 있다고 주장하고 싶겠지만, 그것들이 참인지 거짓인지 우리가 어떻게 알 수 있는가? 호소는 개인과 그의 양심에게 행해지지만, 다른 진리의 기준이 존재하지 않는다.

인륜으로의 이행

존재해야만 하는 것을 지시하고자 하는 현대 규범윤리학의 단순한 접근 방식을 폐기한 의미는 도덕법칙들을 나열하거나 혹은 선험적 원리와의 일관성을 통해 도덕법칙들이 어떻게 옳다고 간주될 수 있는가를 보여 주는 접근 방식과는 궤를 달리하는 것이다. 헤겔은 사회적이고 도덕적인 구조에 대한 규범적 약속이 행위에 대한 유일한 지침이 될 수 있음을 보여 주고 싶어 한다. 헤겔의 접근 방식의 장점은 가장 공통적으로 제기되는 도덕적 딜레마 중의 하나를 이용함으로써 잘 예시될 수 있다. 굶주린 자식을 먹이기 위해 도둑질을 할 것인지 말 것인지를 결정해야 하는 엄마의 예가 그렇다. 자식을 먹이는 것은 좋은 일이지만, 도둑질을 하는 것은 나쁘다. 선의 보편성은 이 두 가지 선이 조화를 이루어야한다는 것을 의미겠지만, 도덕적 양심은 어떤 순간 다른 것을 희생한 대가로 어떤 것을 옳다고 받아들일 수 있다. 그리하여 다음 순간 그러한 기술을 역전시키게 된다. 헤겔에게서, 도덕적 양심 자체는 갈등하는 의지의 규정들 사이에서 결정을 내릴 수 없다. 만일 결정하게 될 경우, 그러한 결정은 전적으로 자의적이 될 것이다.

　헤겔의 해법은 처음에는 사회의 규범들과 가치들에 호소하는 것이지만, 여기에서조차 갈등이 사라지지 않고 있다. 가족이라는 직접적 규정, 자연적으로 구속하는 모계적 결속의 의무는 아이를 보호하고 부양해야 한다는 욕망을 불러일으킨다. 이것이 엄마에게 좋은 것이다. 하지만, 시민사회에서 엄마의 역할은 그녀가 소유권의 합리성을 인정하도록 규정하며, 이것 또한 좋은 것이다. 그렇다면 헤겔은 어떻게 이러한 갈등을 분명히 제시하는가? 해답은 다음과 같은 생각으로 되돌아가는 것이다. 즉 "보다 나은 의지가 이 세계 속에서 인정된 의무들에서 더 이상 편안한 느낌을 갖지 않을 때, 현존하는 자유의 세계는 이 의지에게 믿을 만하지 못하게 되었다." 엄마는 이 세계에서 편안해 하지 않는다. 왜냐하면 그녀가 직면한 요구들은 그녀 앞에 있는 의지의 규범적 구조들에 의해 답변될 수 없기 때문이다. 따라서 인륜성 자체에서 새로운 요구가 만들어져야 한다. 즉 무엇이 갈등을 야기하는가? 아이가 부양되어야 한다는 것은 선이며, 소유권이 존중되어야 한다는 것도 선이다. 그리하여 이 둘 사이의 갈등이 감지되는 사회는 엄마가 자유롭게 행동할 수 없기 때문에 이성적이지 **않다**. 그녀는 그녀의 문화 안에서 분열되고 양분되어 있으며 편안하지가 않다. 갈등은 인륜 제도들에 의해 허용된 객관적 자유가 엄마의 훔치고 싶어 하는 욕구를 사라지게 하고 엄마의 주관적 자유가 충족이 될 때 (생필품이 하나의 권리로서 공급되고[복지 국가], 빈곤이 근절되거나 그녀의 주관적 자유에 대한 법적 인정이 법정에서 선고됨으로써) 비로소 극복될 수 있다.

헤겔은 선의 추상적 본성이 하향식으로 창출될 수 없으며 이론적으로 검증될 수 없다는 점을 깨닫고 있다. 이성의 명령이 주어진 절대 확신 속에서 세계가 어떠해야 한다고 선언한다는 것은 행위자에게는 참으로 가능하지가 않다. 오히려 도덕적 주체는 현존하는 세계와 그 제도들에서 시작해야만 한다. 왜냐하면 선이 이러한 제도들에 이해될 수 있을 것이라는 생각이 객관성의 제약 속에 들어 있기 때문이다(§141). 오직 이런 방법으로만 주관적 자유가 객관적 자유의 제약에 부합할 수 있다. 반대로, 주체의 행동을 만족시키는 데 요구되는 인정의 확신을 그 주체에게 허용하는 것은 모름지기 이러한 객관적 자유이다. 그러므로 참으로 자유로운 것은 오직 인륜적 주체일 뿐이다.

> 인륜적 인격은 그의 행동의 내용을 필연적인 것으로, 즉자 대자적으로 타당한 것으로 의식하고 있다. 이러한 의식은 사라지는 자유와는 거리가 멀다. 오히려 주체의 추상적 자유가 현실적 자유가 되고, 선택의 자유(자의 Willkür), 즉 다만 가능할 뿐이어서 내용은 결여하고 있는 자유와 구별되는 실질적 자유가 되는 것은 오직 이러한 의식을 통해서이다(EL, §158A).

엄마는 자의적인 선택에 직면해 있다. 하지만 이성적인 사회에서 엄마에게는 이성적인 선택, 즉 해결 가능한 선택이 제공될 것이다. 인륜의 객관적 자유는 이성적인 욕구들과 기획들 그리고 열망들의 충족을 가능하게 해 줄 것이며, 근대사회의 세 가지 제도들 — 즉 가족과 시민사회 그리고 근대적인 정치 국가 — 이 합세해서 이러한 객관적 자유의 조건들을 충족시킨다. 주체의 욕망과 욕구, 열망을 충족시켜 주고, 동시에 선을 추구할 수 있게 하고 타인의 인정을 확신할 수 있게 하는 객관적 자유를 구성하는 것은 이러한 인륜의 규정들이다. 그러므로 헤겔의 주장에 따르면 '도덕성'에서 그가 묘사했던 바의 주체는 그/그녀의 객관적 자유가 이러한 근대적 제도들에 의해 확보될 때 비로소 충분히 자유로울 수가 있다.

연구를 위한 물음들

1. 헤겔의 행위이론에서 책임의 개념이 담당하는 역할은 무엇인가?
2. 헤겔의 칸트 비판을 평가하라. 칸트의 도덕은 전적으로 부정되었는가 혹은 그것은 근대적 주관성에 관한 논의에서 한자리를 차지하고 있는가?

인륜: 사회적 자유

7 장

들어가는 말

헤겔의 서문은 대부분 형이상학적 자유, 개인적 자유를 수반한 추상법, 도덕적 자유를 수반한 도덕성에 대한 파악과 관련되어 있으며, 그의 일련의 강의록들 중 마지막 부분은 실톱의 일부 누락된 부분인 사회적 자유와 관련되어 있다. 이 사회에서 나는 어떻게 자유로운가? 사회의 법과 관습은 나를 억압하는가 혹은 해방하는가? 왜 내가 그것들에 복종해야 하는가?

    헤겔에 따른다면 사회·정치적 구조들이 합리적일 때, 그것들은 추상법의 객관적 자유와 도덕의 주관적 자유를 유지하고 증진하며, 또한 개인에게 그/그녀의 이성적 존재를 표현할 수 있는 자유를 허용한다. 추상법은 그/그녀의 이익에 대한 개인적 추구를 보호하고, 도덕은 우리 자신의 이익에 책임을 갖게 하는 사회에서 어떻게 우리가 편안한 느낌을 갖는가를 설명하고 있다. 반면 인륜은 어떤 이익이 합리적인지, 다시 말해 우리가 추구해야 할 이익인지를 말해 주고자 한다. 인륜은 우리의 이익들에 객관성의 기준을 제공해 줄 것이다. 도덕에 관한 논의로부터, 우리는 헤겔이 일반적인 선행 원칙들에 따라 우리가 무엇을 해야 하는가를 규제하는 윤리 혹은 '마땅히 해야 하는 것'에 대한 우리의 정상적인 규범적 이해를 거부하고 있다는 것을 배웠다. 헤겔의 대안은 사회의 습속과 관습 그리고 법에 의해 구성된 인륜(Sittlichkeit) 혹은 윤리적 삶이다. 이것들은 개인을 그릇되거나 순전히 주관적인 행동의 동기들로부터 해방시켜 주기 때문에 자유의 한 형태이다. **인륜**은 주체가 어떻게 그/그녀의 의무들을 알 수 있는가를 기술하고 있다. 왜냐하면 사회적 실존이 올바른 행동을 구성하고 결정하기 때문이고, 이러한 의무들이 단지 존재하는 것이 아니라 현실적일 때 **이성적**일 것이기 때문이다.

> 인륜은 자기의식 속에 스스로의 지와 의욕을 지니고 스스로의 행위를 통해 자신의 현실성을 지닌, 생동하는 선으로서의 **자유의 이념**이다. 마찬가지로 자기의식은 인륜적 존재 속에서 즉자 대자적으로 존재하는 자신의 토대와 동적인 목적을 지닌다. 따라서 인륜이란 **세계로 현전하고 자기의식의 본성이 된 자유의 개념**이다(§142).

내가 이성적으로 행동한다는 것을 확신할 때 나는 자유롭게 행동하고 또 나의 가치들이 참일 때 나는 이성적으로 행동한다. 이러한 확신은 이성 국가를 요구하는 것이지 아무 국가나 요구하는 것이 아니다. 이성 국가란 자유로운 개인으로서 내가 그 구조와 역할에 대해 찬성하는 국가이다. 이성 국가는 개인의 주관적 의지를 요구하지만, 또한 자기의식적 주체가 무엇이 옳은가를 알고 있고 또 자유롭게 그것을 찬성할 수 있는 바의 객관적 자유를 제공할 필요가 있다.

다시 말해 인륜은 인간의 자유를 가능하게 하는 그런 범주들과 가치들 그리고 의미들의 실현 속에서 자유의 주관적이고 객관적인 요소들을 통합시킨다. 그/그녀가 무엇이 선한지를 추구할 때(객관적 자유), 그것이 선하다는 것을 의식할 때(주관적 자유) 행위자는 자유롭다. 두 가지 방식에서 이해될 수 있는 인륜의 객관성의 기준에 대해 우리가 오류에 빠질 수 있다는 점이 중요하다. 한편으로, 인륜은 주체가 욕망을 질서지우고 우선순위를 정하며 순화할 수 있도록 해 주며, 따라서 주체에게 객관성의 기준을 제공해 줄 것이다. 이것이 가치 상대주의의 이론이다. 즉 하나의 도덕적 판단은 그것이 특정 문화의 판단과 일치한다면 참이다. 그리하여 우리는 객관적이고 제도적인 질서가 이러한 규정들에 대한 주관적 인식과 결합해서 **어떤** 형태의 삶이 주어지건, 혹은 인간이 **우연히** 공동체 안에 살게 되었다는 이유만으로 이해 가능성이라는 한계 속에서 주체의 행동을 제약한다면 주체는 자유롭다고 말할 수 있다. 따라서 제의(祭儀)의 차원에서 희생에 동의한 희생자는 왜 그녀가 희생되어야 하는가의 이유(풍년을 위해)를 알 때 자유롭다. 또 이러한 이유는 특정 사회의 질서와 일치한다. 하지만, 이러한 정화는 헤겔의 견지에서는 이성적일 수 없을 것이다. 만일 그것이 모두 주관적 자유에 해당한다면, 심각하게 부당한 무언가가 있을 것이다. 인륜은 선을 규정하고 조화시키는 삶의 형식만은 아니다. **오히려** 그것은 이성적 질서이다. 헤겔적 입장에 따르면, 객관적 자유가 주관적 자유의 요구를 충족시킨다. 하지만 그는 — 상대주의의 비난을 피하기 위해서 — 그가 제안하는 구조들과 범주들이 인간 사회의 발전이라는 필연적 목적이라는 점을 입증해야만 하는 것이다.

인륜의 개념(§§142-157)

인륜, 삶의 방식과 사회적 테제

당신이 축구팀을 지원하는 것은 가능하다. 그렇지 않을 경우, 축구팀의

지원자가 된다는 의미가 무엇인지를 상상하기란 어렵지 않다. 왜 당신이 이를테면 애쉬톤 빌라(Aston Villa)[1]같은 특정 팀을 지지하는가라는 질문을 받을 경우, 말할 수 있는 좋은 이야기가 있을 것이다. 즉 그 팀은 그 지역 팀이었거나 그 팀은 당신이 아이였을 때 유럽 챔피언 컵의 우승자였다거나 혹은 이상하기는 해도 당신은 그들의 유니폼 색깔을 좋아한다와 같은 이야기일 것이다. 하지만 이들 가운데 어떤 이야기들도 당신이 이 팀을 지지하는 것을 **정당화하지** 못한다. 그것은 당신이 애쉬톤 빌라의 지지자라는 (좋건 나쁘건) 역할을 맡게 되었다는 당신의 존재 사실일 뿐이다. 그럼에도 이 점과 관련해 당신이 합리적이고자 한다면, 계몽의 인간이 되어서 특정 팀의 지지자가 된 기준을 찾고자 한다면 (역사, 성공, 전설적 선수와의 친교 등), 뒷짐지고 이 '선험적' 이유들을 적용해서 가장 높은 '점수'를 낸 팀을 선택하는 것이 가능할 것이다. 하지만 그렇게 이유를 찾는 사람은 우리가 그 말을 사용하는 의미에서는 아니라도 진정한 지지자는 못 될 것이다. 기껏해야 그들은 맨체스터 유나이티드의 팬이 될 것이다. 자신의 본질적이고 사회적인 성격을 선택할 수 있는 합리성의 원초적 입장이 존재한다는 생각은 터무니없다. 우리는 오랜 전통과 역사로부터 발단된 가치와 의미 그리고 이유들을 갖춘 공동체 속에 던져진 것이다. 우리는 단지 사회적일 뿐이며, 이 사회적 본성이 우리의 행동거지를 결정하는 것이다. 이것이 헤겔이 말하는 인류라는 새로운 개념의 성격이다.[2]

1　영국 프리미어 리그에 소속된 축구팀.
2　나는 어떤 명백한 정의 없이 이 책 전체를 통해 윤리적 삶(인류)이라는 용어를 사용했다. 나의 행동은 신중한 것이었다. 나는 윤리적 삶과 상호 교환해서 '방식' 혹은 '삶의 형식' 그리고 '도덕적 구조'와 '사회적 구조'를 사용하기도 했으며, 앞으로도 그렇게 할 것이다. 우리는 또한 '전통'이나 '공동체'를 사용할 수 있었다. 하나의 선호로서, 나는 '도덕적 구조'라는 영어 표현이 아마도 독일어 Sittlichkeit에 가장 근접

인륜이 무엇인가를 특징지어야 한다면, 나는 그것이 주체의 실제적 추론을 지배하고 주체에 앞서 존재하며, 주체가 특정 사회의 일원이 되고 그 속에서 맡고 있는 역할에서 유래하는 그런 가치들과 규범들을 통합한 것이라고 말할 수 있겠다.

> 인륜적 영역이 이러한 이념의 규정들의 **체계**라는 사실이 그것의 **합리성**을 구성한다. 이런 면에서 인륜적 영역은 자유 혹은 객관성으로서 즉자 대자적으로 존재하는 의지이다. 그것은 **인륜적 힘**들이 그 계기들을 이루는 필연성의 원환이기도 한데, 그 힘들이 개인들의 삶을 지배하는 것이다(§145).[3]

따라서 애쉬톤 빌라의 지지자로서 토요일에 축구 결과들을 지켜보는 것은 의미 있는 일이며, 축구를 할 때 다른 지지자나 사람이 없다고 하면 자줏빛과 푸른색 유니폼을 입는 것도 의미가 있다. 헤겔 사상의 공동체주의적 측면은 인간이 그 시대의 아들이기 때문에, 그/그녀는 신앙보다도 더 가까운 국가와 관계를 맺고 있다는 주장 속에서 극명하게 드러난다(§147). 이성적 질서의 일원으로서의 주체는 특정 상황에서 그를 동기 지우는 하나의 정체성을 가지고 있다. "따라서 어떤 선택적

해 있다고 생각한다. 하지만 몇몇 대안적 용어들은 강조를 다르게 하고 있다. 예를 들어 삶의 형식은 우리의 실제 추론을 지배하는 그런 명백한 조건들을 가리키고 있다. 반면 전통은 이러한 조건들의 역사적 기원과 기초들에 훨씬 연관되어 있다. 공동체는 우리의 삶의 방식과 직접적으로 연계되어 있다. 반면 Sittlichkeit(윤리적 실체 혹은 삶)은 이 모든 측면들과 한 번에 가리키고 있다.

3 인륜의 구조들은 두 가지 면에서 객관적이다. 첫째로 그것들은 당신이 구조들을 변경함이 없이 구성원들을 바꿀 수 있다는 의미에서 개인들과 독립적으로 존재한다(애쉬톤 빌라를 1879년에 처음 설립한 사람들이 더 이상 생존해 있지 않을지라도 애쉬톤 빌라 팬들의 연속체가 존재한다). 개인적 팬들은 헤겔의 용어로 유기적인 팬 조직의 생존에 '부수적인' 것이다.(§§144-5) 둘째, 그것들은 행위자들에 의해 인식될 수 있으며, 따라서 참과 거짓 판단의 주어이다(§146).

인 반성이 없이도, 인격은 그의 의무를 그 **자신**의 것으로, 존재하는 어떤 것으로 수행한다. 이러한 필연성 속에서 **그**는 그 자신과 그의 현실적 자유를 지니고 있다.(EG, §514) **인륜**의 구성원은 그/그녀의 의무들을 수행할 수 있는데 — 아마도 '어떤 선택적 반성'이 없이 습관에 의해 — 그것들이 그의 정체성을 이루고 있기 때문이다. 그가 어떻게 행**동해야 하는가**가 아니라 그가 행동하고 있다는 것이 중요하다(나는 애쉬톤 빌라가 점수를 올릴 때 기뻐하는데, 내가 팬이기 때문이다. 나는 왼쪽 도로로 운전을 하는데, 내가 영국인이기 때문이다). 그는 이러한 역할들의 명령을 수행함으로써 행위자로서 인정을 받는다는 것을 확신할 수 있다. 인륜적 실체는 객관적인 법들과 관습들 그리고 습속들 — 행위의 형식적이고 실체적인 양태들 — 에 의해 구성되는데, 이런 것들은 반대로 주관적 의무들로 느껴진다. 나는 아버지이기 때문에 보살피고, 나는 시장의 한 부분이기 때문에 부를 창출하고, 나는 애쉬톤 빌라의 팬이기 때문에 골을 넣을 때마다 즐거워한다(**추상적으로** 축구 팬이 된다는 것이 행동이나 행동에 대한 기대를 야기할 수 없다는 점을 주목하라).

> 이 모든 실체적 규정들이 개인의 의지를 구속하고 있는 **의무들**이다. 주관적으로 그리고 그 자체 무규정적인, 혹은 특정한 방식으로 규정된 개인은 그런 규정들과 구별되며, 따라서 그 자신의 실체적 존재인 **그것들과 관계를 맺고 있다**(§148).

그것은 제도들 속에 각인된 객관적인 사회질서이자 이러한 제도들의 한 구성원으로서의 행위자의 실체적 정체성이다. **인륜**은 나를 전체의 일부로 규정하고, 내가 수행해야 하는 의무들과 책임들 그리고 내가 이 전체의 일부로 드러내야만 하는 가치들을 지정함으로써 나의 정체성을 구성한다. 나는 내가 사는 사회의 도덕적 구조 속에 각인되어 있는 그런 규범들과 가치들에 따라 행동한다. 나는 이러한 규범들과 가치들이 내가 그것들을 충실히 따름으로써 강화된다고 확신한다. 따라서 이성 국가와 그 구조가 개인의 객관적 자유를 구성하는 것이다.

인륜은 많은 면에서 헤겔의 가장 특징적인 윤리 이론이며, 현대 정치철학의 사회적 테제와 일치한다.[4] 사회적 테제는 다음과 같은 주장으로 기술적으로 묘사될 수 있다. 즉 개별 주체는 그를 낳고 그의 정체성을 유지하고 증진하는 사회와 전통에 의해서만 그/그녀가 된다는 것이다. 그가 소중하게 생각하는 가치들, 정치적 제도들과 설비들을 정당화하고 주체의 실천적 추론에서 역할을 담당하는 가치들은 그 자체가 그가 사는 공동체의 토대가 되기보다는 그것의 산물이다. 하지만 그러한 견해가 얼마나 상대주의의 비난을 받을 소지가 많은지를 알기란 어렵지가 않다. 노예 소유주는 자연적 불평등 혹은 신의 섭리라는 원리를 구현하는 사회에 의해 구성될 수도 있을 것이다. 사회적 테제는, 만약 그것이 한낱 사회학적 의미의 진부한 이야기가 아니라면, 그 고유의 의미들과 가치들 그리고 규범들을 지닌 특정 사회가 다른 사회보다 **어떻게** 낫고 **왜** 나은지를 입증해야만 한다. 따라서 규범적으로 볼 때, 사회적 테제의 지지자는 특정 사회(혹은 법 등)가 다른 사회보다 낫다 (말하자면 바람직하고, 합리적이고, 가치가 있다)고 주장해야 하며, 이러한 주장을 정당화해야 한다. 그러한 정당화는 우리가 축구팬에서 보았듯 초월적이어서는 안 되고 내재적이어야만 한다. 사회 세계는 자유가 실현

4 사회적 테제의 현대의 옹호자들로 Taylor(1989); MacIntyre(1988); Sandel(1998); 그리고 Walzer(1983)가 포함된다. 이들의 입장에 대한 훌륭한 개괄은 Mulhall과 Swift(1996)이 있다.

된 세계이고, 그 제도들은 자유를 지지하거나 증진한다. 인간의 자유는 일정 조건하에서 방해를 받을 수 있다. 하지만 우리는 이러한 제도들이 무엇이고, 어떤 제도들이 이성적인가를 이성적으로 또 **선험적으로**(a priori) 예측할 수는 없다. 우리 시대의 문학 정전(正典)의 작품들이 지금까지 쓰이고 말해졌던 최고의 작품들로 기술될 수 있는 것처럼, 하나의 문학 작품이 그 목록에 포함되는 데 요구되는 구성원들로부터 기준을 도출하는 것은 가능하지가 않다. (오성적) 이해는 이것을 시도하지만, (이성의 개념적) 파악은 한 인간이 그 시대의 아들이라는 것을 깨닫고 있다. 인간은 역사에 의해 제약받고 있으며, 역사가 천천히 우연적인 왕겨로부터 이성적인 밀을 가려내도록 결정하게 해야 한다. 하지만 미래에 누가 문학 정전에 들어갈지를 지금 말할 수 없는 것처럼, 가치와 규범의 합리성에 대한 더 많은 정당화가 이루어지지 않는 한 그것들에 대해 확신할 수는 없다.

인륜의 합리성

사회적 체제의 모든 지지자들이, 그리하여 헤겔 역시 당면하고 있는 도전은 내가 살고 있는 사회의 법과 제도들이 나의 본질을 구성하고 있고, 따라서 내가 지닌 합리성의 기준을 구성하고 있다면 어떻게 그것들이 이성적이라는 것을 내가 알 수 있는가 하는 문제이다. 이 문제를 초월적으로 접근하는 자유주의는 자유와 평등이라는 가치가 사회를 초월하기 때문에 비판적인 시각을 제공해 줄 수 있다. 하지만 헤겔은 그러한 접근을 거부한다. 우리가 알고 있듯, **인륜**은 행동의 사회적 이유에 의해 구성된 세계이다. 인륜은 행위자에게 그의 소속과 제도적 질서 안에서 그가 맡은 역할에 의해 동기와 책임을 제공한다. 내가 길에서 만난 남자가 나에게 손을 내밀지만 그의 행동이 나로 하여금 그의 손을 잡고 흔들게 한 **원인**이 아닐 때, 그것은 **의미심장**하다. 그의 손을 잡는 나의 반응은 내가 사는 사회와 제도들의 행동 규범에서 나오는 하나의 습관이다. 그것은 다른 사회적 맥락에서는 전혀 다를 뿐더러 어떤 다른 것을 의미할 수도 있다. 내가 사는 공동체의 사회적 습속들과 관습들은 타인들의 행동을 통해 그들의 의도를 이해하도록 하며, 그들 역시 그런 행동에 대해 적절한 반응을 결정한다. 이런 의미에서, 인륜은 '제 2의 본성'이다. 이 세계는 행동의 자연적 이유들보다는 오히려 사회적 이유들에 의해 구성된다(§151). 이러한 사회적 이유들은 그것들이 반성되지 않았다 할지라도 반성적인 것으로 남을 것이다. 이 차이는 아마도 헤겔 자신이 구분한 반성적 신뢰(국가)와 무반성적 신뢰(가족)의 구별이라는 예에 의해 가장 잘 드러날 것이다. 그 차이는 행동의 이유를 분명히 할 가능성과 그리하여 공유할 가능성에 놓여 있다. 만일 내가 물에 빠진 나의 아이를 구출하려고 한다면, 혹은 보다 작은 경우이지만, 나의 가족의 물질적 욕구를 해결하려고 한다면, 나는 왜 내가 이러한 역할을 충족해야 하는 이유를 참으로 분명하게 제시할 수 없다. 내가 제시할 수 있는 최상의 이유는 "그들이 나의 가족이기 때문이다"는 것이다. 더욱이, 이러한 행동들에 대한 이유를 내가 정당화하기를 요구하는 사람은 악(惡)하다는 의미에서가 아니라 그들은 인간이 된다는 것이 무엇인가를 참으로 파악할 수 없다는 의미에서 간단히 인정이 없다. 그러므로 이러한 이유들은 직접적이고 무반성적이며, 자신의 가족 구성원들에 대한 신뢰는 똑같은 성향에 기초해 있다. 하지만 국가에 대한 반성적인 신뢰는 검토의 여지가 있다. 특정 법률이나 사회적 의무 등등에 대해, 그리고 왜 내가 그것에 따라 행위해야 하는가에 대해 정당화를 요구하는 것은 대단히 의미가 있다. 설령 안정된 국가에서 이럴 필요는 보다 적게 느껴지고 시민들이 좀 더 신뢰할지라도 그렇다.

하지만 사회가 부응해야 하는 기준이 그 사회에서 유래하는 가치들에 의해 설명된다고 할 경우 이러한 검토는 무엇에 해당하는가? 당신은 애쉬톤 빌라를 지지하는 것이 합리적이지 않다고 말한다. 하지만 나는 — 애쉬톤 빌라의 지지자들의 커뮤니티 내에서 보아도 — 어떤 것도 보다 합리적일 수 없다고 말한다. 이러한 상대주의의 비난을 피하기 위해서, 헤겔은 그의 내재적 비판을 강화해야만 하는데, 사회적 자유에 대한 그의 설명은 어떤 특정 국가와 반대되는 바의 이성 국가를 구성하는 두 가지 규범들을 분명하게 해 준다. 하나, 이성 국가의 법과 제도들은 구성원들의 기본적인 물질적 필요를 보장해서 그들이 직접적인 욕구에 구속되지 않도록 하는 것이다(그들은 의존으로부터 자유롭고 개인적 선택의 영역을 갖는다). 둘, 구성원들이 이성 국가의 법칙을 승인해서 그 저변의 합리성을 인정하는 것이 가능할 것이다. 그래서 그 법칙은 그들이 자유롭게 행하는 어떤 것 (말하자면 그 속에서 편안한 느낌을 갖는 것)(Neuhouser, 2000, 4장)이다. 이러한 주장들 모두가 자유의 개념에 대한 헤겔의 역사-철학적 파악 속에 들어 있다.

첫째로, 인류는 그 구성원들 중의 하나에 대한 가능한 규정들을 실질적으로 기술하는 것이며, 그리하여 그것은 개인의 충동을 정화하고 합리화하기 때문에 해방이자 자유이다(§19). 헤겔에게 의무는 제한이 아니라 해방이다. 그것은 추상법(자연적 의지)과 도덕의 영역에서만 하나의 제한으로 나타난다. 객관적 자유는 주체를 세 가지 측면에서 해방시키기 때문에 자유이다.

a) 직접적인 충동들에 대한 의존으로부터;
b) 스스로에 대한 편파성(이기주의)으로부터. 이러한 편파성은 개인들의 자유를 증대하는 확고한 사회적 관계를 수립하는 데 필요하다.

(협력)

c) 파악을 위한 범주들(가치들과 권리들 그리고 의무들)을 스스로 **무에서**(*ex nihilo*) 생산하는 것으로부터 그리고 선을 그 자신의 양심에 따라 결정해야 하는 필요로부터(§149).

헤겔의 첫 번째 규범적 주장에 따르면, 어떤 사회는 다른 사회보다 훨씬 합리적인데, 합리적인 도덕적 구조가 자율적 개인들의 권리들, 즉 '추상법'에서 처음 묘사된 권리들을 객관적으로 보호해야 하기 때문이다. 의지가 자유롭기 때문에, 법과 인습은(합리적 선택을 허용해서든 혹은 주관적 자유의 영역을 강화해서든) 자유에 대한 표현이어야 한다. 비합리적인 법이나 제도들 등은 합리적 선택이라는 주관적 자유를 방해한다(§144). 헤겔은 칸트적인 '목적으로서의 인간'을 다음과 같은 요구로 재구성함으로써 하나의 정치적 진술로 바꾼다. 즉 인간은 이성적 주체로 인정되어야 하며, 그 자체로 인간은 권리를 요구한다. "나의 의지는 이성적 의지이다. 그것은 타당성을 지니고 있다. 이러한 타당성은 타인들에 의해 인정되어야 한다."(217A)[5] 따라서 나의 의지는 이성적인 것을 표현하기 때문에 하나의 특수한 의지이다. "**특수성**에 대한 개인들의 권리가 똑같이 인륜적 실체성에도 담겨 있다. 왜냐하면 특수성이란 인륜적인 것이 존재하는 외적 현상 방식이기 때문이다."(§154). 따라서 규범적으로 볼 때 이성 국가에서, 노예제는 불법적이다(§137). 종교의 관행들은 (암묵적으로 국가와 교회의 근대적 분리를 주장하는) 개인의 권리에 의해 제약을 받는다(§270R). 그리고 재능에 경력이 들어올 여지가 있다(§§206, 277).

---

5   '인간은 본질적으로 이성적 의지의 견인차이기 때문에 사적 권리의 담지자이다.'(Taylor, 1975, 428)

두 번째로, 이떤 사회는 주체가 그 사회 속에서 편안하게 느낄 수 있기 때문에 다른 사회보다 합리적이다. 주체는 그가 맡고 있는 역할의 의무와 책임을 특별히 그/그녀 자신의 것으로 간주한다.

국가는 인륜적 이념의 현실태이다. — 실체적 의지로서의 인륜적 정신은 스스로 **드러나고** 스스로 분명해진다. 스스로 생각하고 스스로 아는 이 인륜적 정신은 그가 그것을 아는 한에서 그것을 수행한다. 인륜적 정신은 자신의 직접적 실존을 습속 Sitte에 두고 있으며, 자신의 매개적 실존은 개인의 **자기의식** 속에, 개인의 지와 활동 속에 두고 있다. 마찬가지로 자기의식은 자신의 신념에 따라 그 **실체적 자유**를 자신의 본질로서, 자신의 목적과 자신의 활동의 산물로서의 국가 속에 두고 있다(§257).

헤겔에게 인륜은 객관적 자유와 주관적 자유의 합일이다. 그것은 도덕의 요구를 충족시키기 때문에 객관적이다. 인륜은 내면적 개체성만으로는 불가능한 주체의 의무와 책임을 규정하고 있다. 하지만 인륜은 주체적일 수도 있다. 왜냐하면 이성적이지 않고 또 주체의 삶의 형식이라는 현실 속에서만 직접적인 객관적 자유는 하나의 맹목적 권위일 뿐이기 때문이다. 이러한 권위는 충분하고 인간적인 자유에 본질적인 자기의식의 계기가 없이도 주체를 규정한다. 그러한 권위는 외면적이며 행동의 (이성적) **이유**보다는 오히려 (외부적) **원인**으로 작용한다. 국가의 합리성은 제도의 합리성에 대해 반성하고 인정할 수 있는 비판적 주체를 가능하게 하는 제도와 관습 속에 반영되어 있다. 우리는 아래에서 고대와 근대를 대비시켜 논할 때 근대적 주체의 반성적 성격을 돌아볼 것이다.[6]

---

6   pp. 217-220을 보라.

인륜의 영역들

따라서 한 국가가 이성적이 되기 위해서 그 국가는 주체의 의지를 보호하고 유지해야 하며 주체가 그 구조의 합리성을 인정할 수 있도록 해주어야 한다. 인륜의 세 영역들 — 가족, 시민사회 그리고 국가 — 은 이 두 가지 역할을 충족하고 있다. 하나, 그것들은 자유로운 개인적 주체가 선택하는 것을 가능하게 해 준다. 둘, 그것들은 자유로운 개인이 이러한 구조들을 그/그녀의 것으로 인정하거나 그것들 속에서 편안함을 느낄 수 있도록 해 준다. 예를 들어, 부르주아의 핵가족은 개인을 과거의 가족 구조들이 했던 개인의 개인적 자유를 방해하지 않고서도 성적 충동에 대한 의존으로부터 개인을 해방시켜 준다. 마찬가지로, 시민사회는 물질적 필요에 대한 개인의 의존을 자유롭게 해 준다. 더욱이, 제도들은 개인의 권리를 강화하고, 의무의 주체로서 그들이 자유롭고 반성적인 성격으로 발전할 수 있도록 가르친다. 즉 가족은 개인의 도덕적 주체성을 계발하는 반면, 시민사회는 그 주체가 모두 각기 다른 욕구를 지닌, 각기 독립적인 특수한 개인으로 형성될 수 있도록 도구 역할을 한다. 하지만 시민사회는 외적인 필연성을 통해서만 우리를 결속한다. 시민사회는 이기적 개인들에게 선의 요구를 부과하는 정치적 국가이다. 인륜은 개인들이 무반성적이지만 내부적인 유대에 의해 결속되어 있는 가족에서는 직접적이고 자연적이다. 시민사회에서 인류은 협력을 통해 개인들이 그들의 필요를 충족시키는 결사이다. 우리는 상호간의 필요를 통해 하나가 된다(그렇게 표현하고 싶다면 국가에 대한 사회계약적 버전이라 할 수 있다). 그것은 국가의 체제를 통해, 혹은 반성적인 내부적 유대를 통해 형식적이 된다. 우리는 하나의 공동체 속에서 결속한다. 모두 합쳐서, 그것들은 하나의 동일성, 즉 한 개인이 그의 특수성의 어떤 부분도 포기하지 않은 상태로 타인들에게 인정받고

있음을 확신하는 자존감을 제공해 준다.(§157)

이러한 안내가 헤겔 자신에 의해 제시된 일련의 강의들과 다소 어울리지 않는다는 것을 알아차릴 수도 있겠다. 이 책의 대부분은 헤겔의 이성 국가론을 이론적으로 규명하는 것이지 그것을 정교한 구조로 만드는 데 관심이 있는 것은 아니다. 인륜 개념을 전개하고 나서 헤겔의 강의의 세 번째 부분은 정교한 구조(nut and bolt)에 관심을 갖는다. 어떤 곳에서 실제 현존하는 프로이센 국가에 대한 기술이 있고, 다른 곳에서는 국가가 어떻게 완벽해질 수 있는가에 대한 소심한 처방이 있다. 이러한 논의들 대부분을 독자는 스스로 따라갈 수 있을 것이다. 나는 다만 전체 자체에 본질적이거나 혹은 합리적인 것에 집중할 것이다. 헤겔의 이론은 그가 자신의 일련의 강의들에서 기술하고 있는 국가만이 아니라 여러 부류의 국가들과도 조화된다는 것이 나의 믿음이기 때문이다(§274R). 그의 강의의 소재는 생각해 보고 논의해 볼 가치가 대단히 많다. 그 주제들이 대단히 친숙하기 때문에, 그것은 아마도 오늘날 그의 언어관을 이해하는 독자에게 훨씬 접근이 용이할 것이다. 즉 가족의 구조, 자본 시장과 사유재산의 규제 그리고 정치제도들의 성격 혹은 범위. 이런 이유로, 다음에 이어지는 것은 하나의 요약에 지나지 않는다.

가족(§§158–81)

가족의 구조 — 헤겔은 명백히 근대의 부르주아 핵가족에 관심 갖고 있다 — 가 어떻게 주체를 해방시키고 주체의 자유를 가능하게 하는가? 인륜은 그것이 개인적 자유의 여지를 가능하게 하고, 자유로운 주체들에 의해 승인될 수 있다면 이성적이다. 가족은 감정, 즉 사랑을 통해 상호 인격성을 창출하는데, 사랑은 내가 어떻게 나의 고립을 극복해서 타인 속에서 스스로 **편안해질** 수 있는가에 대한 범형적 설명이다. 사랑의 통일은 아직 이성적이 아니지만 — 그것이 자신의 직접적 욕망에 기초해 있다는 면에서 — , 사랑은 이성의 토대를 제공한다.

> 사랑의 첫 번째 계기는 내가 나만의 독립적 인격이 되기를 원치 않는다는 것이고, 만일 내가 독립적 인격이라면, 나는 결핍과 불완전함을 느끼게 된다는 것이다. 두 번째 계기는 내가 나 자신을 다른 인격 속에서 발견한다는 것, 나는 이 인격 속에서 인정을 획득하는데, 반대로 그는 나에게서 인정을 획득한다는 것이다.(§158A)[7]

인정에 대한 언급과 결합된 '나를 발견한다'는 구절의 사용은 헤겔에게서 가족의 참된 연관과 사랑의 유대를 드러내 준다. 즉 그것은 자신의 삶을 거는 (생명을 도(賭)하는) 것에 대한 하나의 대안이다. (다음 4장을 보라). 우리는 사랑하는 결혼을 하면서 자신의 자립성을 포기하고 인정을 요구한다. 무수한 사랑에 관한 노래들이 지혜롭게 이야기하고 있듯, 둘이 하나가 되는 것이다. '나'는 '우리'가 된다. 내가 나 자신을 발견하고 내가 누구인지를 확신하는 것은 '우리' 안에서이다. 우리는 누군가를 위해 나의 직접적인 인격과 그것의 직접적인 욕망을 희생하고자 한다는 것을 입증할 수 있으며, 따라서 나의 직접적이고 동물적인 욕망들의 폐기 가능성을 통해 인간으로서 인정받을 수 있다. 나 자신을 발견하기 위해 인도나 혹은 사막에 가고자 했던 것은 오로지 분노였다.

---

7 '가족은 인간을 공동체로 — 사회의 상호 의존관계로 — 인도한다. 이러한 통일체가 도덕적인 것이다...' (VPG, 422)

하지만 내가 참으로 누구인가를 실제로 자문할 때, 내가 필요로 하는 것은 나와 대등한 자의 참되고 신뢰할 만한 판단이다. 내가 그들의 판단을 신뢰할 수 있는 것은 나를 위해서이지 부정직하거나 (나를 그들 자신의 간계를 위한 수단이나 도구로 취급하는) 그들 자신을 위해서가 아니기 때문에, 나는 내가 사랑하는 사람 속에서 대등하다는 것을 발견한다. '우리'로서의 나의 실존은, 직접적인 이타주의가 자기이익을 능가하기 때문에 윤리적으로 나를 이기주의로부터 자유롭게 한다. 즉 나의 가족의 이익이 자연스럽게 나 자신 앞으로 다가오는 것이다. 따라서 그것은 가치가 추상적 욕망의 자의적인 요구에 승리하기 때문에 직접적인 욕망의 요구를 정화하는 데 필수적인 단계이다. 예를 들어 나의 아내와 아이들의 안전과 미래가 나의 자연적 존재에 의해 나에게 직접적인 관심사가 된다. "**이 통일체 안에서** 자신의 개체성에 대한 자기의식을 갖는 것…그리하여 우리는 가족 안에서 하나의 독립적 인격으로서가 아니라 한 성원으로 현존한다(§158). 이 점은 두말할 나위 없이 명백한데, '우리'가 원하는 것은 통일체의 두 '나'가 따로 원하는 것과 동일하지가 않기 때문이다(과도할 만큼 진부하게 표현한다면, 나는 스포츠카를 원하고, 나의 아내는 다이아몬드 목걸이를 원할 수 있다. 하지만 우리는 함께 공연 관람을 원할 수 있다. — 우리는 두 '나'의 통일체에 앞서서 존재하지 않는 특별한 욕망과 관심을 지니는 새로운 특수적 '나'가 되는 것이다).

결혼

따라서 가족은 윤리적 주체가 그/그녀를 완성시켜 자유로워지는 하나의 도정(道程)이다. 가족은 세 요소, 즉 결혼과 가족 재산과 아이들(§160)로 이루어져 있다. 가족의 첫 번째 요소는 두 명의 특수한 인격 사이의 결혼이다. 헤겔의 그림을 충분히 이해하기 위해서는 그가 그의 시각에서 경합적인 견해, 즉 결혼은 동의하는 상대방들 사이의 하나의 계약임을 공언하는 이론을 이해하는 것이 가치가 있다. 이 이론에 의하면, 나는 당신이 상호 제약에 동의를 하는 한 (당신의 성적 상대자들을 제한하고 재산을 공동으로 보유하고, 쇼핑가는 일에 동의를 요구한다)(§75R과 §161A를 보라) x에 동의한다. (나의 성적 상대자들을 제한하고, 재산을 공동으로 보유하며, 축구 경기를 보러 가는 일에 동의를 요구한다.) 이렇게 파악된 결혼은 상호 이익을 위한 결사의 한 형태이다. 합하는 과정에서 파트너들은 전반적인 이익을 얻기 위해 타협을 하며, 일방이 계약의 조항들을 위반할 경우, 모든 약속이 깨지며 보상을 모색할 것이다. 이런 견해는 헤겔에 따르면 대단히 엉터리이다. 헤겔에게, 결혼이란 사랑의 법적 표현이다. "그들이 합치는 것은 자기 제한이다. 하지만 그들은 결혼 안에서 그들의 실질적인 자기의식을 달성하기 때문에, 사실상 결혼은 그들의 자기 해방이다."(§162) 그렇지만 결혼은 필요하다. 오로지 감정에 기초한 어떤 협력도 '우연적'인데, 두 인격체들의 완벽한 상호 의존에 필요한 안정을 제공하지 못하기 때문이다. 이런 문제는 단기간 동거하는 파트너들에 의해 가장 잘 예시되는데, 그 관계가 깨질 때 그들은 CD 소유나 청구서 지불과 관련해 끝없는 분쟁에 빠지기 때문이다. 사랑은 미래의 조화와 올바른 행동을 낳을 만큼 의존할 만한 것일 수가 없다. 그러므로 사랑은 법적으로 표현되어야 한다. 그 자체로 결혼은 '정의롭고 윤리적인 사랑'으로 간주된다.(§161A) 이러한 법적 표현과 상호 간의 약속에 대한 승인이 순전히 열정에 고무된 결혼의 토대를 대체하며 새로운 신뢰 관계를 결정한다(§163).

헤겔은 결혼을 이루는 실질적인 세목들 몇 가지를 개략적으로 그리고 있다. 첫째, 결혼은 당사자들의 바깥에서 외부적으로 조정될 수 없다. 당사자들의 견해와 감성을 고려하지 않는다는 것은 주체적 사유의 권리를 위반하기 때문이다. 결혼은 자식들이 따를 수 있도록 부모에 의해 조정될 수 있다. 하지만 거기에는 당사자가 그 행위를 그/그녀에게 좋은 것으로 볼 수 있도록 당사자의 편에서 어떤 끌림이 있어야 할 것이다(비록 이것이 그의 가족 의무를 행하는 것일 뿐이고, 부모의 소망을 따르는 일이라 할지라도)(§162A). 마찬가지로 헤겔은 근친상간을 금하고 있다. 욕망의 대상을 향한 직접적인 감정을 극복하기가 힘이 들며, 따라서 그것은 충분히 자유로울 수 없기 때문이다(§168). 헤겔은 결혼의 토대가 순수이성이 아니라 정념으로 남아 있기 때문에 이별을 허용한다(§176). 하지만 헤겔은 남자를 가장(家長)으로 여자는 가슴을 따뜻하게 하는 자로 설정하는, 다소 옹호하기 어려운 성적 분업을 소개하고 있다(§164-6). 그러한 입장을 옹호하기 힘들지라도, 역사적으로 볼 때 (인정에 대한 요구가 비대칭적이고, 그리하여 주관적 자유에게는 모순적이라 할지라도) 그것은 이해가 가능하다.

일부일처제에 관한 헤겔의 논의는 대단히 흥미롭다. "결혼, 본질적으로 일부일처제는 공동체의 인륜이 기초해 있는 절대적 원칙들 중의 하나이다."(§167R) 일부일처제는 욕망과 감정을 한 대상에 제한한다. 만일 자본주의가 주관적 자유의 표현을 허용하기 때문에 헤겔이 그것을 찬미한다면, 확실히 비정상적인 난교(亂交) 형태의 성 역시 조장되어야 할 것이다. 하지만 그에게 일부다처제는 사랑의 과잉이며 강박적인 파괴로 끝난다. 일부일처제는 물론 상호 평등에 보다 일관성이 있을 뿐만 아니라 (특히 일부다처제는 종종 한 성, 남성에 더 우위를 둔다), 상속과 재산권 주장의 견지에서 볼 때도 훨씬 합리적이다(중요한 고려)(§178). 하지만 일부일처제를 헤겔이 지지하는 보다 실제적인 이유는 결혼이 자의적 의지가 아닌 인륜적 의지라는 점에 있다. 그것은 나를 나로 보라는 승인에 대한 욕구이다. 이 점을 고수하는 것은 오로지 한 사람에 의해 수행되어야 한다는 것이 불필요한 제한이라는 논의가 있을 수 있다. 하지만 이것은 논점을 놓친 것이다. 결혼은 사랑에 대한 법적 표현이며, 사랑은 자신의 생명을 걸 수 있는 대안이다. 우정은 그러한 관계의 힘을 기술하는 용어로는 지나치게 포괄적이며, 법적인 형식을 갖지 않고 있다. 마지막으로, 이성 간의 일부일처제 결혼을 고집함에 있어, 헤겔은 그의 세 번째 관심인 자녀의 문제를 제안한다. 우리는 이 문제를 다음에서 다룰 것이다.

가족의 재산

가족의 구조를 통해 추상법의 인격의 자의적인 획득은 윤리적 목적(우리가 중시하는 가치에 대한 배려)을 위한 이성적 획득으로 대체된다. 가족은 인격이 추구하는 이성적 선에 대한 첫 번째 설명으로, 선에 대한 어떠한 추구와도 대립된다(§170). 타인들이 나의 행위를 나 자신의 것으로 인정할 가능성이 되는 재산에 관한 추상법과 다르게, 가족의 자산은 그것이 단순히 개인이 아니라 한 **공동체**의 획득과 배려를 위한 토대를 형성한다는 점에서 인륜적이다.

자녀 양육

가족에 대한 헤겔의 기술은 자녀에 대한 기술과, 자녀에 대한 교육자와 보호자로서의 부모의 역할로 완결된다. 자녀는 부모들의 재산이 아니다. 자녀들 역시 그들 자신을 위해 존재한다. 그들은 부모 사랑의 객관적 존재이다. 재산이 가족에 대한 외적 관계를 담지하는 반면, 자녀는 부모들 사이의 내적 유대의 객관화이다. 부모의 의무는 자녀 교육에 자리 잡고 있다. 교육은 자녀를 인격체로 인도함으로써 가족을 해체하게 된다.

인격체를 달성함으로써 자녀는 새로운 가족을 구성하고자 하며, 따라서 낡은 가족과 그/그녀가 맺고 있는 유대를 깨게 되기 때문이다(§179).

가족편 요약

가족은 여러 면에서 개인의 자유에 기여한다. 첫째, 우리는 타인들과의 무아(無我)적 통일이라는 모델을 따름으로써 직접적인 욕망을 극복할 수 있다. 나는 보다 큰 선(고귀한 선)의 욕망을 위해 나의 직접적인 욕망을 부정한다. 둘째, 가족은 자신의 통합체에 대한 평생 귀속이라는 보다 큰 선을 증진시키며, 따라서 그런 직접적 욕구들을 극복하는 데 도움이 되는 모델을 다시금 더 제공하고 있다. 결혼은 성적 충동에 대한 노예적인 집착으로부터 우리를 해방시킨다. 하지만 그것은 또한 사랑과 정념으로부터 탄생한 하나의 약속이다. 그렇지 않을 경우 우리는 아무런 동기 유발(여기서 헤겔이 도덕심리학에 대해 언급한 것을 기억하라)도 갖지 못하고 오히려 감정에 대한 불안한 의존을 안정적인 형태로 바꿀 뿐이다. 결혼은 양측이 성적 에너지를 조정할 수 있도록 충족의 가정 경제를 수립한다. 명백히 가족의 구조는 개인을 그/그녀의 직접적 충동으로부터 해방시키고, 상황과 정체성 및 충동의 논리에 대해 이성을 행사할 수 있도록 도와주는 내재적 의무론을 제공한다.

헤겔은 가족이 인격의 자유를 보장하는 세 가지 방식을 확인하고 있다. 하나는 죽음을 불사한 투쟁이 아닌 사랑을 통한 상호 인정. 둘, 보다 큰 공동체 안에서의 인격성과 정체성의 유지. 셋, 가족과 자녀의 미래를 기획하기 위해 직접적 욕망을 극복하는 것. 가족에 대해 헤겔이 접근한 보수적 요소들을 무시하고, 따라서 하나의 철학적 도구로서 사랑에 대한 다소 낭만적인 과잉투자를 무시한다면, 그가 가족을 소개하는 이면에 놓인 근본 사상은 아마도 쉽게 무시될 수 없는 것일 것이다.

공동체의 기원을 인간들 사이의 **감정** 속에 정초하고, 역사적으로 볼 때 인격은 이러한 제도적 구조 다음에 출현한다고 주장함으로써, 헤겔은 정반대의 시각에서 시작한다. 즉 인간은 본성적으로 사회적이며, 사회를 통해서만 개체성과 인격성을 획득한다는 것이다.

시민사회로의 이행

어떤 정치사상가들은 가족을 정치적 의무의 모델로 간주한다(아리스토텔레스, 1996; 필머, 1991). 우리는 각기 아버지에게 복종하듯이 우리의 지도자에 복종한다. 그들은 우리보다 더 잘 알고 있기 때문이며, 그들은 본래 우리의 이익을 가슴 깊숙이 간직하고 있기 때문이다. 헤겔은 이 점에 동의하지 않는다. 가족은 국가와 다른데, 가족 구성원들이 헤어질 때 가족은 더 지속하지 못하고 해체된다. 반면 국가는 해체되지 않고서 구성원들을 잃을 수도 있고 획득할 수도 있다. 헤겔의 말에 따르면, 가족의 구성원들은 국가에 '부수적'이 아니다. 더욱이 가족은 가장이 그 자신만으로 주체적 자유의 요구들을 충족시킬 수 없다는 점에서 자기 충족적이지 않다. 자녀와 성인의 길은 욕구를 충족하는 일에 구속될 것이며, 충분한 인간 자유에 필수적인 자의적 선택을 그들에게 허용하지는 않을 것이다. 한 사람의 미래는 그의 출생에 의해 직접적으로 결정될 것이며, 우리 모두가 여전히 서로 의존해 있기 때문에 그는 새롭고 다른 길을 선택할 수 없을 것이다.

시민사회(§182-229)

가족을 기술하는 많은 측면에서 헤겔은 암묵적으로 전근대적인 정치

결합체를 제공하고 있으며, 국가에 내한 시배적인 사회계약론직 모델에 하나의 대안을 제공하고 있다. 인간들을 협력으로 모는 상호 필요 혹은 필연성 대신에, 인간은 자유로워지기 위해 인정을 모색한다. 따라서 인간이 충분이 인간적이 되기 위해서, 그/그녀는 사회적이어야 할 것이다. 시민사회는 종종 자연 상태에 대립해서 사용되곤 했다. 그것을 인간적 관계들의 한 부분 — 전체가 아닌 — 으로 만듦으로써, 헤겔은 욕구와 그 충족이 협력을 요구하는 반면 동시에 이기적 협력이 국가의 존립 전체이자 목적 전체임을 부정한다는 것을 인지하고 있다.(§258R)[8] 사실상 시민사회에 대한 우리의 책임은(나와 나의 가족이 원하는 바를 충족시키기 위해서라는) 이기주의에 의해 동기지어지지만, 그러나 — 헤겔이 인정하듯 — 전체로서의 국가에 대한 우리의 책임이 그런 것은 아니다.

> 만일 국가가 다양한 인격들의 통일체로, 한낱 (이익) 공동체인 통일체로 표상된다면, 이는 다만 시민사회의 규정에 적용될 뿐이다. 입헌국가의 많은 근대적 대변자들은 시민사회 외에 국가에 대한 어떤 견해도 제시하지 못했었다. 시민사회에서, 각 개인은 그 자신의 목적이고, 다른 것들은 그에게 아무런 의미가 없다. 하지만 개인은 타인들과 관계하지 않고서는 자기 목적을 충분히 성취할 수 없다. 그러므로 이 타인들은 특수한 (인격)의 목적을 위한 수단이다. 하지만 타인과 관계함으로써 특수한 목적은 보편성의 형식을 취하고, 동시에 타인들의 복지를 충족함으로써 만족을 얻는다(§182A).

---

8 하나의 예로, 8장에서 로크(1988)의 '시민사회'의 용법을 보라.

가족과 시민사회는 모두 상호 인격성을 촉진한다. 하지만 가족이 감정에 기초해서 그렇게 하는 반면, 시민사회는 상호 필요에 의존하고 있다. 인격으로서의 가족은 내부적이 아닌 외부적 유대를 통해 다른 가족들과 연결되어 있으며, 이것이 우연성에 대한 협력적 반응으로서의 사회를 구성한다. 욕구를 충족시킴으로써 생성된 사회적 의지는 타인들과의 협력의 하나이다. 만일 어떤 사람이 그들을 돕겠다고 마음을 열면 사회적 의지는 그들 역시 똑같이 돕겠다고 동의할 인격체들로 그들을 인정하는 것이다. 일과 노동은 상품을 욕구의 충족으로서 생산하고 창출하는 활동들이며, 따라서 사회적 노동은 욕구들로부터 우리를 자유롭게 한다.

시민사회의 기본 가정은 이렇게 말할 수 있다. "개인들은 이 국가의 시민들로서 그들 자신의 이익, 그들의 목적을 지닌 **사적 인격들**이다."(§187) 사적 인격을 언급하는 것은 추상법으로 완전히 돌아가서 난폭한 이기주의를 기술하는 것이 아니다. 이러한 인격들이 가족의 대표자들이라는 것을 기억해야 할 것이기 때문이다. 따라서 시민사회의 인격은 순전히 자기이익적 목표를 추구하기보다는 오히려 이미 가족의 인륜적 기초에 의해 규정되어 있다. 가장은 자신만의 것이 아닌 가족의 이익을 도모하기 위해 시민사회에 참여한다. 하지만 시민사회는 현실화된 추상법의 객관적 자유이자 주관적 자유가 지배하고 "그리하여 온갖 정념들의 파도가 굽이치는"(§182A) 영역이다. 이러한 자의성은 충분히 자유로운 인간의 권리이다. 시민사회는 우리가 특수한 욕구와 필요를 선택하고 충족시킴으로써 우리의 개체성을 가장 잘 표현할 수 있는 우리의 실존 영역이다. 헤겔에게 자본주의 체제는 완전하고 고유한 개인적 자유를 허용하는 유일한 욕구 체계이기 때문에 모든 이성 국가의 필수적 요소이다.

그럼에도 협력이 더 많은 일을 한다. 협력 의지에 대한 약속은 시간이 지나면서 개인이 정체성을 갖고 자유롭게 그/그녀의 목표를 추구할 수 있는 집단과 공동체(신분)를 형성한다는 점에서 시민사회는 가족과 고유한 의미의 정치 국가 사이를 매개한다. 특수적 나의 이기주의적 본성은 욕구 체계를 통해 보편적이 된다. 협력이 경쟁보다 훨씬 더 만족을 낳고, 시간이 지나면서 이런 욕구를 충족시키는 집단들은 개인들이 타인들에게 의지하도록 만들고, 하나의 생활 방식 혹은 타인들과 대립된 그들 자신의 욕구를 지닌 공동체를 형성한다.

시민사회는 욕구와 충족 그리고 생산이라는 사회적 체계의 세 가지 요소에 관심을 갖는다. 하나, 인간이 추구하는 욕구의 종류들과 이러한 욕구들이 충족되는 수단(욕구 체계); 둘, 소유와 교환의 체계 안에서 개인의 자유의 보호(정의의 관리); 셋, 공유된 노동을 실행함으로써 발생하는 재화의 분배를 통제하고, 그리하여 자유 시장이 과잉 혹은 부패에 빠지지 않도록 함(경찰 행정과 직업 단체).

욕구 체계

헤겔은 근대 초기의 많은 사상가들과 마찬가지로 자본주의 경제체제와 사적 소유제도의 출현의 옹호자이다. 하지만 그의 지지는 대단히 흔한 공리주의적 논거나 체계적 효율성의 주장에 근거하지 않는다. 자본주의는 다른 어떤 체제보다 개인들이 원하는 것을 보다 잘 제공해 준다. 하지만 — 보다 중요하고, 추상법에서 사적 소유에 대한 헤겔의 논거와 마찬가지로 — 자본주의는 개인들이 원하는 것을 스스로 결정하도록 해준다. 자본주의를 정당화는 데 기여하는 것은 자본주의의 핵심에 놓인 자유에 대한 이러한 암묵적 구현이다.[9]

---

9   헤겔에 대한 마르크스의 비판은 그가 형이상학에서 자본주의 체제의 현실적 저작들과 사유재산으로 공격을 이동시킬 때 가장 적절하다. 그 주장에 따르면 자본주의와

인간이 다른 동물들과 구별되는 하나의 방식은 헤겔에 따르면 주체와 그/그녀의 욕구 사이의 관계에 있다. 동물은 그 욕구에 의해 외부적으로 규정되는 반면, 인간은 그/그녀의 지성을 사용함으로써 그/그녀의 욕망을 저지하고 질문하고 해부할 수 있다. 욕망은 그것을 보다 쉽게 달성하기 위해 구체적인 부분들로 나누어질 수 있다. 불순물로 흐릿한 개울에서 물을 마시기 위해, 인간은 직접적으로 그의 충동이 끌어당기는 대로 반응하기보다는 튜브와 자갈들로 정수기를 만들어 물을 따라 마실 수 있다. 결과적으로 새로운 충동들이 생긴다. 튜브를 발견하고 모양새를 만들려는 욕구, 정확한 자갈 등을 선택하려는 욕구 등이 그것이다. 단일한 직접적 욕구 체계적인 부분들은 그 자체로 복수의 욕구들이 된다. 이런 평범한 예가 필요 체계의 기초를 뒷받침하는 데 기여한다.

욕구와 그것을 획득하기 위한 수단을 하나의 체계로 고정하는 일은 시민사회의 필수적 요소가 된다. 헤겔에 따르면, 인간은 더 많은 욕구를 가질수록, 어떤 욕구도 그/그녀에게 결정적인 역할을 담당할 수 없다는 단순한 이유 때문에 그/그녀는 더 자유롭다. 따라서 우리가 지닌 사회적 욕구들이 우연적일수록 더 좋다. "욕구들을 증가하는 일 자체가 욕망에 제어적 영향력을 갖는다. 만일 사람들이 많은 것들을 이용한다면, 그들이 필요로 할지 모르는 이런 것들을 획득해야 한다는 압력은 덜 강할 것이다. 이것은 필요가 전반적으로 덜 강하다는 징표이다."(§190A) 물을 정화하는 앞선 예를 다시 생각해 보자. 만일 두 사람이 우연히 물을 마시러 와서 둘 다 물을 마시려고 할 경우, 그런 욕망의 달성은 한 사람이 자갈을 줍는 동안 다른 사람이 튜브를 찾거나 만들 경우 훨씬 쉽게 달

사유재산은 자유와 자기결정을 방해한다. 마르크스(1977b)를 보라.

성할 수 있을 것이다. 시민사회에서 보이는 협력은 자신의 욕망을 가능한 한 빠르고 쉽게 충족하려는 욕망에 기초해 있으며, 따라서 다른 사람들의 욕망에 봉사하는 것이다. 아담 스미스의 보이지 않는 손을 헤겔이 전유한 바를 가장 잘 표현하고 있는 것은 아마도 이 점일 것이다.

> 노동과 욕구의 충족이 이처럼 의존적이고 상호적인 점에서, **주관적인 이기심이 만인의 욕구 충족에 대한 기여로 바뀐다.** 변증법적 운동에 의해 특수자가 보편자에 의해 매개됨으로써 각자가 자기를 위해 일하고 생산하고 향유할 때, 그들은 타인들의 향유를 위해 생산하고 획득한다(§199).

상품들은 두 가지 이유로 사회적 생산에 의해 증가된다. 즉 직업 단체는 직접적인 생계에 대한 의존으로부터 자유롭게 해 주고, 또한 사회생활 자체도 새로운 욕구를 창출한다. 예를 들어 공유된 공동체 안에서만 우리는 텔레비전을 필요로 한다.

시민사회에서의 직업 단체는 비록 외면적이기는 해도 인격 상호간의 존재로 발전한다. 개인들은 다른 사람들에게 의지해야 하는데, 그들은 그들의 만족을 증가시키는 하나의 방법으로서 다른 공동체들과 대립해서 그들 자신의 욕구와 만족 양식을 지닌 생활 방식 혹은 공동체를 형성해야 하기 때문이다. 이익을 공유하는 특정 집단의 사람들은 그들이 — 아마도 배타적으로 — 전체사회 안에서 특정한 이익을 공유한다는 것을 인정하면서 함께 일할 것이다. 헤겔은 근대사회에서 세 가지 계층을 확인하고 있다. 하나, 실체적, 무반성적 농민 계층; 둘, 무역과 산업에 종사하는 형식적, 개인주의적 계층; 셋, 전체사회의 이익에 관심 갖는 반성적, 보편적 계층. 우리는 이것들을 농사와 농업, 사업과 정치·사회적 노동자, 그리고 교육 및 시민적 노동자들로 이익을 묶어서 생각할 수 있다. 각 계층의 구성원들은 다른 이익들을 추구하는 다른 대립적 계층들에 직면해서 그들의 공통의 이익을 위해 협력한다(의식적으로 만인의 선을 위해 일하는 마지막 계층을 제외하고). 그것은 인격이 개인적 욕망보다 큰 목적과 동일시하기 때문에 보편성을 향한 부분적인 조치이다.

> 개인은 **현존재** 일반으로, 그리하여 **일정한** 특수성 속으로 진입하면서 현실성을 띤다. 따라서 그는 욕구의 **특정한** 영역들 중의 하나에 스스로를 **배타적으로** 제한해야만 한다. 이 체계 안에서의 윤리적 성향은 **성실성과 계층의 명예**를 존중하는 태도이며, 그래서 각 개인은 자기결정의 과정에 의해 스스로의 활동, 근면과 숙련을 통해 시민사회의 체계의 한 구성원이 되도록 하고 그렇게 처신하는 것이다. 보편자와의 이러한 매개를 통해서만 그는 자신을 배려하는 동시에 그 자신의 눈과 타인들의 눈 속에서 **인정**을 획득한다(§207).

만일 내가 스스로를 축구 팬으로 묘사한다면, 그것은 나에 대해 무엇이 보편적인가를 드러내며, 최소한의 형식적 의무와 가치를 지정해 줄 것이다. 하지만 '일정한 특수성'을 갖기 위해서, '나는 애쉬톤 빌라의 팬이다' 하는 식으로 특정 팀에 나 자신을 제한해야만 한다. 추상적이고 보편적인 성격이 우리에게 형식적인 동일성을 부여하지만, 나 자신을 오로지 한 팀에 제한함으로써, 나는 단순히 '그들 중의 하나'로 인정되는 실질적이고 구체적인 동일성을 스스로에게 부여하는 것이다. "인간이 어떤 위인(爲人)이어야 한다고 말할 때, 그 의미는 그가 특정 계층에 속해야만 한다는 것이다. 어떤 위인이 된다는 것은 그가 어떤 실체적인 것을 갖고 있다는 것을 의미한다. 어떤 계층에도 속하지 못하는 인간은 단순히 사적 인격일 뿐 현실적 보편성을 갖고 있는 것이 아니다."(§ 207A) 헤겔에게 계층은 제 2의 가족을 형성하며, 그런 집단들과 공동체들은 시간이 지나면서 통일적인 기호와 의미 그리고 가치를 드러내기 시작할 것이다. 말하자면 우리는 선호하는 영화에서 자신을 인정받을 수 있을 것이다. '극장', '주류' 등에 대한 묘사는 영화의 실제적 내용만큼이나 그들이 안목 있는 청중임을 나타내며, 사회학적으로 잘 정초된 인구 통계학은 당신이 받은 교육, 직업과 사회적 관계에 기초해 당신의 욕망과 욕구를 예측할 수 있을 것이다.[10]

헤겔은 자본주의가 지닌 소외시키고 원자화하는 효과를 깨닫고 있으며, 가치와 질서의 순서를 정하는 데 필요한 공동체를 육성하는 데 계층들을 하나의 방법으로 보고 있다. 시민사회의 협력적 성격을 통하는 것 이상으로, 시민사회가 전체로서의 국가와 연결되는 것은 계층을 통해서이다. 순전히 개인적인 목표보다는 공통의 목표를 추구하는 과정에서, 보편성이 시민사회의 극단적인 특수성 속으로 들어가도록 할 수 있다. 나의 일에서 나는 모든 농사꾼들, 산업가들 혹은 모든 시민들을 위해 일한다. 다시금, 우리는 자신의 정체성을 위한 해방적 측면으로서 보다 큰 선(善)에 대한 약속이라는 관념을 발견한다. 내가 속한 계층의 보다 큰 선은 내가 세상 속에서 나의 의지를 적합하게 표현하는 데 요구되는 지성의 합리적 토대와 기준을 제공한다.

가족이 국가의 첫 번째 토대인 반면, 계층은 두 번째 토대이다. 계층이 특

---

10 계층은 마르크스의 계급이 아니라는 점을 주목한다. — 계층은 '수평적'이 아니라 '수직적'이다. 농지 소유자들, 농민과 농업 경영자들 모두 하나의 계층에 속한다. 공장 노동자들, 공장 소유주들과 감독들은 다른 계층에 속한다. Knowles(2002, 270-1)을 보라.

별한 의미를 띠는 까닭은 그들의 이기심에도 불구하고 사인(私人)들은 다른 사람들을 배려할 필요가 있다는 것을 아는 데 있다. 따라서 이것이 이기심을 보편자, 즉 국가와 연결하는 뿌리이다. 국가는 이러한 연관이 견실하고 확고한 것임을 보장하도록 해야만 한다(§201A).

욕구 체계 속에서 필수적인 분업은 각자의 삶의 스타일과 방식 그리고 필요를 지닌 집단들을 생성한다. 이러한 계층들은 그 구성원들에 대해 책임을 지닌다. 즉 그들의 성격을 도야하고 계발하며, 합리성의 기초를 형성하고 구성원들이 자유롭게 선택할 수 있도록 도와주는 것이다.

하지만 시민사회는 욕구 체계, 생산과 교환의 체계이기 때문에, 자유를 보호하는 쪽으로 특정 권리들이 통합될 필요가 있다. 사람들은 인격들로 관계지어져 있으며, 그리하여 시민사회는 이러한 인격들의 권리를 유지하고 보호해야만 한다. 예를 들어 주체적 자유의 권리는 특정 계급 안에서 탄생한다는 우연성에 의해 침범될 수도 있다(나는 대학을 실현 가능한 목표로 간주하는 계급에서 태어나지 못했다). 따라서 국가는 사회적 이동의 가능성을 촉진하지 않으면 안 된다.(§§206, 277) 추상법이 부당 행위와 도덕에 대한 설명을 요구했듯이, 시민사회는 정의의 행정을 요구한다.

정의의 행정

욕구의 체계는 소유권이 개인적 자유의 표현이자 나의 삶 자체의 가치에 대한 표현이라는 의미에서 추상법의 실현이다. 하지만 자신을 표현할 수단이 없다면, 그러한 법은 무익하고 공허하다. 사적 소유와 자유로운 교환이라는 자본주의 체계는 물건을 점유하는 추상적 욕구를 가능하게 한다. 더욱이, 그러한 체계는 점유가 — 추상법과 마찬가지로

— 갈등과 불법, 그리고 강제도 가기 때문에 치안과 규제를 필요로 한다. 시민사회는 생산과 교환의 한계 너머로 뻗어 나간다. 인격들의 욕구는 권리를 포함하며, 따라서 시민사회는 추상법의 체계가 이를테면 주체적 자유를 보호할 필요가 있는 것과 똑같은 이유에서 이러한 권리들을 유지하고 보호해야만 한다. 그러므로 그것은 **정의의 행정**을 요구하는 것이다.

여기서 우리는 헤겔의 일련의 강의들의 제목이 표면적으로 약속하는 것처럼 보이는 것, 즉 법의 철학(a philosophy of law)과 대면한다. 내가 앞서 기술했듯이, 권리(Rechts)는 법률보다 훨씬 넓은 용어로서 관습적 행동, 사회적 습속 그리고 개인적 주장들을 포괄한다.[11] 헤겔에게 법률(Gesetz)은 법 속에 존재하고 실현된 특정 국가의 명문화되고 경화된 관습들이다.

> **본래적인** 법이란 그 객관적 현존 속에 **정립된**, 말하자면 사상을 통해 의식에게 규정되고, 법으로 유효한 것으로 알려진 것, 즉 **법률**(das Gesetz)이다. 이러한 규정을 통해 법은 **실정법** 일반이 된다(§211).

헤겔은 민족의 역사 초기에 그 민족의 관습과 습속이 법률로 표현될 것이라고 암시한 바 있는데, 왜 그런가를 짐작하기는 어렵지 않다. 만일 우리 모두가 무엇이 옳은가를 안다고 주장하지만 타당성의 유일한 기준이 사실상 주관적 신념뿐이라면, 편파성 혹은 실수 때문에 반드시 갈등이 발생할 것이다. 한 민족의 기대, 관습과 습속이 명문화되었다면, 특정한 경우에서 판단을 위한 공식적인 권위에 호소할 수 있다. 헤겔이

11　이하 Rechts(Right)는 법으로, Gesetz, law는 법률로 번역하고자 한다. 다만 추상법을 다룬 장에서는 특별한 문제가 없을 경우 법과 법률을 혼용했다.

잘 사용하는 용어로는 법률은 이성적이 된 권리이다.

하지만 어떤 국민이 이러한 법률의 객관적 표상을 확인하기 위해서 법률은 첫째로 주체들의 마음속에 분명하게 이해되고, 둘째는 명령을 내리고 명문화되며, 마지막으로 공적 영역에 개방되고 설명 가능해야 한다. 첫 번째 기준은 대부분의 자유 사회들에서 발견되는 이성적 입법을 상기시켜 주지만, 그것이 과장되어서는 안 된다. 헤겔은 하나의 법률이 효력을 지니기 위해서 그것은 주체에 의해 인식되어야 한다는 보다 약한 주장을 하고 있다. 말하자면 여성은 그녀가 무엇으로 고발을 당했는지를 알지 못하고, 어떤 면에서 그것이 불법이 되는가를 이해하지 못한다면 자신을 변호할 수 없다. 도덕적 의식에 의해 측정된 법률 자체의 타당성은 법률이 합리화된 사회적 인습일 뿐이기 때문에 시민의 역량을 넘어서 있다. 헤겔의 법률관은 실증주의의 한 형태이다. 만일 법률이 관련 있는 권위에 의해 만들어져서 분명하게 공표되었다면, 그것은 타당하다. 그러한 법률은 의식에게 애매하지 않고 투명하기 때문에, 객관적 표상으로의 법률의 명문화는 아무런 문제를 제기하지 않으며, 이러한 이유에서 헤겔은 두 번째 기준을 요구한다. 이성법의 관념을 발견하는 것은 세 번째 기준에서이다.

> 법이 법률의 형식으로 현존할 때, 그것은 법에 대한 **특정한 의욕이나 의견**과 대립된 대자적 법률이다. 그 법률은 자립적이며 **스스로 보편적인 것으**로 유효하게 만든다. **특정한** 이해관계에 대한 주관적 느낌 없이 특정한 경우에서 이처럼 법률을 **인식하고 실현하는** 일은 공권력, 즉 **법원**에 속한다 (§219).

이성적인 것으로서 법률은 독자적으로 존재하며, 그것이 유래한 기관과 독립적으로 손속할 수 있다. 따라서 헤겔에게, 법률 기관들의 조작은 공적 영역에 열려 있어야 하고 국민들에게 설명이 가능해야 한다.

그럼에도 헤겔의 설명은 부정의한 법률에 대한 저항을 전혀 허락하지 않는 것처럼 보인다. 만일 내가 마리화나를 피우는 것을 금지하는 법률이 나쁘다고 믿지만, 그 법률은 해당 기관에 의해 제안되고 명백히 공표되었다고 말한다면, 내가 서 있는 입지는 대단히 협소할 것이다. 헤겔에게 합리성의 관념은 법이 판단과 입법에 대한 적절한 진술이기 때문이며, 반면 관습법은 변덕과 주관적 편파성에 휘둘릴 수 있기 때문에 그렇지 못하다는 것이다. 그러한 요구는 백치법(국가가 연주될 때 가던 길을 멈춰야 한다)이나 혹은 비윤리적 법(2월 29일에 탄생한 아이는 윤년의 신에게 희생물로 올려야 한다)을 배제하지 못한다. 그러한 주장에 대한 헤겔의 반응은 적절한 것은 아니다. 그러나 헤겔은 간단하게 법이 이성적이기 때문에 백치법과 '비윤리적 법률'은 존재하지 않는다고 진술할 것이다. 나쁘거나 비합리적인 법률은 안정성이 없으며, 주체적 자유를 보존하고 증진하지 못할 것이며, 따라서 역사의 산물이 되지 못할 것이다. 충분한 정당화는 헤겔의 역사철학에 들어 있다. 즉 평등의 관행을 방해하고 위반하는 법률은 역사가 작동하는 한 결국에 가서는 소멸되고 말 것이다.

경찰 행정과 직업 단체

정의는 "개인들의 생계나 복지가 보장되어야 한다는 것 — 즉 **특정한 복지가 하나의 권리로 취급되어야 하고** 합당하게 **실현되어야 한다**"(§230)는 명령 속에 존재한다. 하지만 정의의 행정은 그것을 보완할 수 있는 수단들과 독립적으로 존재할 수 없다. **경찰** 행정은 개인들의 권리에 대해 힘을 갖는 외부적 권위로 존재하며, 만인의 필요에 따라 그것이 할

수 있는 정도에서, 심각한 상황에서는 가족을 위해 그리고 가족이 허용
하는 정도에서 행동을 제한할 수 있다.(§239) 때문에 '경찰 행정'은
'국가의 치안을 담당 한다' 는 구절에서처럼 그 현재 형태에서 가장 잘
사유된다. 그것은 고유한 경찰, 사회봉사, 경비와 조사, 공적인 기준
체, 지역 위원회 등 보호 용어로 가장 잘 이해될 것이다(§236A).

　세 계층이 근대사회의 일반적인 묘사라고 한다면, 직업 단체는 그러
한 분업 구조 안에서보다 전문화된 집단의 이익을 대변하기 위해 존재
한다. 이러한 개인들은 대부분 위험할 정도로 자기중심적으로 사적 이
익을 추구할 가능성이 높기 때문에, 그들은 무역과 산업 계층, 광산 업
자, 주식 중계인 등에 관심을 갖는다. **직업 단체**는 시민사회에서 윤리
적인 것이 하나의 내재적 원리로 우위에 서고, 두 번째 계층에 두드러
진 것이라는 점을 결정한다. "...직업 단체는 그 구성원들에게 제 2의
가족의 역할을, 즉 시민사회 일반의 경우에 훨씬 무규정적인 상태로 남
아 있는 역할을, 개인들과 그들의 특정한 요구들로부터 멀리 떨어져 있
는 역할을 떠맡는 권리를 가진다."(§252) 때문에 직업 단체는 구성원
들의 관심사를 배려하고, 새로운 구성원들을 충원하며, 우연성(기근,
부상 등)에 대항하여 구성원들을 보호하고, 훈련과 교육을 제공함으로
써 그 구성원들을 지원한다. 직업 단체는 만인이 동일한 이해를 갖는다
고 헤겔이 생각한 사업 로비스트들, 동업조합들 그리고 노동조합들의
소박한 혼합체이다. 즉 행복한 노동자가 좋은 노동자이고, 생산적 노동
자가 좋은 것을 재생산하고 합당하게 보상한다는 생각이다. 헤겔은 아
마도 이러한 측면의 자본주의적 정당화에 관여할 때 지나치게 낙관적
일지 모른다. 관리자와 노동자는 회사나 직업에 봉사할 때 — 아마도
일본식 모델처럼 — 훨씬 좋은 점을 보기보다는 상호간에 소외되는 경
우가 적지 않을 것이다. 경찰 행정과 직업 단체는 만일 주체들이 계약

이 준수되고, 그들의 구성원들을 교육시키며 빈곤을 통제함으로써 국가로부터 그들이 원하는 것을 달성할 수 있을 경우 요구되는 그 모든 기구들로 이루어져 있다. 경찰 행정 역시 국민의 기본적 필요에 부합하는 하부구조를 제공해서 현대의 복지국가와 다르지 않게 교육과 건강 서비스, 재정 지원과 가족에 대한 의무를 강화함으로써 가능한 빈곤이 치유될 수 있도록 한다.(§§239-240)

헤겔은 자본주의의 우연적 악들, 즉 빈곤과 시민사회의 원자론에 대해 빈틈없으면서도 의외의 민감성을 보여 준다. 자본주의는 자유로운 특수적 개인으로서의 인정을 보장하지만, 규제될 필요가 있다. 그렇지 않을 경우 자본주의는 국가의 '편안함'을 훼손하여 사회를 원자화하게 된다. 헤겔은 개인의 통제 영역 바깥에 있는 외부적 변수들이 그/그녀의 삶을 박탈할 수 있다는 것을 잘 알고 있다. 말하자면 광부들의 삶을 따뜻하게 하는 석탄 난방을 대체하는 새로운 연료 기술을 발견하거나 혹은 국내 생산을 붕괴시키는 해외 노동자들이 생산한 보다 값싸고 보다 효율적인 자동차를 수입하는 것이 그렇다. 정의의 행정은 시민사회가 최악으로 치닫는 것을 통제하는 공적 권위에 의해 국가의 경찰 행정을 확보하고, 또 무역과 산업 계층의 구성원들의 삶 속에 윤리적 요소를 주입하는 직업 단체를 통해 강화된다. 그러한 경찰 행정은 사치와 낭비 그리고 빈곤이 자본주의하의 시민사회에 내재적으로 결합되어 있는 것으로 보일지라도 피할 수 있다는 것을 보증한다. 이러한 악들이 공동체를 해체하고 주체적 자유를 침해한다는 바로 그 이유 때문에 헤겔이 이러한 악들에 저항한 것은 옳다.

첫째, 빈곤은 인간을 비인간화한다. 빈곤은 인간을 타인들의 '단순한 수단'으로서 그들의 의지에 내맡긴다. 그가 낯선 의지의 수레바퀴가 됨으로써 그는 노예와 다를 바 없이 생존하거나 그 상태로 환원된다. 하지만 빈곤의 도덕적 악이 어떠하든, 헤겔은 국가의 안정성을 위협할지 모르는, 대중을 형성하는 비인간화된 인간이라는 현실적이고 정치적인 문제에도 똑같이 관심을 갖고 있다.

> 대중이 일정한 삶의 기준 아래로 몰락할 때...대중이 자신의 활동과 노동에 의해 자신의 생계를 유지할 때 나오는 권리와 정의 그리고 자존의 감정을 상실한다. 이로 인해 **천민**이 발생하는데, 반대로 이것은 어울리지 않는 부가 소수의 수중에 집중하기 쉽게 만든다(§244).

대규모의 불평등의 결과는 혁명의 위험으로 치닫게 된다. 헤겔은 노동력이 더 이상 노동에 관여하지 않을 때 국가에 문제를 야기한다는 것을 잘 알고 있다. 왜냐하면 인간은 화산 폭발에 대해 참으로 보상을 모색할 수 없는데 반해, 그/그녀의 부가 상실될 때 동료가 그에게 어떤 책임이 있다고 보고, 여전히 부를 가지고 있는 자들에 대해 불평하기 시작하기 때문이다. 프롤레타리아의 빈곤은 그들에게 교양을 박탈해서 그들을 전체사회에 저항하는 천민으로 바뀌게 한다. 헤겔의 해법은 첫째 구성원을 배려하는 계층과 직업 단체의 안전에 의지하는 것이고, 이것이 실패할 때는 천민들을 추방하기 위해 식민지 정책에 의지하는 것이다.

둘째, 보편성에 대한 시민사회의 모든 열망에도, 그것은 사익(私益)이라는 역동적인 동기에 기초해 있다. 그러한 사익은 억제되어야만 한다. 왜냐하면 사람들은 통일과 보편성의 주장에 쉽게 눈을 감아 버릴 수 있으며, 따라서 국가의 참된 목적을 해체할 수 있기 때문이다. 원자론 — 혹은 인간과 인간의 소외 — 은 하나의 악이다. 만일 시민사회가 지나치게 강해진다면, 그것은 윤리적 영역을 완벽하게 훼손시켜 국가의 해체를 이끌 수 있을 것이기 때문이다(§236R). 자신의 사적인 이익이 아닌 보편적 공동체에 대해서는 아무도 배려하지 않을 것인데, 이는 혼돈과 빈곤으로 치닫게 될 것이다. 때문에, 헤겔은 이처럼 우연적이지만 그것을 절충하는 현실적 사태를 보호하는 체계를 유지함으로써 이성적 의지의 자유를 확보하고자 하는 기본 구조를 제안한다. 자본주의는 주체적 자유가 그 특수성을 표현하는 데 가장 합리적인 방식이지만, 그것은 또한 자신의 생존에 항시적인 위험이기도 하다.

시민사회의 요약

가족은 무반성적인 감정을 통해 상호 인격성을 직접적으로 육성한다. 시민사회는 인격들 간의 외부적 유대에 기초해서 상호 인격성을 육성한다. 시민사회는 욕구의 체계를 통해 그렇게 하는데, 이 체계는 분업에 기초해서 전체로서의 사회의 선을 위해 간접적으로 일하는 전문 노동자들의 협력을 통해 공동체가 된다. 보다 의미 있는 것은, 분업이 '계층들'을 창출하고, 이것에 의해 인격들은 그들이 한 구성원에 지나지 않는 전체를 지지한다는 점이다. 이것이 욕구 체계 속에 현존하는 보편성의 윤리적 요소이다. 가족과 마찬가지로, 그것은 인격들이 직접적 상황의 주장을 극복할 수 있는 하나의 약속을 제안한다. 그러므로 시민사회는 욕구 체계를 정확하고 합리적으로 운영할 수 있는 방안을 만들어야 한다. 이런 방안은 각 인격이 이성적 의지의 담지자로서의 자신의 권리에 호소할 수 있는 그런 정의의 행정을 통해서 달성될 수 있다. 욕구 체계의 권리는 실정법이 되고, 실정법 속에서 만인의 평등과 공통의 목적이 확보되는 것이다.

　시민사회는 스스로 욕망을 인간성의 결정적 요소로 만들며, 따라서 시민사회는 가족생활의 보편성을 욕구의 주장의 특수성으로 보완한다.

시민사회는 욕구의 충족 위에 세워져 있기 때문에, 필연적이고 우연적인 욕망 모두가 그것들의 가능한 충족에 의해 결정되게 된다. 시민사회는 외부적 인정을 창출한다. 즉 나는 당신을 당신의 목적을 추구하는 타인으로 인정하는데, 그것은 나의 목적과 일치할 수도 안할 수도 있다. 시민사회는 필연성의 국가이다. 시민사회는 욕구의 충족 위에 세워져 있기 때문에, 그것은 체계를 결정하는 이러한 욕망들의 내용이라기보다는 욕망 그 자체이다. 이러한 심리는 통제되어야 할 것인데, 그렇지 않을 경우 그것은 사치와 과잉 그리고 빈곤으로 이어질 것이다. 이런 것들이 사치 속에서 주인을 재창조함으로써, 그리고 다만 생존하기 위해 낯선 의지의 수레가 된 **노예**를 빈곤 속에서 재창조함으로써 인간으로부터 인간성을 제거하게 되는 것들이다. 주인은 세상 속에서 더는 자신의 의지를 인정할 수 있기보다는 자의적 의지의 과잉에 의존하는 자이다(§185).

헤겔의 시민사회의 구조 및 어떤 면에서 그것이 개인적 자유를 보장하는가를 기술했으므로, 나는 그의 기술이 그가 생각하는 만큼 합리적인지에 대해 한 가지 비판적인 지적 (다른 지적들도 있지만)을 덧붙이겠다. 나는 헤겔의 설명의 특이한 성격이나 그것이 함축하고 있는 보수주의를 강조하지는 않겠다. 오히려 한 가지 문제, 즉 '계층들'의 역할이 나의 관심을 끈다. 헤겔은 '계층들'을 통해 이동성이 있어야 함을 강조한다. 개인적 자유에서 이것이 요구된다는 것은 명백하다. 하지만 이것이 어떻게 가능한가는 분명하지가 않다. 우리는 농업 노동자나 산업 노동자로 태어난다. 우리는 자신이 속한 계층에 의해 교육을 받고 보살핌을 받는다. 헤겔이 제시하고 있는 경직된 계층 체계는 개인의 개인적 자유에 대해 국가의 이성적이고 객관적인 본성을 우위에 두고 있는 것처럼 보인다. 주체의 자유에 대한 요구가 시민사회의 실제적인 책

략 속에서 상실되고 있는 것 같다. 나는 이러한 논평을 따져 볼 수 있도
록 독자에게 일임하겠다.

본래적 의미의 정치 국가와 그 체제(§272-340)[12]

이성 국가 전체를 이론적으로 규명하기에 앞서, 먼저 본래적인 정치 국
가의 구조와 제도로 들어가서 그것의 '내적 체제' 혹은 우리가 통상 부
르는 정부와 그 기관을 언급할 필요가 있다. 헤겔이 논구하는 내용 대부
분이 흥미롭고 정치학과 대단히 연관성이 많지만, 여기서 적절히 논구
하기에는 지나치게 광범위하다. 연관성의 문제도 있다. 헤겔은 특정 국
가의 특정 체제를 기술하고 있으며, 체제의 토대가 이성적인 한 우연적
인 이유들로 다른 체제들은 다를 수도 있다는 것을 인정한다(§274R).
더 나아가서 이 점이 내가 세부적인 사안들보다는 주로 토대를 고찰하
는 것에 안도감을 갖는 이유이다. 나는 인정과 개인적 자유를 보존하고
촉진하는 객관적 자유의 한 형식으로서 국가에 집중하고자 할 뿐이다.
다음에 이어지는 내용은 독자가 스스로 헤겔 자신의 대부분의 논의들
을 이해할 수 있기 때문에 최소한의 개요이다.

주권의 힘

국가의 객관적 실존은 세 가지 요소를 지닌다. 하나, 입법적 권력; 둘,

---

12   헤겔은 '국가'라는 용어를 두 가지 별개의 방식으로 사용한다. 하나는 '본래적인
정치 국가와 그 체제'(§267). 다시 말해 시민사회를 통제하는 정치적 및 사회적 제도
들; 두 번째, 헤겔은 추상적 인격, 가족, 시민사회 등과 같은 모든 독립적 계기들을 포
함하는 공통의 윤리적 삶에 의해 규정된 이성적인 인민 전체를 가리킨다. '국가'에 관
한 헤겔의 용법에 대한 논의는 Pelczynski(1971a)를 보라.

집행적 권력; 셋, 정치 국가의 규정(§273). 단순히 헤겔의 설명을 따라
가는 것이 편리한데, 그것이 국가의 구조를 총체적으로 파악하는 데 도
움이 되기 때문이다. 헤겔은 국가를 입헌군주제로 구상하고 있다. 그가
주권에 대해 이야기할 때 마음속에 둔 것은 세습 군주이다. 주권의 역
할은 정치적 논의에 대한 궁극적이고 최종적인 결정을 제시함으로써
다른 권력들과 그것들을 구성하는 부분들에 대한 토의를 마무리하고,
따라서 호소할 수 있는 궁극적인 법정이 되는 데 있다(§§279A, 280A).
하지만 이것 외에도 헤겔은 고위직 공무원들의 임명(§§283, 292)과 사
면권(§282)과 같은 특수한 임무도 확인하고 있다.

　왜 주권이 인민 집단 혹은 사실상 인민 전체가 아닌 한 사람의 군주
이어야 하는가? 헤겔의 답변에 따르면, 제도나 집단 혹은 무리에 의해
운영되는 국가는 그 신민들에게 익명적이고 낯설며, 국가의 누가 책임
질 것인가에 대한 비판을 회피할 수 있다는 것이다. 때때로 심의기관이
희생양이 될 수 있는 반면, 인격적 주권자인 인격으로서의 군주에게 책
임을 물어서는 안 된다(§284). 헤겔은 군주가 책임이 있다고는 하지
않았다. 만일 문제가 생길 경우 주권을 상실될 수 있다는 의미가 아니
다. 오히려 군주는 인민 전체의 인격성을 반영하고 있다. 사정이 좋지
않을 경우, 우리는 누구를 비난해야 하는가? 답변은 인민인 우리 자신
이 될 것이다. 왜냐하면 결정과 숙고는 법률과 체제를 구성하고 있는
계층들 및 직업 단체와 관련되어 있기 때문이다. 오히려 이들이 그 구
성원들의 의지를 반영하며, 주권의 역할은 이러한 결정들을 재가(裁可)
하는 것이다.

　헤겔은 그러한 주권이 세습 군주여야 한다고 주장한다. 그는 정당한
이유들을 가지고 공화주의를 반대한다. 첫째, 인민에 의해 선출된 대통
령이나 인민 의지의 대표자들은 입법적 권력들의 우위에 서기보다는

그것들에 구속되며, 따라서 이러한 인격에 의해 내려진 어떤 결정도 참으로 최종적일 수 없다. 그것은 사람이 바뀔 때마다 뒤바뀔 수 있다. 둘째, 선출된 주권은 그/그녀가 아마도 분파의 이익을 반영하려하기 때문에 국가의 구성원 전체를 통일시키지 못할 것이다. 군주는 국가의 여러 기관들로부터 독립해 있다는 장점이 있다. "...궁극적인 자기결정은 그것이 이 최고의 지위를 차지하는 한에서만, **홀로 고립된 상태로 특수하고 제약된 것 너머에서** 즐기는 한에서만 인간 자유의 영역 안에 들어올 수 있다"(§270R).

  헤겔은 주권의 독립성에 대해 충분할 정도의 합리적 논거를 제시하고 있지만 세습 원리를 정당화하는 데는 실패한다. 그는 '자연성'에 호소하고자 한다. 탄생이나 정치적 변혁의 자의적 우연에서 비롯되었을지는 몰라도, 군주는 이제 단순히 전통에 의해 정당화될 수 있다(§280). 세습 원리에 대한 실질적 논거가 부재하다는 것보다 훨씬 중요한 것은 (그렇지 않다면 그것은 나쁜 선택의 최고이다), 군주가 될 운명을 타고난 빈곤한 영혼의 주체적 자유에 관한 생각에는 얼핏 내재적 문제가 존재하는 것 같다. 그/그녀의 경력은 재능으로 가능한 것이 아니고, 자의적 의지를 행사할 수 있는 권리를 갖는 것도 아니다(두 번째 서열이 역사적으로 이러한 결함을 메우고 있을지라도). 적어도 이성 국가의 한 구성원은 충분히 자유롭지 않은 것 같다.

행정 권력

행정 권력은 법 집행에 의해 특수한 이익들을 보편적 선에 서도록 함으로써 시민사회의 권력을 제한하는 공무원들로 이루어진다. 이들 공무원은 직접적인 필연성으로부터 자유롭기 때문에 그들의 의무를 수행하는 데서 만족을 찾을 수 있다. "공무원은 대행자처럼 단일한 우연적 과제를 수행하기 위해 고용된 것이 아니다. 오히려 (일에 대한) 그의 관계가 그의 정신적이고 특수한 실존의 주된 관심이 되게 한다."(§294R) 모든 시민은 공직자가 될 수 있는 권리를 지닌다. 헤겔은 그 경력이 재능에 열려 있어 지혜롭게 그 일을 할 수 있도록 하여, 보편 계급이 하나의 이익 집단으로 채워지지 않을 것이라고 했다(§§283과 292와 대조되기는 해도 §277).

입법 권력

입법권은 주권의 재가(裁可)를 받고 행정권에 의해 보완된 국가의 법들을 제정하고 결정하는 일에 관련된다(§300). 입법권은 특수한 법의 구체적 결과에 대해 법이 어떻게 일상의 사회적 행사들에 영향을 미치는가를 설명하면서 자문 역할을 담당하지만, 토의 과정은 입법부에 의해 수행되어야 할 것이다. 법은 시민들의 이해관계를 대변해야 하고, 따라서 국가 자체의 합리성을 강화해야하기 때문에, 헤겔은 신분 의회를 입법부를 위한 완벽한 기관으로 제시한다.

> **매개적** 기관으로 간주될 경우, 신분 의회는 한편으로는 정부 일반과 다른 한편으로는 특정 영역들과 개인들로 나누어진 인민들 사이에 위치한다. 신분 의회의 결정은 신분 의회가 **국가와 정부의 감각과 성향** 그리고 **특수한 집단들과 개인들의 이해** 모두를 똑같은 정도로 구현해야 할 것을 요구한다 (§302).

개인들의 이해가 입법 과정에 영향을 미치는 것은 의회를 통해서이다. 헤겔에 따르면, 정치적 결정과 연관이 있는 것은 이해나 의회이기 때문에 개인들의 목소리는 정치 과정 밖에서 유지된다. 즉 사인으로서의 개인은 구체적 이해가 없지만 (사인은 '특정한 것을 원하는 것'이 아닌 '원하는 것'으로 특징지어진다) 의회의 한 구성원으로서 개인은 법률에 의해 촉진되거나 방해될 수 있는 실체적 동일성과 구체적 이해를 갖고 있다(§308R). 이러한 이해는 의원 전체에 의해 공유될 것이기 때문에, 그것들은 의회에 의해 대변될 수 있다(§311R). 따라서 정부에 민주적으로 참여하는 대신, 개인들과 국가 사이의 관계가 의회를 통해 매개된다. 새로운 초인으로서 의회는 개인들에 결정적인 외부적 법률들을 제정하는 역할을 담당함으로써 그 구성원들을 보호한다. 의회는 또한 의원들의 이해를 정부에 전달하고, 상호적으로 정부의 논의들을 의원들에 전달함으로써 가족과 개인들은 그들이 사익과 충돌할 때 왜 그들이 국가의 명령에 따라야만 하는가를 알 수가 있다.

입법 의회는 상원과 하원으로 구분된다. 상원은 자연적인 인륜적 삶, 토지 소유자 그리고 가족의 이해가 반영될 가족의 삶이라는 신분을 대변한다(보편적 신분은 행정부에서 표현된다). 이 상원은 소유권이나 직함을 지닌 성원들로 채워질 것이고, 실질적인 면에서 본다면 앞서 개혁된 영국의 상원과 구별되지 않는다. 하원은 시민사회를 대표하며 특수한 직능단체와 그들의 이익을 대변하는 대의원으로 구성될 것이다. 양원은 보편적 이익에 대한 자각을 고양시키고 군주의 권력을 통제하여 군주가 인민들로부터 유리되지 않도록 하는 공적 기관이 될 것이다. 공동체와 직능단체 그리고 개인들의 이익을 통제하고, 개인들이 국가에 대립하는 대중 권력이 되지 않도록 보장하는 것이다.

본래적인 정치 국가의 요약

상호 인격성은 세 가지 차원에서 보장된다. 첫째는 무반성적이고 내적인 감정의 유대를 통한 가족의 차원; 둘째는 계층에 대한 소속감에서 협력과 정체성이라는 외적 유대를 통한 시민사회의 차원; 셋째는, 인격이 합리적 삶인 하나의 구체적 동일성 속에서 가족과 의회를 인정할 수 있게끔 해주는 내적이고 반성적인 유대를 통한 국가 자체의 차원. 헤겔은 인민을 하나의 정체성 속으로 통일시키고자 한 국가기구를 그리고 있다. 본래적인 정치 국가는 인민 상호 간을 위협적으로 소외시키는 시민사회의 과잉을 제한한다. 그것은 또한 한 계층의 이익과 국가의 통일 사이에서 매개자 역할도 한다. 국가에 대한 헤겔의 설명을 이처럼 간략하게 기술한 것은 광범위한 그의 논의의 착종 혹은 미묘함을 부당하게 평가하거나 혹은 그가 단순히 얼마나 보수적 의제를 제기하고 있을 뿐인가의 문제를 실제로 제기하지 못하고 있다. 나는 국가에 대한 헤겔의 설명이 궁극적으로는 실망스럽다고 말하고자 한다. 즉 우리는 의회가 개인적 관심을 무시하고 있고 세습 군주의 원리 역시 주체적 자유에 반(反)하고 있음을 본다. 확실히 자본주의와 마찬가지로, 민주주의는 주체적 자유를 표현함에 있어 필요악이다.

국가의 역사적 정당화

두 개의 이상적 세계(§§341-60)

헤겔의 주장에 따르면 사회계약론의 전통에 속하는 사상가들의 저술들은 유럽의 종교개혁에 의해 야기된 근대사회에 관해 특별히 두드러진 측면들을 반영하고 있다. 특수적 '나'의 출현은 더 이상 이성 국가의 이론적 요소가 아니라 하나의 역사적 사건이다. 즉 권위에의 맹목적 복종으로부터 해방된 주체적 자유는 국가가 투명한 방식으로 정당화될 것을 요구한다. 종교개혁 이전에, 성직자들은 단순히 어깻짓 한 번 으쓸거리면서 사람들에게 명령할 수 있었다. "내가 당신보다 좋은 곳에 있을지언정 누가 신의 길을 이해할 수 있단 말인가?" 종교 지도자들은 인간들 사이에 놓인 자연적이고 질적인 존재의 사슬이라는 공통된 가정에 기인한 권위를 확신할 수 있었다. 하지만 종교개혁 이후에 유럽은 만인이 신 앞에서 평등하며, 세계는 이성의 시대로 진입하기 시작했음을 요구했다. 우리는 이 책에서 끊임없이 헤겔이 한편으로 어떻게 근대세계에서 주체적 의지의 필연적 요소를 찬미할 수 있었지만, 다른 한편으로 표면적으로는 기존 국가로부터 법의 객관성의 기준들이 도출되어야 한다고 제안하는가를 의아해 했다(§261A). 주관적 자유와 객관적 자유 사이의 깨지기 쉬운 균형이 그의 기획의 심장부에 놓여 있다. 주관적 자유가 어떻게 촉진되거나 금지되는가를 보여주기 위해 국가에 대한 헤겔의 설명의 세부적 사항들을 부지런히 검토하기보다는, 어떻게 그가 '이 두 영역 사이의 힘든 투쟁'이 화해를 이룩할 수 있다고 체계적으로 믿고 있는가에 대한 논의로 마무리하는 것이 훨씬 적절하다(§360). 그 답변은 때때로 지적했던 바와 같이 역사를 통해서이다.

헤겔에게, 자유의 운명은 얼마간은 하나의 대체적인 합리적 세계로부터 합리적인 세계로, 혹은 고대 그리스로부터 근대사회로의 이행이다. 헤겔에 따르면 그리스와 근대사회는 인간의 욕망이 인간 본성과 일치한다는 점에서 중요한 구조적 합의를 공유하고 있다. 즉 가족의 구조, 경제와 정치 국가는 합리적인 선을 따라 주체의 자연적 충동들을 정화하게 된다는 것이다. 하지만 그리스의 주민들은 자기의식을 결여했기 때문에, 그들은 그들 자신의 것으로 인정된 본성으로부터가 아니라 천상의 객관적 규칙 앞에서 행동했다. 이 점에서 그들은 **대체적으로만** 완벽했다. "의지의 궁극적 결정이 아직은 대자적으로 존재하는 자기의식의 주체성이 아니라 오히려 그 자기의식 너머에 그리고 바깥에 서 있는 힘에 위임되어 있다..."(§356) 주관적 자유가 인정되지 않았다. 그리스는 공동체의 가치라는 진리를 받아들였지만 그 타당성에 대해서는 의문시하지 않았다.

이상적 사회는 삶의 형태가 타락하지 않은 것일 뿐 아니라 **나의 것**으로 전유(專有)되는 사회다. 그 사회는 자유롭게 이성적으로 정당화된다. 그 사회는 **즉자적으로** 뿐만 아니라 **대자적으로도** 이성적이 되는 사회다. 이 사회는 다시금 인간의 욕구가 — 자기의식을 통해 다양화되고 강화될지라도 — 사람들이 삶의 형식의 가치라는 의심스러운 한계 안에서 자기결정을 통해 스스로에게 제시할 수 있는 조직을 통해 공동체의 가치와 일치하는 역사의 종말이다. 그리스와 근대세계 모두에서, 인간의 가치와 욕망은 국가에서 발생하며 그 정당성도 국가 안에서 발견된다. 하지만 그리스 세계에서, 인간은 그의 본성을 부지불식간에 표현한다. 그의 행위는 신과 참된 것의 표현이었지만 본질적으로 그 자신의 것은 아니었다. "주체의 개별적 의지는 정의와 법이 규정한 품행과 습관을 무반성적으로 받아들인다. 그러므로 개인은 사회의 복리라는 이념과 무의식적으로 통일되어 있다."(VPG, 106-7) 같은 책에서 그는 그리스에 대해 다음을 덧붙인다.

민주제에서는 실정법이나 국가사업, 공동의 이해가 개인의 행동을 본질적으로 좌우한다. 더구나 공동체적인 것은 관심이라고 하는 객관적인 의사의 형태를 띠고 있어서 본래 의미에서의 도덕이나 주체적 확신과 의도는 아직 존재하지 않는다. 법률은 그 내용상 자유와 이성의 법률로서 현존하고, 법률인 이상 있는 그대로 받아들여야만 한다. 아름다움 안에 감각에 호소하는 듯한 자연의 요소가 남아 있는 것처럼, 관습적 도덕에서도 법률

이 자연의 필연성의 형태로 남아 있다.(VPG, 251-2)

이와는 달리 근대사회에서, 이성은 행위를 통해 자아와 세계를 통일하면서 인간의 본질적 성격을 자유(自由)로 표현하고 있다. 이러한 행위를 사람들은 그 자신의 것으로 **인정**하는데, 그가 그의 주체적 의지를 국가의 명령과 독립적인 요소로 표현하기 때문이다.

　하지만 여기서 문제가 생긴다. 근대적 주체는 고대적 주체와 구별된다. 근대적 주체는 그의 목적이 그가 속해 있는 인류의 의무 혹은 명령일 뿐만 아니라 그가 스스로 원한다는 점에서 그렇다. 따라서 그는 이렇게 말할지 모른다. "만일 내가 좋은 아버지가 되고자 한다면 나는 자애심이 있어야 하겠다. 내가 사는 사회에서 가족의 객관적 규정과 그것의 가치가 그러한 일치를 가능하게 하는 것은 우연일 뿐이다. 그러므로나는 그런 구조들 속에서 행복함을 느끼는 것이다." 하지만 물론 헤겔이 사회구조에 대한 급진적 비판 대신에 내재적 비판을 촉구하고 있다면, 그러한 주관적 양심은 국가의 관습과 습관에서 유래할 것이다. 확실히 역사 속의 모든 개인은 그/그녀가 사는 특수한 사회의 직접적이고 간접적인 명령과 관련해 똑같은 판단을 내렸을지 모르겠다. 다시금, 상대주의가 고개를 쳐들고 있다.

국가의 생명(§§257-71)

헤겔은 계몽주의 사상의 주류를 거슬러 올라가 단순히 보수주의자 역할을 한다거나 그의 정치적 스승들과 영합하려 하지는 않는다. 그의 입장은 훨씬 미묘하다. 헤겔은 주체가 고대사회의 조화를 요구한다는 것을 인정하는데, 개인의 특수적 의지가 합법성의 기준이 될 수 없기 때문이다. "개인의 의지의 규정들은 국가를 통해 객관적 실존을 획득한

다. 그런 규정들이 그 진리에 도달하는 것은 오직 국가를 통해서이
다."(§261A) 가치와 의무 그리고 합리적 제도들은 개인적 이성으로부
터 **선험적으로** *a priori* 도출될 수 없는데, 주체적 의지의 자의성이 혁
명의 공포와 시민사회의 과잉으로 치닫기 때문이다. 헤겔은 이것을 사
회적 차원에서 원자론적인 사고의 결과로 본다. 그는 개인이 의미들과
가치들과 이성들의 네트워크가 충분히 합리적이기를 요구하는 것을 인
정한다. 하지만 이러한 네트워크가 그리스 세계에서 했던 것처럼 그것
이 존재한다는 이유로 의지를 결정할 수는 없다. 그리스 세계에서는 주
체적 의지가 행동 속에서 자신의 만족을 찾기를 요구하기 때문에 이러
한 네트워크는 신적인 것으로 간주되었다.

> 근대국가의 원리는 주체성의 원리를 인격적 특수성이라는 **자립적인 극단**
> 으로까지 첨예화시키고 동시에 그것을 **실체적 통일 속으로 복귀시켜**, 주체
> 성 자체의 원리 속에서 이 통일을 보존하는 거대한 힘과 깊이를 가지고 있
> 다(§260).

우리는 여기서 형이상학적 자유의 관심사가 정치적 차원으로 반복되는
것을 본다(앞의 4장 참조). 완전한 인간 자유는 두 가지 제약, 즉 주관
적 제약과 객관적 제약을 대면해야 한다. 그리스에서처럼 근대사회에
서, 행위자의 주체적 욕구는 그가 사는 삶의 가치라는 형태와 일치하고
따르고 있다. 하지만 이 이상으로, 행위자는 그 (혹은 그녀)의 욕구를
그의 공동체가 제공한 의지의 규정이 아닌 **그의 것**으로 알고 있다. 문
제는 헤겔이 두 얼굴을 가진 그 자신의 요구에 어떻게 성공적으로 부응
하느냐로 남아 있다.

그 요구는 근대의 핵가족을 통해, 자본주의적 분배 체계와 사유재산

제도를 통해, 그리고 고유한 정치적 국가를 통해 부응하게 될 것이다. 이 모든 영역들이 합쳐서 전체로서의 국가의 합리성을 형성한다. 인간이 충분한 인정과 의미를 획득하는 것은 전체로서의 국가에서이다. 국가를 통해서 그(혹은 그녀)가 자유의 주체적 기준을 충족시킬 수 있기 때문이다. 그는 법이 합리적으로 — 내부적으로 — 그의 의지를 구속하는 것으로 인정한다. "즉자 대자적인 국가는 인륜적 전체, 자유의 실현태이다. 그것은 자유가 실현되어야 할 이성의 절대적 목적이다."(§258A) 그러므로 고유한 정치 국가는 사적 인격의 보편적 요소를 사익이 아닌 공통의 목적을 지향하는 그들의 행동 속에서 투명하게 하는 것이다. 인민이 경찰 행정과 직업 단체를 정치적 동맹과 연계를 통해 그들 자신의 것으로 인정하는 것은 국가 속에서이다. 헤겔은 다음과 같이 적고 있다.

"집단으로서의 개인들은 그 자체가 정신적 본성이다. 그리하여 그들은 이중적 계기, 즉 **대자적으로** 인지하고 의욕하는 **개별성**의 극단과 실체적인 것을 인지하고 의욕하는 **보편성**의 극단을 자기 안에 포함하고 있다. 따라서 그들이 사적 인격으로서 뿐아니라 실체적 인격으로서 현실성을 갖는 한 그들은 이 두 가지 측면 모두에서 그들의 권리를 획득한다. 첫 번째 영역(가족과 시민사회)에서, 그들은 개별성의 권리를 첫 번째 측면에서 직접적으로 획득한다. 두 번째 측면에서, 그들은 즉자적으로 존재하는 그들의 특수한 이익들의 **보편적** 측면인 (사회)제도들 속에서 그들의 본질적 자기의식을 발견함으로써, 또 이러한 제도들을 통해 직업 단체 안에서 보편적 목적을 지향하는 직업과 활동을 획득함으로써 그들의 권리를 획득한다.(§264)

인격은 대자적인 이성적 의지처럼 개별적이면서 동시에 그/그녀의 역사와 문화 사회제도들 속에 반영된 실체적이고 이성적인 요소들처럼 보편적이다. 이성과 자유는 개별적인 욕망들의 추구 속에 실현되지 않는다. 왜냐하면 이런 욕망들은 절대적 자유와 공포의 터전, 즉 개별성의 극단일 뿐이기 때문이다. 자유와 이성은 개인들이 타인들에 의해 인정된 그들 자신을 발견하고 그들의 정체성을 공통의 정체성(그것이 신분이나 직업 단체나 가족 등이든, 혹은 이것들의 혼합물로 가장 공통적인 것이든) 속에서 인정하는 바의 공통의 목적을 추구하는 데서 실현된다.

국가의 주체적 실존은 나의 정체성을 고유하게 나 자신의 것으로 인정하는데서, 즉 국가 속에서 편안한 감정을 느끼는 데 있다. 이러한 인정은 (다소 도야된 통찰로 넘어가는) "일반적으로 신뢰감"으로 드러나는데, 정치적으로 볼 때 이것은 애국심으로 드러난다.

> 정치적 **정조**Gesinnung, 즉 **애국심** 일반은 확실히 **진리**에...**습관화된** 의욕에 기초해 있다. 때문에 그것은 국가 안에 존재하는 여러 제도들의 결과일 뿐이다. 다시 말해 합리성이 국가의 제도들에 따르는 행위를 통해 스스로를 확증하는 것처럼, 그 합리성은 **현실적으로** 존재하는 바의 결과일 뿐인 것이다(§268).

그의 논평을 통해 헤겔은 애국심을 깃발이 나부끼는 모든 형태의 야만주의로부터 어렵사리 거리를 두면서, 그것을 한 공동체의 지도자와 행정가들이 자신의 의지를 구현하는 신뢰일 뿐이라고 확인하고 있다.[13]

---

13 한 민족의 사회적 유대가 약화될 때, 헤겔은 민족정신을 강화하기 위해 기꺼이 좋은 전쟁을 권장한다.(§324) 이제 아마도 월드컵이 동일한 기능을 담당할지도 모르겠다.

다시금 개인은 **무로부터** *ex nihilo* 무엇을 해야 할 것인가라는 생각으로
부터 혹은 법의 각각의 명령을 합리적으로 정당화해야 한다는 것으로
부터 해방된다. (나는 오늘 좌측 운전을 해야 하는가? 나는 문이 열려
있도록 잡아준 사람에게 감사해야 하는가? 등등) 하나의 특수한 법이
인격적 자유에 필요한지를 확신할 수는 없다. 하지만 그것이 자유롭고
이성적인 국가의 발전의 산물이라면, 그것은 법에 대한 흔한 생각 이상
이라는 것을 확신할 수 있다. 반성적 신뢰가 사회적 조화에 필요한 정
조(情調)를 형성한다. 아마도 옳다고 보지만, 특정 국가들만이 순종이
라는 훨씬 억압적인 도구보다는 시민들의 신뢰에 의존할 수 있을 것이
다. 신뢰는 주체적 의지와 그러한 의지를 가능하게 하는 객체적 규정들
의 일치에 의해 보장되는 것이다.

> 가장 중요한 문제는 이성의 법이 특수적 자유의 법과 합치되어야 한다는
> 것, 나의 특수적 목적이 보편적 목적과 동일해야 한다는 것이다. 그렇지
> 않을 경우, 국가는 공중누각(空中樓閣)에 지나지 않을 것이다. 국가의 현
> 실성을 구성하는 것은 개인들의 자각이며, 국가의 안정성은 문제의 두 측
> 면(특수적 목적과 보편적 목적)의 동일성 속에 존재한다(§265A).

바꾸어 말하면, 나의 특수적 이익과 욕망을 극복함으로써만이, 그리고
나를 알고 나의 행동을 인정하는 타인들 앞에서 나에게 인정을 허용하
는 공통의 정체성 속에 나 자신을 투자함으로써만이, 나는 참으로 형식
적으로 실체적으로나 양면에서 자유로울 수 있다. 오직 국가가 살아 있
을 때만, 국가는 인민에게 권위를 가진다. 다시 말해 오직 인민들이 그
들에 대한 국가의 주장의 타당성을 인정할 수 있을 때만, 인민은 국가
의 권위를 인정한다.

헤겔에게 국가의 이러한 생명은 다음과 같은 사실을 담고 있다. 즉 국가는 그 부분들 혹은 그 국가를 구성하는 개인들 위에 혹은 너머에 존재한다는 것이다. 애쉬톤 빌라의 지지자들의 모임은 설령 그 구성원들이 바뀔지라도 계속 존속할 수 있어도 구성원들이 전혀 존재하지 않는다면 존재할 수 없는 것처럼, 국가 역시 하나의 생명을 가지고 있다. 헤겔은 다시금 자신을 그의 시대의 지배적인 기조(基調)와 반대되는 위치에 놓고 있다. 사회계약론적 전통은 국가를 그 구성부분들 (개인들)로 환원시켜 이러한 부분들을 지배하는 법칙들을 기술하려는 시도에서 계몽주의의 과학적 정신을 암묵적으로 통합하고 있다. 헤겔에게 국가는 거대한 유기체에 훨씬 가깝다. 그것은 성장하고 발전하고 변화한다. 무엇보다. 그것은 하나의 목적을, 즉 자유를 가지고 있다. 국가가 하나의 목적을 가지고 있기 때문에, 우리는 하나의 국가가 다른 국가보다 낫다거나 혹은 하나의 제도가 이러한 목적을 가능한 한 잘 달성하게 한다면 다른 제도보다 훨씬 합리적이라고 기술할 수 있다. 따라서 국가에 대한 헤겔의 비판은 급진적이 아니라 내재적이다. 그는 국가를 자유나 평등과 같은 주어진 선에 반해서 평가하려 하지 않고, 오히려 국가가 조화나 편안함으로 이해된 인간 자유를 충분히 가능하게 하는지를 묻고 있다.

역사와 존재하는 것

헤겔은 혹시 프러시아 국가에서 나타난 경우만을 기술해서 그 자신이 세운 내재적 비판의 기준에 부응하지 못하는 것은 아닌가라는 우려가 남아 있다. 그래도 그러한 판단은 부분적으로만 참일 것이다. 왜 헤겔은 그토록 강하게 '존재하는 것'에 의해 지배되는가? 왜 『법철학』에 대한 공격은 궁극에는 국가에 대한 보수적 설명인가? 서문(헤겔은 "철학이 원환을 이룬다"고 우리에게 말했다.(§2A))으로 돌아가 보면 하나의 단서가 발견될 수 있다. 즉 철학자들은 그들의 시대를 뛰어넘을 수 없고 한 사람의 생각은 그를 설명할 수 있는 전통에 필연적으로 구속되어 있다. '존재하는 것'에 대한 헤겔의 기술은 다만 이러한 사실에 대한 암묵적 수용일 것이다.

　하지만 사상가가 수동적 역할만 떠맡는 것은 아니다. 국가의 법과 전통의 습속은 합리적이지만, 다만 근사치로만 그렇다. 사유하는 정신은 그것들의 합리성이 그들의 서술 방법에 의해 은폐되고 모호해진 것만큼이나 그것들을 현실적으로 합리화시켜야만 한다. 어머니가 아들에게 상황이 얼마든지 바뀔 수도 있는데 그런 굳은 표정으로 있어도 되겠냐?고 말할 때, 그런 명령의 합리성은 암묵적이다. 그것은 그 자체로 합리적이라고 말할 수 있다. 사유하는 정신은 그 명령을 받아들이고 그 표현을 발가벗겨 진실을 밝히려고 한다. 즉 아이는 특수한 상황을 위해 적절한 행동을 배울 필요가 있다는 것이다. 명령이 주어지는 관습적 태도와 그것이 통합된 미신적 관습은 아이가 어머니의 말을 신뢰하기 때문에 동기만을 유발할 뿐이다. 하지만 합리성은 독립적(상황과 무관하게 스스로 존재하는 것-옮긴이)이다. 합리성은 그것이 표현되는 방식이나 그것이 주어진 상태와 무관할 수 있다. 아이가 어머니의 말의 단순한 명령적 성격보다는 '왜'를 인정할 때, 그 명령은 즉자 대자적 의미에서 합리적이다. 이성은 드러나고 투명해지고 합리화된 사회의 대략적 가치들과 의미들을 통해 실현된다. 이런 일이 일어날 때 주체는 (개념적으로-옮긴이) **파악하는** 것이다. 근대사회에서는, 주체가 그리스 사회에 존재하지 않았던 것을 파악할 가능성이 존재한다.

　헤겔은 혁명적인 계몽의 입장보다는 비판적인 입장을 견지한다. '주어진 것'은 전복되는 것이 아니라 합리화되어야 한다. 권위는 거부되

는 것이 아니라 의문시되어야 한다. 주어진 것에 대한 파악을 강조함에
있어, 헤겔은 시민들이 진리를 합리적으로 만드는 기획 속에 관여되어
있을지라도 그들의 전통에 대해 분별적 태도를 취할 필요가 있음을 인
정하고 있다. 국가에 대한 헤겔의 실체적 설명이 지나치게 보수적이라
는 비난이 남아 있다. 비록 이런 설명이 그 자체는 범죄가 아닐지라도,
그의 보수주의는 『법철학』의 전반부에 설정된 그 자신의 형식적 요구
를 위반하고 있다. '존재하는 것'이 이성적이라는 헤겔의 믿음이 있다
면, 그 자신은 그런 비난에 대해 아무런 문제가 없을 것이다. 하지만 현
실적 국가는 실제적 국가 너머에 존재한다. 현실성*Wirklichkeit*은 실제
성*Aktualitat*이 아니다. 그것은 유토피아주의자나 관념론자들의 꿈이
아니다. 실제성은 그것을 이성적인 것으로 만들기 위해서 실제적인 것
의 변형을 지시한다. '이성적이고 실천적인 인민은 가능한 것에 의해
감동받으려 하지 않는다. 엄밀히 말해 그것은 단지 가능적인 것이기 때
문이다. 오히려 그들은 현실적인 것을 고수한다. 물론 현실성은 직접적
으로 현존하는 것만은 아니다. 직접적 현존은 실제적인 것으로 이해되
어야 한다.'(EL, §143A) 현실성은 역사적으로 존재하는 것의 최대 실
현의 가능성이다. 따라서 엄마의 명령은 그것이 바람에 굳은 표정의
얼굴의 변형력보다는 오히려 다른 진실에 호소한다는 점에서 현실적
으로 참이다. 다시 말해 그것은 타인들에게 존경을 보여 주고, 오해되
지 않도록 행동할 필요에 호소한다. 그것의 현실성은 그것의 은폐되어
있지만 참다운 그것의 합리성이 드러나도록 하는 데 있다. 따라서 현
실성은 우리의 역사적 전통에 대한 합당성이자 동시에 역사적으로 존
재하는 것의 이성적 본성이 나타나도록 하는 것이다. 현실성은 현재의
역사적 조건이라는 구속이 주어진 상태에서 진리에 대한 최상의 근사
치이다.

방금 현실성과 관련해 언급했던 것을 받아들일 경우 헤겔이 지나치게 역사적 우연에 의해 영향을 받고 있다는 비난은 타당한가? 나는 이 물음에 대한 답변에 그렇다고 생각한다. 나는 '그것은 이럴 것이다'는 단순한 표현을 가지고 이성 왕국을 공중으로부터 상상할 수는 없을지라도, 헤겔은 존재하는 것을 현실 속에서보다는 현재 속에서 그리고 있다. 국가의 형이상학적 토대로서의 추상법은 법률을 창출하기에는 지나치게 빈약한 개념이다. 헤겔은 도덕적 자유, 주관주의 등의 기초 위에서 법률을 구상하고 창출하고자 했던 전략들의 실패 목록을 작성한다(§141). 그에게 인륜은 어떤 도덕규범이나 국가법의 실질적 터전이며, 철학은 이러한 제도들의 구조와 실천 속에 내재하는 합리성을 현실화하고자 한다. 추상법을 벗어난 개념들은 그것들이 현재 속에서 대면하는 것들에만 적용될 수 있다. 우리는 그것들을 하향식 국가를 건설하는 설계도로 사용할 수 없다. 우리는 어떤 면에서 국가의 현실성이 드러나는지를 묻지 않을 수 없다. 즉 인격적 자유는 하나의 체계를 극복할 수 있을 뿐이지 무로부터 창조할 수 있는 것이 아니다.[14] 하지만 이는 우리가 우리 시대에 구속된다는 것을 의미하지 않는다. 실현한다는 것은 현재 속에서 이성적이지 않은 것을 극복하는 것이다. "...우연적 실존은 그 말의 절대적 의미에서 현실적인 것으로 불릴 수 없다; 우연적으로 실존하는 것은 가능적인 어떤 것 이상의 큰 가치가 없다. 그것은 없는 것보다 나을 수 있는 (비록 있다 해도) 실존일 뿐이다."(EL, §6R) 실현된 이성은 인륜*Sittlichkeit* 속에서 우연성을 극복한다.

헤겔의 신뢰는 하나의 가정에, 즉 실존하는 것은 본래 이성적이라는

---

14 "...합리적인 사회질서의 본성 속에는 그것이 실제로 어딘가에 사례가 있지 않는 한 그러한 질서의 성격이 어떨지를 안다는 것이 힘들거나 혹은 불가능하게 만드는 무엇인가가 있다."(Patten, 1999, 15-16)

가정에 기초해 있다. 과거의 사회들은 노예제를 제도화했고 인간의 희
생을 관행으로 삼았다. 왜 근대적 주체는 사회구조와 제도에 대한 이런
신뢰를 드러냄으로써 급진적 변화보다는 시간이 흐르면서 발생한 우연
적 요인의 변형만을 요구하게 되는가? 이 물음에 대한 답변은 근대국
가를 궁극적으로 정당화하는 일에 놓여 있다. 즉 역사는 헤겔이 쉴러
(Schiller)로부터 빌린 표현으로 묘사하면 '심판하는 세계 법정'(§340)
이다. 국가의 운명은 인간의 자유이며, 인간의 자유의지에 적대적인 모
든 제도나 관행은 역사의 수차(水車)에 의해 폐기된다. 노예제는 노예
의 자유가 노예들만큼이나 주인들에 의해 더 많이 요구되기 때문에 유
지될 수 없다. 추상법의 소유와 육체의 온전함을 침해하는 관행들은 종
교개혁 이후에는 허용될 수 없다. 프로테스탄트의 정조(情調)로 본다
면, 역사는 이성 국가 속에서 의지의 주관적 측면과 객관적 측면을 화
해시킴으로써 지상에 천상을 건설하는 것이다.(§360) 헤겔의 진보의
서사는 『법철학』의 마지막 몇 구절 속에 간단하게만 묘사되고 있다. 하
지만 그의 보수주의의 타당성이 유지되거나 폐지되는 것은 그것이 지
닌 설득력에 달려 있다. 그것은 다른 책에 있다.[15]

연구를 위한 물음들

1. 주체가 그/그녀의 의무와 사회적 역할, 그리고 그가 사는 인륜의 가
   치를 칭찬하고 판단하는 것이 가능한가?
2. 헤겔의 정치철학에서 진보의 관념이 왜 그토록 기본적인가? 헤겔은
   사회 정치적 제도들이 진보하고 있다는 것을 입증할 수 있는가?

---

15   충분한 내용을 파악하기 위해서 헤겔의 독자가 다음으로 집어 들어야 할 책은
VPG이다.

8장

수용과 영향

멀리 떨어진 헤겔 독자의 외로움

그리 멀지 않은 시기에 "당신 말이야. 당신도 그들 중의 한 사람이지. 나는 당신이 그들과 있는 것을 본적 있어."라는 말로 누군가 당신을 욱 박지르지 않기를 바라는 피터처럼 영국에서 철학과 주변을 어슬렁거리 던 시절이 있었다. 당신, 헤겔주의자 아니야? 이런 분위기는 헤겔이 정 당하게 돌려질 정도의 어떤 존경을 받게 되면서 약간은 변했다. 하지만 헤겔은 그가 실제로 저술했던 것을 사람들이 모르고 있다 할지라도 (이 점은 통상적으로 훨씬 신중한 전문 철학자들에게조차 참이다) 반 발을 일으키는 인물이다. 헤겔을 읽은 적이 없는 (그럴 의도도 전혀 없 는) 사람들은 대개는 그의 사상을 신비스러운 협잡꾼으로, 그리고 그 의 저작을 작위적인 신논리주의나 모호한 산문 모음집 이상으로 간주 하지 않는다. 헤겔을 종교적 대상으로 읽은 사람들은 만일 우리가 그를 이해하는 데 요구되는 시간을 투자하지 않는다면 우리 모두에게 나쁠 것이라고 말한다. 진리는 늘 그렇듯 그 중간쯤에 놓여 있다. 흥미로운 일은 헤겔은 언제는 여론을 이런 식으로, 즉 쇼펜하우어의 첫 번째 비 난으로부터 시끄럽기는 해도 극도로 오염된 지오바니 젠틸레(Giovan-ni Gentile)에 이르기까지 양분시켰다. 표현과 개인화된 어휘의 애매한 스타일 때문에, 참된 이해는 전체로서의 그의 형이상학적 체계를 파악함으로써만 달성될 수 있다는 주장의 영원한 부재 증명(alibai)을 해석자들이 철학적 살인과 등가물로 간주하는 것도 사실이다. 마찬가지로 헤겔은 가까이 다가갈수록 허튼 소리를 가지고 혼란스럽고 난해한 논증들을 일삼는다는 혐의도 받고 있다. 부인할 수 없는 것은 그가 없다면 철학사가 지금과 똑같지는 않았을 것이라는 점이다.

직접적인 영향

헤겔의 『법철학』의 직접적인 수용은 적지 않은 부분에서 결코 호의적이지 않은 그에 대한 프리스(Fries)[1]의 악명 높고 과도한 비판에 기인한다. 이 비판은 국가의 억압적이고 교육적인 정책을 시인하는 것으로 이해되었지만, 아마도 개인적인 원한을 훨씬 넘어서 있을 것이다. 헤겔에 대한 그처럼 반동적인 독해가 그의 철학, 특히 정치적인 부분을 개혁을 중단하고 반동 정책들로 복귀하는 근거로 보았던 많은 우파 지지자들을 낳았다. 재밌는 것은, 그 자신의 제자들 — 그들 중 에두아르트 간스 — 이 비판적 보수주의와 개혁주의 형식을 옹호하면서 많은 부분 중도적 읽기를 취했다는 점이다. 즉 우리가 가지고 있는 것에 충실하고, 내부로부터 그것을 서서히 개혁하는 것이 최상이라는 것이다.

　보다 유명하게는 다음 세대의 제자들, 이른바 청년 헤겔주의자들 — 그들 중 가장 유명한 사람들로는 포이어바흐(1804-72), 마르크스

1　옮긴이주 – 독일의 철학자이자 수학자. 1817년 바르트부르트 축제에서 행한 연설이 대학생 잔트(Sand)로 하여금 코쎄부(Kotzebue)를 살해하는 동기가 되면서 해직됨. 헤겔은 곳곳에서 칸트철학을 비합리적으로 해석하는 그의 주관주의와 자의성에 대해 비난하고 있다.

(1818-83)와 엥겔스(1820-95) — 이 있는데, 그들은 헤겔의 주제들을 사회에 대한 급진적 비판으로 발전시키고자 했다. 그것은 머리로 서 있는 헤겔을 거꾸로 세우겠다는 마르크스의 다음과 같은 주장 속에 가장 유명하게 표현되었다.

> 따라서 도덕, 종교, 형이상학, 그 밖의 모든 이데올로기와 그에 대응하는 의식의 형식들은 더는 자립성의 외관을 유지하지 못한다. 그것들은 역사를 갖지 않으며, 발전을 갖지 않는다. 하지만 그들의 물질적 생산과 물질적 교류를 발전시키는 인간들은 이런 것들을 따라 그들의 현실적 실존, 그들의 사고 그리고 그들의 사고의 산물을 변화시킨다. 삶은 의식에 의해 결정되는 것이 아니라 의식이 삶에 의해 결정되는 것이다(마르크스, 1977c, 164).

이 인용문은 많은 면에서 관념론과 그것이 가치와 맺고 있는 관계에 대한 마르크스의 공격의 중요성을 포착하고 있다. 모든 비과학적 논의는 — 마르크스에게 과학적이라 함으로 역사적 유물론의 언어 속에 정형화된 의미라는 점을 조심스럽게 주목해야 한다 — 하나의 징후, 경제적 용어들로 정의된 계급들 간의 깊은 물질적 관계의 효과이거나 산물일 뿐이다. 마지막 문장에서, 우리는 그 구절에 대한 하나의 해석을 대한다. "물질적 삶의 생산 양식이 사회적, 정치적 및 지적 삶의 일반적 과정을 조건 지운다. 인간의 실존을 결정하는 것은 인간의 의식이 아니다. 그들의 의식을 결정하는 것은 그들의 사회적 실존이다."(마르크스, 1977d, 389) 이 명제는 마르크스의 반헤겔적인 입장의 토대를 표현하고 있다. 마르크스는 헤겔을 역사의 동력이 인간의 관념들이고, 인간의 관념이 사회 정치적 체계를 변화시켰다고 믿는 자로 읽고 있기 때문인 대, 아마도 이것은 부딩힐지도 모른다. 마르크스는 징반대로 보고 있다. 경제체제, 인간들 사이의 물질적 관계가 우리의 관념, 우리의 믿음을 결정하며 우리의 이데올로기를 생산한다는 것이다.

　하지만 헤겔은 어느 면에서는 마르크스보다 훨씬 포괄적이라는 점을 주목하는 것도 흥미롭다. 마르크스는 의심할 바 없이 산업화가 개인들의 삶에 미친 충격을 보다 잘 이해한 반면, 헤겔은 최초로『정신현상학』에서 종교개혁과 프랑스혁명의 이념 (정신의 표현들)을 변화의 동력으로 보았다. 하지만 그가 베를린 시기에 법과 정치철학에 관해 강의하면서, 헤겔의 그림은 훨씬 복잡해졌다. 경제 관계들과 구조적 장치들, 역사적 형성물과 그것의 정치적이고 종교적인 전통들 그리고 지리학적 정체성을 아우르는 전체로서의 사회 세계가 인간의 믿음과 개념을 결정한다. 이 모든 요소들이 인간과 사회의 자기 이해를 구성하는 하나의 거미집 같은 망(網)을 형성하는 것이다. 마르크스는 훨씬 수직적인 위계를 제시한다. 즉 모든 변화와 사회 현상의 근거는 공동체의 경제적 구조이자 그것으로 남는다. 비록 (다음 구절이 들리게 되는 것만큼이나 이상하듯) 마르크스의 전망이 보다 단순할지 몰라도, 헤겔의 구상이 훨씬 설득력 있다. 칸트와 헤겔 사이의 논쟁에서처럼, 그것은 헤겔 **혹은** 마르크스냐보다는 아마도 헤겔**과** 마르크스에 가까울 것이다.

　마르크스와 헤겔 사이의 논쟁의 핵심은 변증법과 역사적 유물론 사이의 선택에 있는 것이 아니라 하나의 공유된 열망, 즉 인간의 자기 자신과의 화해에 놓여 있다. 헤겔에게, 부르주아 가족, 사적 소유와 자본주의 그리고 입헌 국가를 수반하는 근대사회는 이러한 화해를 낳을 것이다. 마르크스에게, 자본주의와 사적 소유는 인간을 소외시키고 화해를 저해한다(헤겔에 대한 그의 비판은 기껏해야 그가 형이상학적 관심사보다는 경험적 관심사를 다룰 때 이야기하고 있는 것이다). 마르크스는 헤겔 만큼이나 자기결정에 관심을 갖고 있다. 하나의 행동이 동물적 본능 (자신의 직접적 욕망에 구속된 상태) 이나 혹은 사회 체계의 부자유한 결정 (공장에서 일하는 것)과 대립된 인간 자유의 표현이 되기 위해서, 창조하는 주체는 첫째로 그가 생산하는 것이 그와 타인들에게 의미가 있고 가치가 있다고 보아야 하고, 둘째, 그것을 생산하는 것은 그의 자유로운 선택이라고 인식해야 한다는 것이다. 이것들은 자유로워지기 위해서 노동이 부응해야 하는 주관적 조건들이다. 객관적 조건은 그러한 자유를 가능하게 하는 물질적 노동의 체계의 조건들이다. 즉 노동자는 그의 사회가 촉진하는 가치들의 체계를 주체적으로 시인해야 하고, 따라서 어떤 재화가 생산이 될지를 결정하는 의사 결정 과정에 참여해야만 한다. 헤겔과 반대되는 마르크스의 관심사는 자본주의이며, 사적 소유는 인간의 자유를 훼손하고 인간을 소외시키는 것이다.

철학적 전통에 대한 역사적 충격

헤겔의 영향력이 독일에서 몰락하면서, 그것은 유럽의 다른 나라들에 뿌리를 내리기 시작했다. 모든 유럽의 국가가 헤겔적 관념론의 계기를 갖고 불가피한 반대 운동을 시작했다고 말하는 것은 결코 과장이 아닐 것이다. 영국에서, 헤겔의 영향력은 실천철학과 사회철학에서 유효했는데, 가장 두드러진 인물들로는 T.H. 그린(1836-82), F.H. 브래들리(1846-1924) 그리고 버나드 보쌍케(Bernard Bosanquet)(1849-1923)가 있다. 이탈리아에서, 헤겔의 관념론은 베네디토 크로체(Benedetto

Croce)(1866-1952)의 미학과 역사주의를 자극했고, 보나 유명한 인물로는 무쏠리니(Mussolini)의 파시즘을 이론적으로 정당화한 광신적인 지오바니 젠틸레(Giovanni Gentile)(1875-1944)가 있다.

헤겔의 철학 체계의 부활이 가장 큰 영향을 미쳤던 곳은 아마도 프랑스에서였을 것이다. 알렉상드르 코제브(Aleksandr Kojève)(1902-68)와 장 이폴리트(Jean Hyppolite)(1907-69)의 강의가 20세기 주요 프랑스 사상가들의 1세대들을 고무했다. 쇠렌 키르케고르(Søren Kierkegaard)(1813-55)가 고립 상태에서 개별적 경험의 고유성을 인정함으로써 지배적인 '헤겔주의' 체계에 저항했듯, 헤겔의 이론을 프랑스에서 재도입한 것은 반합리주의적 실존주의의 출현으로 이어졌고, 아마도 조르주 바따이유(Georges Bataille)(1897-1962)와 장 폴 사르트르(Jean-Paul Sartre)(1905-8)에서 가장 유명하게 표현되었을 것이다. 사실 사르트르의 사상은 헤겔에게 상당 부분 빚지고 있다. 말년에 마르크스주의를 우리 시대의 유일한 철학이라고 한 그의 주장은 헤겔의 인정 개념에 기초한 진정성의 윤리를 명확히 하려는 오랜 (그리고 헛된) 시도의 두드러진 성과이다. (사르트르, 1991) 사르트르가 초기 홉스적인 정치적 버전인 『존재와 무』를 대체하기 위하여 헤겔적인 인정에 기초한 인간들 사이의 상호 주관적 관계를 개념화하려는 열망에서 보여준 촉박감을 이해하기 위해서는 그의 『윤리학을 위한 노트』를 대충이라도 훑어볼 필요가 있다.

헤겔의 정치철학은 비판 이론의 프랑크푸르트 학파(Frankfurt School)의 구성원들 — 막스 홀크하이머(Max Horkheimer)(1895-1973), 테오드르 아도르노(Theodor Adorno)(1903-69) 그리고 허버트 마르쿠제(Herbert Marcuse)(1898-1979) — 과 함께 다시금 독일적 사유의 전면에 등장하게 되었다. 여기서 내재적 합리성이라는 주제가 사회 비판을 산출하기 위하여 마르크스의 유물론과 융합되었다. 우리와 동시대인으로서 의사소통적 윤리를 통해 사회적 규범성을 부활시키고자 한 위르겐 하버마스(Jürgen Habermas)(1929-)의 저작 대부분은 헤겔의 선험적 도덕 비판에 대한 비-이상주의적인 칸트적 반응으로 이해될 수 있다.

현대적 연관성

최근에 헤겔의 사회철학은 영국과 북미에서 더욱 부활하고 있다. 여기서는 『법철학』이 현대의 정치철학의 문제들을 둘러싼 논쟁 테이블에 가져올 수 있는 것에 대한 관심만이 있는 것이 아니다. 그것은 또한 표면상으로는 자유주의와 양립이 가능해도 많은 자유주의자들이 적대감을 느낄 정당화의 틀에 의존해 있는 정치적 정당성에 대한 하나의 설명도 우리에게 제시해 주고 있다. 국가에 대한 헤겔의 기술은 어떤 사람들에게는 지나치게 반동적일 수 있지만, 『법철학』의 내용 속에 이성 국가가 자유와 평등 그리고 개인의 복지라는 핵심 가치, 즉 근대 자유주의의 가치 자체를 구현할 것이라는 점에 대해서는 의심할 여지가 거의 없다. 하지만 헤겔의 철학은 이러한 가치들에 대한 소박한 현실주의적 공인(公認)이라기보다는 오히려 사실상 왜 그것들이 가치 자체인가에 대한 증명이다. 헤겔은 사회적 원자론과 소외라는 대단히 현실적인 문제들을 악화시키는 것처럼 보이는 많은 자유주의 이론들의 비합리성과 기호 충족적 믿음을 회피하는 부르주아 자유주의 국가의 정당성을 개괄하고 있다. 헤겔은 개인의 권리 혹은 가치를 그의 출발점으로 삼지 않는다. 오히려 그는 주체가 이성 국가 속에서 '편안'하게 느낄 경우, 그러한 것들을 그 국가의 필수적 요소로 정당화하고 있나. 헤셀의 사상에서 바로 이러한 주제가 최근의 공동체주의적 사고와 포스트 모던적 사고에 내재하는 많은 주제들을, 다시 말해 사회적 테제를 정치 이론에서 진지하게 취급하지만 사회에 대한 규범적 비판을 제시하고 싶어 하는 이론들 (테일러, 1989; 샌들, 1998)을 반영하고 있다. 정치사상에서 공동체주의적 긴장의 많은 부분이 찰스 테일러(Charles Taylor)(1931-)와 같이 헤겔의 작품에 상당 부분 빚지고 있는 사상가에 의해 고무되고 있다는 것은 놀라운 일이 아니다.

자유주의자들과 공동체주의자들 사이의 논쟁에 끼친 헤겔의 충격은 아직은 말할 것이 아닐지 모른다. 헤겔은 왜 근대적 주체가 자신의 공동체 속에서 편안한 느낌을 가질 필요가 있는가를 설명하는 공동체주의에 대해 하나의 형이상학적 설명(홉스의 『리바이어던』과 로크의 『두 번째 논고』에 제시된 방식으로의 형이상학적 설명)을 제공하고 있다. 주체는 기존의 도덕적 구조와 그것에 내재하는 가치들로부터 그/그녀의 정체성을 도출하며, 근대적 주체는 이러한 가치들을 그/그녀 자신의 것으로 인정할 필요가 있다. 더욱이, 헤겔은 어떤 사회가 근대적 주체의 화해에 대한 욕구를 형식적이고 실질적으로 부응할 수 있는가를 결정하는 규범적 제약들을 처방하고 있다. 많은 공동체주의 작가들에게서처럼, 그런 '이성적' 사회들이 서구의 자유주의 국가들을 닮지 않은 것이 아니지만, 적어도 헤겔은 왜 이런 경우가 발생하는가에 관한 이야기를 우리에게 말해 주고 있다.

더 읽어야 할 책들

헤겔 원전

헤겔 전집은 E. 몰덴하우어와 K. 미셸이 편집한 21권의 책으로 주어캄프 출판사 (Frankfurt am Main: Suhrkamp, 1986 (c. 1969–79)에서 발간되었다. 아래는 그의 주저 목록을 비슷한 집필 날짜에 따라 연대기적 순서로 나열한 것이다.

1802/3   *On the Scientific Ways of Treating Natural Law, on its Place in Moral Philosophy, and its Relation to the Positive Sciences of Right*, trans. Nisbet, H. in *Political Writings*. Cambridge: Cambridge University Press, 1999.

        『자연법』, 김준수 역, 한길사, 2004.

1803/4   *System of Ethical Life*, trans. Knox, T. and Harris, H.; and *First Philosophy of Spirit*, trans. Harris, H. New York: State University of New York Press, 1979 (published together in one volume).

        『인륜성의 체계』, 김준수 역, 울력, 2007.

1807   *The Phenomenology of Spirit*, trans. Miller, A. Oxford: Oxford University Press, 1977.

        『정신현상학』, 임석진 역, 한길사, 2005

1812–16 *Science of Logic*, trans. Miller, A. New York: Humanity Books,

1999.

『논리의 학』, 임석진 역, 지학사, .

1817/18   *Lectures on Natural Right and Political Science: The First Philosophy of Right*, trans. Stewart, J. and Hodgson, P. London: University of California Press, 1995.

1821   *Elements of the Philosophy of Right*, trans. Nisbet, H. Cambridge: Cambridge University Press, 1991; also available as *Hegel's Philosophy of Right*, trans. Knox, T. Oxford: Oxford University Press, 1967; and *Philosophy of Right*, trans. Dyde, S. Ontario, Canada: Batoche Books, 2001.

『법철학』, 임석진 역, 한길사, 2008.

1822   *Philosophy of History*, trans. Sibree, J. New York: Prometheus Books, 1991.

『역사철학강의』, 권기철 역, 동서출판사, 2008.

1830   *The Encyclopaedia Logic: Part 1 of the Encyclopaedia of Philosophical Sciences with the Zusätze*, trans. Geraets, T., Suchting, A. and Harris, H. Indianapolis, USA: Hackett Publishing Co., 1991.

1830   *Hegel's Philosophy of Nature: Part 2 of the Encylopaedia of the Philosophical Sciences*, trans. Miller, A. Oxford: Oxford University Press, 2004.

1830   *Philosophy of Mind: Part 3 of the Encyclopaedia of Philosophical Sciences with the Zusätze*, trans. Wallace, W. and Miller, A. Oxford: Oxford University Press, 1971.

더 읽어야 할 책들

만일 독자가 헤겔 철학 일반 혹은 특별히 그의 사회 철학에 대한 그/그녀의 이해를 심화시키는 데 관심이 있다면, 내가 보기에 다음 단계를 이루게 될 책들을 여기에 적는다.

헤겔 철학 일반

헤겔 철학 전체에 대한 일반적인 소개를 위해서, 나는 테일러의 포괄적이고 야심에 찬 Taylor(1975)(『헤겔』, 정대성 역, 그린비, 2014)를 권장하고 싶다. 그 책이 다소 벅찰 것에 대비하여, 저자는 매우 친절하게도 주로 헤겔의 정치사상에 관심에 관심가질 수 있도록 보다 접근이 쉬운 판(Taylor(1979), 『헤겔 철학과 현대의 위기』, 박찬국 역, 서광사, 1988)으로 줄여 주었다. 훨씬 접근이 쉬운 책은 싱어의 소책자(2001)인데, 초심자가 시작할 때 읽으면 좋을 것이다. 여러 곳에서 비판적인 언급과 함께 헤겔의 생애를 서술한 Pinkard(2000)의 책(『헤겔』, 전대호/태경섭 공역, 길, 2015)도 참조하라. 유용한 논문 모음집들로는 Beiser(1993), Inwood(1985), Lamb(1998), Maclntyre(1972) 그리고 Priest(1987)가 있다. 잉우드(1992)가 편집한 헤겔 사전도 유용한 자원이다.)

헤겔의 윤리·사회 사상

Knowles(2002)와 Wood(1990)의 책은 헤겔을 현대의 정치사상과 윤리학의 관심사들과 연결시킨 좋은 소개서이다. 배경과 해석적 접근을 위한 좋은 책으로는 Avineri(1972)(『헤겔의 정치사상』, 김장환 외 역)과 Hardimon(1994)과 Houlgate(1991)를 참조하라. 주로 헤겔 사상의 정치적 측면에 관심을 둔 좋은 논문 모음집으로는 Pelczynski(1971)가 있다.

선별한 참고문헌

Allison, H. (1990), *Kant's Theory of Freedom*, Cambridge: Cambridge University Press.

Aristotle (1996), *The Politics*, trans. Jowett, B. in *The Politics and the Constitution of Athens*, ed. Everson, S., Cambridge: Cambridge University Press.(『정치학』, 천병희 역, 숲, 2009)

Avineri, S. (1972), *Hegel's Theory of the Modern State*, Cambridge: Cambridge University Press.(『헤겔의 정치사상』, 김장환 외 역)

Bataille, G. (1989), *L'Abbé C*, trans. Facey, P., London: Marion Boyars.

Beauvoir, S. de(1997), *The Second Sex*, trans. and ed. Parshley, H., London: Vintage Classics.(『제 2의 성』, 이희영 역, 동서문화사, 2009)

Beiser, F. (ed.) (1993), *The Cambridge Companion to Hegel*, Cambridge: Cambridge University Press.

Camus, A. (2000), *The Outsider*, trans. Laredo, J., London: Penguin.(『이방인』, 김화영, 민음사, 2011)

Ceram, C. (2001), *Gods, Graves and Scholars: The story of archaeology*, London: Phoenix Books.

Descartes, R. (1996), *Meditations on First Philosophy*, ed. Cottingham, J., Cambridge: Cambridge University Press.(『성찰』, 이현복, 문예출판사, 1977)

Filmer, R. (1991), *'Patriarcha' and Other Writings*, Cambridge: Cambridge University Press.

Frankfurt, H. (1982), 'Freedom of the Will and the Concept of a Person', in Watson (1982).

Hardimon, M. (1994), *Hegel's Social Philosophy: The Project of Reconciliation*, Cambridge: Cambridge University Press.

Herodotus (1936), *The History of Herodotus*, trans. Rawlinson, G., New York: Tudor Publishing Company.

Hobbes,T. (1982), *Leviathan*, London: Penguin.(『리바이어던』, 최공웅 외 역, 동서 문화사, 2009).

Houlgate, S. (1991), *Freedom, Truth and History*, London: Routledge.

_____ (1992), 'Hegel's Ethical Thought', *Bulletin of the Hegel Society of Great Britain*, 25, 1-17.

Hume, D. (1962), *A Treatise on Human Nature*, vol. 2., London: J. M. Dent & Son.(『오성에 관하여』, 이준호, 서광사, 1994)

Hyppolite, J. (1974), *Genesis and Structure of Hegel's Phenomenology of Spirit*, Evanston, USA: Northwestern University Press.(『헤겔의 정신현상학』, 1권, 이종철/김상환 역, 2권, 이종철 역, 문예출판사, 1986, 1988)

Inwood, M. (ed.) (1985), *Hegel*, Oxford: Oxford University Press.

_____ (1992), *A Hegel Dictionary*, Oxford: Blackwell.

Kant, I. (1991), 'An Answer to the Question: What is Enlightenment?', in Kant, *Political Writings*, ed. Reiss, H.,Cambridge: Cambridge University Press.

_____ (1993), *Critique of Pure Reason*, trans. Meiklejohn, J. (revised by Politis, V.), London: Everyman.(『순수 이성 비판』, 백종현 역, 아카넷, 2006)

_____ (1997), *Groundwork for the Metaphysics of Morals*, trans. Gregor, M., Cambridge: Cambridge University Press.(『윤리 형이상학 정초』, 백종현 역, 아카넷, 2012)

Knowles, D. (1998), 'Hegel on Will, Freedom and Right', in Lamb (1998, vol. I).

Knowles, D. (2002), *Hegel and the Philosophy of Right*, London: Routledge.

Kojève, A. (1969), *Introduction to the Reading of Hegel*, 2nd edn, trans. Nichols, J., London: Basic Books Inc.(『역사와 현실의 변증법』, 설헌영 역.)

Korsgaard, C. (1996), *Creating the Kingdom of End*, Cambridge: Cambridge University Press.

Lamb, D. (ed.) (1998), *Hegel*, 2 vols, Aldershot: Ashgate/Dartmouth.

Locke, J. (1988), *Second Treatise on Government*, in *Two Treatises of Government*, Cambridge: Cambridge University Press.

MacIntyre, A. (ed.)(1972), *Hegel: A Collection of Critical Essays*, London: University of Notre Dame Press.

_____ (1988), *Whose Justice? Which Rationality?*, London: Duckworth.

Marx, K. (1977), *Selected Writings*, ed. McLellan, D., Oxford: Oxford University Press.

_____ (1977a), *Theses on Feuerbach*, in Marx (1977).

_____ (1977b), *Critique of Hegel's 'Philosophy of Right'*, in Marx (1977). (『헤겔법철학 비판』, 홍영두 역, 아침, 1988).

_____ (1977c), *The German Ideology*, in Marx (1977).(『독일 이데올로기』, 박재희 역, 청년사, 2007)

_____ (1977d), 'Preface to *A Contribution to the Critique of Political Economy*', in Marx (1977).

Mulhall, S. and Swift, A. (1996), *Liberals and Communitarians*, 2nd edn, Oxford: Blackwell.

Neuhouser, F. (2000), *Foundations of Hegel's Social Theory: Actualizing Free-*

dom, London: Harvard University Press.

O' Hagan, T. (1987), 'On Hegel' s Critique of Kant' s Moral and Political Philosophy' , in Priest (1987).

O' Neill, O. (1989), *Constructions of Reason: Explorations of Kant' s Practical Philosophy*, Cambridge: Cambridge University Press.

Patten, A. (1999), *Hegel' s Idea of Freedom*, Oxford: Oxford University Press.

Pelczynski, Z. (ed.) (1971), *Hegel' s Political Philosophy: Problems and Perspectives*, Cambridge: Cambridge University Press.

_____ (1971a), 'The HegelianConception of the State' , in Pelczynski (1971).

Pinkard, T. (2000), *Hegel: A biography*, Cambridge: Cambridge University Press.(『헤겔』, 전대호/태경섭 공역, 길, 2015)

Pippin, R. (1997), *Idealism as Modernism: Hegelian Variations*, Cambridge: Cambridge University Press.

_____ (2000), 'What is the Questionfor which Hegel' s Theory of Recognition is the Answer?' , *European Journal of Philosophy*, 8, (2), 155–72.

Popper, K. (1957), *The Open Society and its Enemies*, vol. 2, 3rd edn, London: Routledge.(『열린사회와 그 적들』, 이한구 외 역, 민음사, 2006)

Priest, S. (ed.) (1987), *Hegel' s Critique of Kant*, Oxford: Clarendon.

Rawls, J. (1972), *A Theory of Justice*, Oxford: Clarendon Press.(『정의론』, 황경식 역, 이학사, 2003)

Rousseau, J.-J. (1997), *The Social Contract*, trans. Gourevitch, V. in *The Social Contract and Other Later Political Writings*, Cambridge: Cambridge University Press.(『사회계약론』, 이재형 역, 문예출판사, 2013)

Sandel, M. (1998), *Liberalism and the Limits of Justice*, Cambridge: Cambridge University Press.

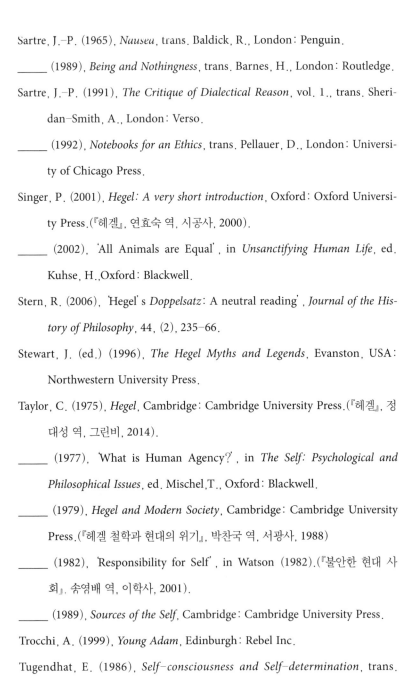

Sartre, J.-P. (1965), *Nausea*, trans. Baldick, R., London: Penguin.

_____ (1989), *Being and Nothingness*, trans. Barnes, H., London: Routledge.

Sartre, J.-P. (1991), *The Critique of Dialectical Reason*, vol. 1., trans. Sheridan-Smith, A., London: Verso.

_____ (1992), *Notebooks for an Ethics*, trans. Pellauer, D., London: University of Chicago Press.

Singer, P. (2001), *Hegel: A very short introduction*, Oxford: Oxford University Press.(『헤겔』, 연효숙 역, 시공사, 2000).

_____ (2002), 'All Animals are Equal', in *Unsanctifying Human Life*, ed. Kuhse, H.,Oxford: Blackwell.

Stern, R. (2006), 'Hegel's *Doppelsatz*: A neutral reading', *Journal of the History of Philosophy*, 44, (2), 235-66.

Stewart, J. (ed.) (1996), *The Hegel Myths and Legends*, Evanston, USA: Northwestern University Press.

Taylor, C. (1975), *Hegel*, Cambridge: Cambridge University Press.(『헤겔』, 정대성 역, 그린비, 2014).

_____ (1977), 'What is Human Agency?', in *The Self: Psychological and Philosophical Issues*, ed. Mischel,T., Oxford: Blackwell.

_____ (1979), *Hegel and Modern Society*, Cambridge: Cambridge University Press.(『헤겔 철학과 현대의 위기』, 박찬국 역, 서광사, 1988)

_____ (1982), 'Responsibility for Self', in Watson (1982).(『불안한 현대 사회』, 송영배 역, 이학사, 2001).

_____ (1989), *Sources of the Self*, Cambridge: Cambridge University Press.

Trocchi, A. (1999), *Young Adam*, Edinburgh: Rebel Inc.

Tugendhat, E. (1986), *Self-consciousness and Self-determination*, trans.

Stern, P., London: MIT Press.

Walzer, M.(1983), *Spheres of Justice*, New York: Basic Books.

Watson, G. (ed.) (1982), *Free Will*, Oxford: Oxford University Press.

Williams, R. (1997), *Hegel's Ethics of Recognition*, London: University of California Press.

Wolf, S. (1990), *Freedom within Reason*, Oxford: Oxford University Press.

Wood, A. (1989), 'The Emptiness of the Moral Will', *Monist*, 72, 454–83.

_____ (1990), *Hegel's Ethical Thought*, Cambridge: Cambridge University Press.

_____ (1992), 'Reply', *Bulletin of the Hegel Society of Great Britain*, 25, 34–50.

찾아보기